教师资格考试

专用教材

保教知识
与能力
（幼儿园）

◎ 李红响　主编

◎ 王跃立　沈海燕　副主编

化学工业出版社

·北京·

内容简介

　　《教师资格考试专用教材保教知识与能力（幼儿园）》充分体现了我国幼儿教师职业对保教知识与能力的要求，以现行国家教师资格考试大纲为编写依据，科学、系统、严谨地阐释大纲对幼儿教师考核所要求的学前儿童发展、学前教育原理、生活指导、幼儿园环境创设、游戏活动的指导、幼儿园教育活动的组织与实施、教育评价共七个模块内容的知识体系。模块中的思维导图、考纲透视有效帮助考生快速掌握学习要点、核心考点；真题回顾有效诠释知识要点、考试重点；课后思考便于读者进行自我检查。为方便读者复习和巩固，本书配套有真题试卷和模拟试卷，通过扫描二维码可以获取相关参考答案和解析。

图书在版编目（CIP）数据

　　保教知识与能力：幼儿园 / 李红响主编. —北京：化学工业出版社，2021.7

　　教师资格考试专用教材

　　ISBN 978-7-122-39309-8

　　Ⅰ.①保…　Ⅱ.①李…　Ⅲ.①学前教育-幼教人员-资格考试-教材　Ⅳ.①G615

　　中国版本图书馆 CIP 数据核字（2021）第 112360 号

责任编辑：旷英姿	文字编辑：李　曦
责任校对：宋　夏	装帧设计：李子姮

出版发行：化学工业出版社（北京市东城区青年湖南街 13 号　邮政编码 100011）
印　　装：大厂聚鑫印刷有限公司
880mm×1230mm　1/16　印张 17¾　字数 449 千字　2021 年 8 月北京第 1 版第 1 次印刷

购书咨询：010-64518888　　　　　　　　售后服务：010-64518899
网　　址：http://www.cip.com.cn
凡购买本书，如有缺损质量问题，本社销售中心负责调换。

定　　价：59.00 元

前言

幼儿园教师资格考试是由国家建立考试标准，省级教育行政部门统一组织，实行"国标省考"的标准参照性考试。自教育部 2011 年在浙江、湖北率先开展教师资格"国家统一考试"改革试点工作以来，全国大部分省、自治区、直辖市已加入全国统考。试点工作启动后入学的师范专业学生，申请教师资格证也必须参加国家教师资格考试。

改革后的幼儿园教师资格考试包括笔试和面试两个部分。笔试考试科目为"综合素质""保教知识与能力"两科，面试采取结构化面试。按照教育部有关规定，全国每年在上、下半年各组织一次考试，笔试考试时间一般上半年为 3 月中旬，下半年为 11 月上旬。面试分别在每年的 5 月和第二年的 1 月各举行一次。

从历年考试真题来看，教师资格考试主要有以下特点：第一，考查范围广，包括教育理念、教育法规、职业道德、教学能力、写作能力、学前儿童发展、生活指导、游戏活动指导、教育活动的组织与实施、教育评价等诸多内容；第二，考试难度大，教师资格考试理解题目较多，题型形式多样，考查角度多变。

为帮助考生准确把握教师资格考试，云南幼教智库牵头整合国内多家知名师范院校和幼儿园资源，组建教师资格考试研发团队，经过多年潜心研究研发出云南幼教智库"幼儿园教师资格考试"系列教材资料。教材紧扣国家考试大纲，精准预测考试命题方向，重难点、考点汇聚，能高效帮助考生科学、有效地准备幼儿教师资格考试。

本书配有教师资格考试《保教知识与能力（幼儿园）》真题试卷 2018 年上半年、下半年，2019 年上半年、下半年，2020 年下半年及模拟试卷，便于读者复习和巩固。另外，通过扫描试卷末的二维码可获取试卷参考答案及解析。

本书由李红响主编，王跃立、沈海燕副主编，参加编写的人员还有孙丽、肖懿玲。

衷心希望本系列教材能帮助考生顺利通过考试，早日实现教师梦想！

编者
2021 年 2 月

目录

模块二　学前教育原理

模块三　生活指导

模块四　幼儿园环境创设

模块五 游戏活动的指导

模块六 幼儿园教育活动的组织与实施

模块七　教育评价

参考文献

命题聚焦

本模块历年考题较多，考查形式多样，考点经常重复考查，是考试的重点模块，各种题型都会出现。要特别注意掌握儿童发展流派，幼儿认知发展的基本规律和特点，幼儿情绪、情感、个性社会性发展的基本规律和特点，并了解儿童的个体差异及教育研究的基本方法。在复习时，考生要将本章作为重点，全面把握，系统复习。

考纲透视

1. 理解婴幼儿发展的含义、过程及影响因素等。

2. 了解儿童发展理论主要流派的基本观点及其代表人物，并能运用有关知识分析论述儿童发展的实际问题。

3. 了解婴幼儿身心发展的年龄阶段特征、发展趋势，能运用相关知识分析教育的适宜性。

4. 掌握幼儿身体发育、动作发展的基本规律和特点，并能够在教育活动中应用。

5. 掌握幼儿认知发展的基本规律和特点，并能够在教育活动中应用。

6. 掌握幼儿情绪、情感发展的基本规律和特点，并能够在教育活动中应用。

7. 掌握幼儿个性、社会性发展的基本规律和特点，并能够在教育活动中应用。

8. 理解幼儿发展中存在个体差异，了解个体差异形成的原因，并能运用相关知识分析教育中的有关问题。

9. 掌握观察、谈话、作品分析、实验等基本研究方法，能运用这些方法初步了解幼儿的发展状况和教育需求。

10. 了解幼儿身体发育和心理发展中容易出现的问题或障碍，如发育迟缓、肥胖、自闭倾向等。

第一章　婴幼儿的发展

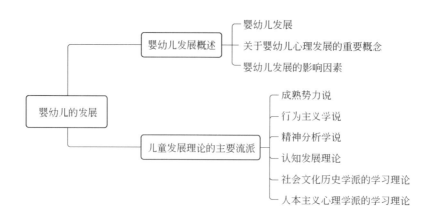

第一节　婴幼儿发展概述

一、婴幼儿发展

婴幼儿发展，是指婴幼儿在成长的过程中，生理和心理方面有规律地进行量变与质变的过程。其中，生理发展是指婴幼儿机体的正常生长和发育，包括形态的增长和功能的成熟。心理发展是指婴幼儿的认识过程、情感、意志和个性的发展。

婴幼儿发展的过程是指从出生到幼儿期不同阶段的连续生长发育的过程，其生长发育的规律是年龄越小生长发育越快，年龄大了以后则减慢。孩子出生后的0～6个月是生长发育最快的时期。

二、关于婴幼儿心理发展的重要概念

1．最近发展区

最近发展区是由苏联心理学家维果斯基提出来的，指主体现有的心理水平（独立活动能达到的水平）与其将要达到的心理水平（通过外部干预或教学所获得的能力）之间的差距。对幼儿来说，就是指其能独立表现出来的心理发展水平和在成人指导下能表现出来的心理发展水平之间的差距。

最近发展区是幼儿心理发展潜能的标志，也是可接受教育程度的标志，在幼儿心理发展的每一时刻都存在，且时刻都在变化，但变化又因人而异。

2．关键期

"关键期"是奥地利动物行为学家劳伦兹1935年提出的一个概念。它是指个体一生中，在某些特定的时期，对特定的刺激较为敏感，这时的学习效果更好。婴幼儿阶段处于脑神经网络形成至成熟的建构期，由此形成个体在动作发展、智力发展、情感发展、社会性发展以及习惯养成等诸多方面的关键期。具体表现为学习能力更强，发展速度最为迅速，发展空间最大，发展的质量或水平对后继的发展有更加重要的影响等。所

国内外近半个世纪有关研究表明：

1～3岁是口语学习关键期。

3岁是计算能力发展的关键期。

3～5岁是音乐才能发展的关键期。

4～5岁是学习书面语言的关键期。

3～8岁最迟不超过12岁是学习外语的关键期。

7岁以前是培养良好行为习惯的关键期。

10岁以前是动作机能掌握的关键期。

以，此阶段也是残障儿童康复的最佳期。

婴幼儿阶段的发展为其后继学习和终身发展奠定了基础。

3．危机期（转折期）

危机期又称转折期，一般处于两个发展阶段的过渡时期，在这一时期，儿童的心理发展在短时间内有时会出现急剧变化的情况，特别是儿童需要发生了很大的变化，而成人还用老眼光看待儿童、要求儿童，因而引起儿童的否定行为。比如，3 岁的孩子经常用"不，就不"来回答父母。这一时期，父母需要改变对待孩子的态度，帮助孩子度过危机期。

三、婴幼儿发展的影响因素

影响婴幼儿心理发展的因素主要可以分为客观因素和主观因素。客观因素为外部因素，包括生物因素和社会因素；主观因素为婴幼儿内部心理因素。

（一）客观因素

1．生物因素

生物因素是婴幼儿心理发展的物质前提与基础，它制约了婴幼儿发展的可能性。遗传素质和生理成熟，是影响儿童心理发展的生物因素。

（1）遗传素质　遗传是指祖先的生物特性传递给后代的生物现象。遗传的生物特征称为遗传素质，主要是指那些与生俱来的有机体的构造、形态、感官和神经系统等方面的解剖生理特征。遗传素质是婴幼儿心理发展的物质前提与生物基础。婴幼儿正是在这种生物的物质前提下形成了自己的心理。遗传素质对幼儿身心发展的作用表现在以下两个方面。

①遗传素质为婴幼儿发展提供物质前提；

②遗传素质奠定了婴幼儿发展个别差异的最初基础。

（2）生理成熟　生理成熟是指婴幼儿身体生长发育的程度或水平，又称为生理发展。婴幼儿的生理成熟或发展是有一定顺序的，生理成熟的顺序性为儿童心理活动的出现与发展的顺序性提供了基本的前提。具体表现在以下三个方面。

①生理成熟制约着儿童心理发展的顺序；

②生理成熟的顺序性为儿童心理活动的出现和发展提供物质前提；

③生理成熟的个体差异，是儿童心理发展个体差异的生理基础。

2．社会因素

环境和教育是影响儿童心理发展的社会因素。

环境因素包括自然环境与社会环境。它决定了儿童心理发展的速度、程度与方向，将婴幼儿发展的可能性转化为现实。其中，教育作为社会环境中最重要的因素，在一定程度上对儿童的心理发展水平起着主导作用。

（1）社会环境使遗传提供的心理发展的可能性变为现实　遗传素质仅仅是物质前提，没有环境的影响，心理发展不会由可能性转化为现实。早期隔离或剥夺实验的大量事实，充分说明人类社会生活环境对儿童心理发展的重要影响。

（2）宏观的社会环境和教育从根本上制约着儿童心理发展水平和方向　"宏观的社会环境"主要是指儿童生活在其中的社会大环境、生产力发展水平、生产关系、社会风气等根本社会生活条件。

（3）微观的社会环境是影响儿童心理个体差异的最重要的条件　这里所说的"微观的社会环境"，主要是指儿童所处的具体的生活环境，如家庭生活环境与教育，托儿所、幼儿园的环境与教育等。不同的环境和教育条件对孩子的心理发展有着重要的影响。

（二）主观因素

影响婴幼儿心理发展的主观因素指的是婴幼儿自身的心理和活动。

1. 儿童本身的心理内部因素是儿童心理发展的内部原因

心理的发展过程是一种主动积极的过程。在遗传、环境等客观作用影响过程中，儿童自身也积极地参与并影响他自己的心理发展。随着儿童年龄的增长，主观因素对其心理发展的影响作用将日益增长。儿童的心理是在活动中形成与发展的，儿童在其与周围客观世界的相互作用中逐渐走向成熟。

2. 儿童心理的内部矛盾是推动儿童心理发展的根本原因和动力

新的需要与儿童原有的心理水平之间的矛盾是促进儿童心理发展的决定性因素。教育的任务就是根据儿童已有的心理水平或状态，提出恰当的要求，激发儿童新的需要，在新的需要和旧水平中发生矛盾，使儿童产生新的矛盾运动，从而促进其心理发展。

真题回顾

【2017年上·单项选择题】生活在不同环境中的同卵双胞胎的智商测试分数很接近，这说明（　　）。

A. 遗传和后天环境对儿童的影响是平行的

B. 后天环境对智商的影响较大

C. 遗传对智商的影响较大

D. 遗传和后天环境对智商的影响相当

【答案】C

【解析】本题考查了婴幼儿发展的影响因素。婴幼儿发展的影响因素包括生物因素（遗传素质和生理成熟）、环境因素（社会环境和教育）以及儿童的主动活动。"同卵双胞胎"说明其遗传素质完全相同，"生活在不同环境中"说明后天环境不同。因此，"生活在不同环境中的同卵双胞胎智商测试分数很接近"体现了遗传对智商的影响较大。故选C。

第二节　儿童发展理论的主要流派

一、成熟势力说

成熟势力说简称成熟论，主要代表人物是美国心理学家格赛尔。格赛尔认为支配儿童心理发展的是成熟与学习两个因素。发展是儿童行为或心理形式在环境影响下按一定的顺序出现的过程。这个顺序与成熟的关系较多，而与学习的关系较少，学习知识促进成熟，只是为发展提供适当的时机而已。成熟势力说强调儿童心理的发展取决于个体生理，尤其是神经系统的成熟，外界环境只为正常生长提供必要的条件，不能改变发展本身的自然的成熟程序。

格赛尔为了证明自己的观点，设计并进行了著名的"双生子爬梯实验"。在研究中发现，无论是胚胎期、胎儿期还是出生后，个体的发展都遵循着严格的顺序，按照他的成熟顺序逐步发展。因此，儿童身心发展是一个自然成熟的过程，早期训练得到的效果是相当短暂的。通过实验，他认为儿童的成熟不仅影响技能的学习，也影响个性的形成。

格赛尔的成熟势力说的缺陷，在于过分夸大了生理成熟的作用，忽视了儿童心理发展的其他条件。

二、行为主义学说

行为主义学派产生于二十世纪三十年代，包括以华生为代表的经典行为主义、斯金纳为代表的新行为主义和班杜拉的社会学习理论。

（一）华生的经典行为主义

美国心理学家华生（1878—1958）是行为主义的创始人。他认为心理的本质就是行为，心理学研究的对象就是可观察到的行为。华生否认遗传在个体成长中的作用，认为一切行为都遵循着刺激（S）—反应（R）的学习过程，通过刺激可以预测反应，通过反应可以推测刺激。

华生对儿童心理发展的解释受到洛克"白板说"的影响，并在此基础上得到发展，认为发展是儿童行为模式和习惯的逐渐建立和复杂化的一个量变的过程，因而不会体现出阶段性。华生将条件反射广泛运用于对儿童行为的研究上。华生认为，环境和教育是儿童行为发展的主要条件。

华生曾说过："给我一打健康的、发育良好的婴儿和符合我要求的抚育他们的环境，我保证能把他们随便哪一个都训练成为我想要的任何类型的专家——医生、律师、巨商，甚至乞丐和小偷，不论他的才智、嗜好、倾向、能力、秉性以及他的宗族如何"。早期行为主义心理学的建立改变了当时过分重视意识研究的倾向，开始强调和重视环境和教育的作用。但华生否定儿童在发展中的主动性和能动性，否定儿童心理发展的阶段性和年龄特征。

（二）斯金纳的新行为主义

美国心理学家斯金纳在华生行为主义的基础上，用操作性条件作用来解释行为的获得。斯金纳认为，人的行为大部分是操作性的，行为的习得与及时强化有关，因此，可以通过强化来塑造儿童的行为。个体偶尔发出的动作得到强化。这个动作后来出现的概率就会大于其他动作。行为是一点一滴地塑造出来的。

操作性条件作用的基本规律：强化、消退、惩罚。

（1）强化　强化有正强化（实施奖励）与负强化（撤销惩罚）之分，或称为积极强化和消极强化。正强化是通过呈现某种刺激来增强反应发生的概率；负强化是通过中止某种（讨厌的）刺激来增强反应发生的概率。

（2）消退　消退就是有机体在作出某种行为反应后，不再有强化物伴随，那么，此类反应在将来发生的概率会降低。

（3）惩罚　惩罚是当有机体作出某种反应后，呈现一个厌恶刺激，以消除或抑制此类反应发生的过程。

（三）班杜拉的社会学习理论

美国著名的心理学家班杜拉认为，儿童是通过观察他人（榜样）所表现的行为进行学习的。教育者应为儿童树立良好的榜样，他做了著名的"波波玩偶实验"来证明自己的观点。

1. 观察学习

（1）观察学习的概念　班杜拉认为儿童的学习主要是通过观察和模仿他人的活动完成的，进而提出了观察学习，又称为替代学习。

（2）观察学习的过程　观察学习过程分为注意、保持、复制（再现）、动机四个具体过程，简单地说就是观察学习须先注意榜样的行为，然后将其记在脑子里，再把大脑中的表象转化为外显的行为，最后在适当的动机出现的时候再一次表现出来。

（3）观察学习的分类

①直接观察学习　是对示范者行动的简单模仿。

②抽象观察学习　是指观察者从对他人行为的观察中获取一定的规格或原理，进而表现出类似的行为。

③创造性观察学习　是指观察者通过对各个不同榜样的行为特点进行新的组合，从而形成一种全新的方式。

（4）强化理论　为了更好地促进儿童的观察学习，班杜拉进一步发展了传统的强化理论，并把强化分为以下三种类型。

①直接强化　指观察者因表现出观察行为而受到强化。例如小明上课举手发言被老师表扬了，下次他继续举手发言。

②替代强化　指观察者因看到榜样的行为被强化而受到强化。例如小明看见同桌上课举手发言被老师表扬了，下次他也举手发言。

③自我强化　指观察者根据自己的标准进行判断对自己进行强化。例如小明给自己规定，要是期末考试考 100 分，奖励自己吃大餐。

2．交互决定论

班杜拉强调在社会学习过程中行为、认知和环境三者的交互作用，指出：行为、个体（主要指认知和其他个人的因素）和环境是"你中有我．我中有你"的，不能把某一个因素放在比其他因素重要的位置，尽管在有些情境中，某一个因素可能起支配作用。他把这种观点称为"交互决定论"。

3．自我调节论

班杜拉认为自我调节是个人的内在强化过程，是个体通过将自己对行为的计划和预期与行为的现实成果加以对比和评价，来调节自己行为的过程。人能依照自我确立的内部标准来调节自己的行为。

4．自我效能感理论

自我效能是指个体对自己能否在一定水平上完成某一活动所具有的能力判断、信念或主体自我把握与感受。也就是个体在面临某一任务活动时的胜任感及其自信、自珍、自尊等方面的感受。自我效能也可称作"自我效能感""自我信念""自我效能期待"等。

班杜拉对自我效能的形成条件及其对行为的影响进行了大量的研究，指出自我效能的形成主要受五种因素的影响，包括：行为的成败经验、替代性经验、言语劝说、情绪的唤起以及情境条件。

真题回顾

1．【2020 年下·单项选择题】萌萌怕猫，当她看到青青和猫一起玩很开心时，她对小猫的恐惧也降低了，从社会学习理论的视角看，这主要是哪种形式的学习？（　）

A．替代强化　　　　　　　　　　　B．自我强化

C．操作性条件反射　　　　　　　　D．经典性条件反射

【答案】A

【解析】本题考查班杜拉的社会认知理论。A 选项替代强化是指学习者通过观察他人行为所带来的奖励性后果而受到强化；B 选项自我强化是指人能观察自己的行为，并根据自己的标准进行判断，由此强化或处罚自己；C 选项操作性条件反射是指一个刺激和另一个带有奖赏或惩罚的无条件刺激多次联结，可使个体学会在单独呈现该一刺激时，也能引发类似无条件反应的条件反应；D 选项经典性条件反射是一种由刺激引起的行为改变。题干中萌萌看到青青和小猫一起玩得很开心会降低对猫的恐惧，是观察他人行为所带来的后果，属于替代强化。故正确答案为 A。

2．【2015 年下·单项选择题】班杜拉的社会认知理论认为（　）。

A．儿童通过观察和模仿身边人的行为,学会分享

B．操作性条件反射是儿童学会分享的最重要的学习形式

C．儿童能够学会分享是因为儿童天性本善

D．儿童学会分享是因为成人采取了有效的奖惩措施

【答案】A

【解析】略

三、精神分析学说

精神分析学说是西方心理学的主要流派之一，代表人物是奥地利的弗洛伊德和美国的埃里克森。

1．弗洛伊德的精神分析学说

奥地利精神病医师、心理学家弗洛伊德是精神分析学派的创始人。他的人格理论主要包括意识层次理论、人格结构理论和人格发展理论。

（1）意识层次理论　意识层次理论是阐述人的精神活动，包括思维、幻想、欲望、判断等会在不同的意识层次里发生和进行。不同的意识层次包括意识、前意识和潜（无）意识三个层次。

①意识　凡是自己能察觉的心理活动是意识，它属于人的心理结构的表层，它感知着外界现实环境和刺激，用语言来反映和概括事物的理性内容。

②前意识　又称下意识，是调节意识和无意识的中介机制。前意识是一种可以被回忆起来的、能被召唤到清醒意识中的潜意识，因此，它既联系着意识，又联系着潜意识，使潜意识向意识转化成为可能。但是，它的作用更体现在阻止潜意识进入意识，它起着"检查"作用，绝大部分充满本能冲动的潜意识被它控制，不可能变成前意识，更不可能进入意识。

③潜意识　又称无意识，则是在意识和前意识之下受到压抑的没有被意识到的心理活动，代表着人类更深层、更隐秘、更原始、更根本的心理能量。"潜意识"是人类一切行为的内驱力，它包括人的原始冲动和各种本能（主要是性本能）以及同本能有关的各种欲望。由于潜意识具有原始性、动物性和野蛮性，不见容于社会理性，所以被压抑在意识阈下，但并未被消灭。它无时不在暗中活动，要求直接或间接的满足。正是这些东西从深层支配着人的整个心理和行为，成为人的一切动机和意图的源泉。

（2）人格结构理论　弗洛伊德认为，人格发展上存在三个主要的、连续的阶段，主要反映在本我、自我、超我的发展过程中。

①本我　"本我"是人的潜意识层面，它包含基本的内驱力和反射，处于"潜意识"状态。例如：小朋友想要玩具，不会因为贵或父母不同意买就放弃。

②自我　"自我"处于本我和外界之间，根据外部世界的需要来对本我加以控制与压抑。例如：小朋友想要玩具，父母同意就买，不同意就不买。

③超我　"超我"是人意识的最高层，是"道德化了的自我"，指导自我去限制本我的冲动，以社会道德标准或理想来控制行动。例如：小朋友想要玩具，但是觉得父母挣钱太辛苦，放弃买玩具。

在正常情况下，本我、自我和超我三者处于相对平衡状态，如果平衡状态被破坏，就会产生精神疾病。

（3）人格发展理论　精神分析理论认为，个体通过自己或者父母在正常看护自己的过程中刺激个体的性感带可以得到满足；在不同的发展阶段，性感带有所不同。

按照性感带的阶段性不同，个体的成长可以划分为5个阶段，见下表。

阶段	年龄段	特征
口唇期	0~1岁	这一阶段对婴儿口腔的刺激，如吮吸、咬和吞咽等，是性满足的主要来源
肛门期	1~3岁	这一阶段性敏感区转到肛门
性器期	3~6岁	这一阶段生殖器成为性敏感区。这一阶段的性满足涉及对异性父母的性幻想以及玩弄和展示生殖器。恋父情结和恋母情结正是在这一阶段产生的
潜伏期	6~11岁	这一阶段儿童力比多受到压抑，没有明显表现
生殖期	11、12岁以后	这一阶段个体的性器官开始发育成熟，力比多压抑逐渐解除，生殖期成为主导的性敏感区，其他性敏感区成为辅助的性敏感区

2. 埃里克森的人格发展理论

埃里克森认为，人要经历八个阶段的心理社会演变，这种演变成为心理社会发展。这些阶段包括四个童年阶段、一个青春期阶段和三个成年阶段。每一个阶段都有应完成的任务，并且每个阶段都建立在前一阶段之上，这八个阶段紧密相连。

（1）婴儿期（0~1.5岁）基本信任和不信任的心理冲突　当孩子哭或饿时，父母是否出现则是建立信任感的重要问题。婴儿必须学习相信别人。如果照顾者常以拒绝的态度或不一致的方式来照顾婴儿，婴儿可能会认为这个世界是个危险的地方，到处充满不值得信赖或依靠的人。

（2）儿童早期（1.5～3岁）自主与害羞（或怀疑）的冲突　这一时期，儿童掌握了大量的技能，如爬、走、说话等。更重要的是他们学会了怎样坚持或放弃，也就是说儿童开始"有意志"地决定做什么或不做什么。这时候父母与子女的冲突很激烈，也就是第一个反抗期的出现，一方面父母必须承担起控制儿童行为使之符合社会规范的任务，即养成良好的习惯；另一方面儿童开始了自主感，他们坚持自己的进食、排泄方式，所以训练良好的习惯不是一件容易的事。父母把握住"度"的问题，才有利于在儿童人格内部形成意志品质。

（3）学前期（3～6岁）主动对内疚的冲突　在这一时期如果幼儿表现出的主动探究行为受到鼓励，幼儿就会形成主动性，这将会为其将来成为一个有责任感、有创造力的人奠定基础。如果成人讥笑幼儿的独创行为和想象力，那么幼儿就会逐渐失去自信心，这使他们更倾向于生活在别人为他们安排好的狭窄圈子里，缺乏自己开创幸福生活的主动性。当儿童的主动感超过内疚感时，他们就有了"目的"的品质。

（4）学龄期（6～12岁）勤奋对自卑的冲突　这一阶段的儿童都应在学校接受教育。学校是训练儿童适应社会、掌握今后生活所必需的知识和技能的地方。如果他们能顺利地完成学习课程，他们就会获得勤奋感，这使他们在今后的独立生活和承担工作任务中充满信心。反之，就会产生自卑。当儿童的勤奋感大于自卑感时，他们就会获得"能力"的品质。

（5）青春期（12～18岁）自我同一性和角色混乱的冲突　青少年期的主要任务是建立一个新的同一感或自己在别人眼中的形象，以及他在社会集体中所占的情感位置。这一阶段的危机是角色混乱。随着自我同一性形成了"忠诚"的品质。

（6）成年早期（18～30岁）亲密对孤独的冲突　只有具有牢固的自我同一性的青年人，才敢于冒与他人发生亲密关系的风险。因为与他人发生爱的关系，就是把自己的同一性与他人的同一性融为一体。这里有自我牺牲或损失，只有这样才能在恋爱中建立真正亲密无间的关系，从而获得亲密感，否则将产生孤独感。埃里克森把爱定义为"压制异性间遗传的对立性而永远相互奉献"。

（7）成年中期（30～60岁）繁殖感对停滞感的冲突　在这一时期，人们不仅要生育孩子，同时要承担社会工作，这是一个人对下一代的关心和创造力最旺盛的时期，人们将获得"关心和创造力"的品质。

（8）成年晚期（60岁以后）自我调整对绝望感的冲突　老人的体力、心力和健康每况愈下，对此他们必须作出相应的调整和适应，所以被称为自我调整对绝望感的心理冲突。当老人们回顾过去时，可能怀着充实的感情与世告别，也可能怀着绝望走向死亡。自我调整是一种接受自我、承认现实的感受。

真题回顾

【2018年上·单项选择题】根据埃里克森的心理社会发展理论，1.5～3岁儿童形成的人格品质是（　）。

A．信任感　　　B．主动性　　　C．自主性　　　D．自我同一性

【答案】C

【解析】1.5～3岁这一时期，儿童掌握了大量的技能，儿童开始了自主感，他们坚持自己的进食、排泄方式，是自主感形成的关键时期，故正确答案为C。

四、认知发展理论

认知发展理论是著名发展心理学家皮亚杰所提出，被公认为20世纪发展心理学上最权威的理论。所谓认知发展是指个体自出生后在适应环境的活动中，对事物的认知及面对问题情境时的思维方式与能力表现，随年龄增长而改变的历程。

1．决定儿童发展的实质

皮亚杰用图式、同化、顺应和平衡四个基本概念阐述了他的适应理论和建构学说。

（1）图式　图式是皮亚杰理论中的核心概念，指动作的结构或组织。个体能对刺激作出反应，

在于其具有应付这种刺激的思维或行为图式。图式使个体能对客体的信息进行整理、归纳，使信息秩序化和条理化，从而达到对信息的理解。个体的认识水平完全取决于认知图式。初生儿仅具有几个简单的遗传图式，如吮吸，当嘴唇触到任何物体时都会产生吮吸、反射。

（2）同化　同化指有机体把环境成分整合到自己原有机构中的过程。皮亚杰借用同化来说明个体把新鲜刺激纳入原有图式中的心理过程，就整个有机体来说，有三种水平的同化：生理水平上，是物质的同化；动作水平上，是行为的同化；智慧水平上，是思想的同化。同化过程受到个人已有图式的限制。个人拥有的图式越多，同化的事物的范围也就越广泛；反之，同化范围也就相对狭窄。

（3）顺应　顺应指个体调节自己的内部结构以适应特定刺激的过程。当个体遇到不能用原有图式同化的新刺激时，便要对原有的图式加以修改或重建，以适应环境。这样将迫使个体改变现有的认知图式，形成某些适合新经验的新图式，引起认知结构的不断发展变化。图式的发展和丰富是通过同化和顺应两种机制来实现的。皮亚杰认为，刺激输入的过滤或改变叫作同化；内部图式的改变，以适应现实，叫作顺应。同化是量变的过程，而顺应是质变的过程。

（4）平衡　平衡是个体通过自我调节机制使认识的发展从一个平衡状态向另一个较高平衡状态过渡的过程。儿童认知最初处于较低水平的平衡状态中。当面临新异刺激时，产生了不平衡。通过主体和客体的相互作用，即通过同化或顺应，使认识达到一个新的水平，恢复平衡状态。认识的发展就是"平衡—不平衡—平衡"的过程。

2．儿童认知发展的阶段

（1）感知运动阶段（0～2岁）　这一阶段是儿童的认知能力初步发展的时期，儿童靠感觉与动作认识周围的世界。儿童只有动作层面上的智慧，语言和表象尚未产生。初生时，儿童仅有一系列笼统的反射，靠感觉动作的手段来适应外部环境，在这一阶段后期，感觉和动作出现分化，思维开始萌芽。

这一阶段儿童认知上获得了两大成就：第一是"主体与客体的分化"，例如，这时的儿童可以学会看着镜子，用手来摸自己的鼻子，而不是镜子中的自己；第二是"因果关系的初步形成"，例如，儿童在这一时期可以学会用手抓到面前的毯子，拿到毯子上放置的玩具，这就意味着因果性认识已经产生。在这一阶段中，儿童已经获得了"客体永存性"，即知道某人或某物虽然看不见但仍然是存在的。

（2）前运算阶段（2～7岁）　这一阶段的儿童和上一阶段的儿童相比，思维有了质的飞跃。这一阶段儿童认知发展的主要特征表现为：

①认为外界一切事物都是有生命的，即泛灵论。

②所有的人都有相同的感受。

③一切以自我为中心，不能从对方的观点考虑问题，以为每个人看到的世界正如他自己所看到的一样。

④不具备抽象的运算思维。

⑤思维不具有可逆性，不能理解守恒原理。儿童的概念是具体的、动作的，而非抽象的，思维具有不可逆性。

（3）具体运算阶段（7～11岁）　这一阶段的儿童认知发展的主要特征为：

①具有了抽象概念，思维可以逆转，能够进行逻辑推理。

②获得了长度、体积、重量和面积等方面的守恒关系。

③去自我中心，逐渐学会从他人角度看问题。

④具体逻辑思维（例：可根据具体事物判断其逻辑关系）。

（4）形式运算阶段（11岁以后）　这一阶段儿童思维的最大特点是已经摆脱了具体可感知事物对思维的束缚，使形式从内容中解脱出来，进入形式运算阶段。这个时期的儿童能根据假设进行推理，相信演绎得到的推论，使认识指向未来。对于这一年龄阶段的儿童，教师和家长应多鼓励和指导他们做决定，同时对他们考虑不全面的地方提出建议和改进的方法。

【2018年下·简答题】请依据皮亚杰的理论，简述2～4岁儿童思维逻辑特点。

【解析】皮亚杰提出了认知发展理论,他把幼儿的认知发展分为感知运动阶段、前运算阶段、具体运算阶段和形式运算阶段,2～4岁儿童正处于前运算阶段（2～7岁）中的象征思维阶段（2～4岁）。

【答案】

答：根据皮亚杰的理论，2～4岁儿童思维具有如下主要特点。

1. 思维开始运用象征性符号进行，出现表征功能，或称象征性功能。

2. 幼儿的思维在此阶段还没有真正普遍化，没有形成一般化的概念。

3. 此阶段幼儿不掌握部分与整体的关系，常常运用"转导推理"。

4. 象征思维是"中心化"的思维，或称为"自我中心思维"。此阶段儿童在同一时间只能考虑到事物的一种特征，不能同时照顾两种特征。不能依据事物的客观联系和关系来解决问题，只凭自己的个别经验、个体意义的象征或所谓"信号物"进行思考。

【2014年下·单项选择题】按皮亚杰的观点2～7岁儿童的思维处于（　　）。

A. 具体运算阶段　　　　　　　　　　B. 形式运算阶段

C. 感知运算阶段　　　　　　　　　　D. 前运算阶段

【答案】D

【解析】处于这一阶段的儿童思维有了质的飞跃，一切以自我为中心，不能从对方的观点考虑问题，以为每个人看到的世界正如他自己所看到的一样。故选D。

五、社会文化历史学派的学习理论

社会文化历史学派学习理论的创始人是维果斯基。维果斯基强调知识是由个体建构的，教育的艺术在于引导和调节学生的个人活动。但维果斯基认为儿童的高级心理机能的发展是由外部向内部的转化，由社会机能向个体机能的转化。当儿童与他人共同活动和交往时，他们不仅与材料相互作用，而且在社会交互作用的过程中，通过冲突、比较、协调，调整和提升个人的认知结构。所以，社会交往对儿童知识构建具有重要的价值。

维果斯基提出"最近发展区"理论。他认为儿童的任何一个行为都有两个水平，较低水平的行为是能够独立完成或自己知道的事物；较高水平的行为是需要在帮助下能够达到的行为。两个水平之间所构成的区域就是"最近发展区"。他强调良好的教育应走在发展的前面。教育者应努力地为学习者提供一个在最近发展区内的鹰架，促使学习者在一个更高的水平上发展。维果斯基提出"鹰架教学"，即为儿童提供教学，并逐步转化为外部支持。

六、人本主义心理学派的学习理论

1. 马斯洛的需要层次理论

美国著名的心理学家马斯洛认为，个体成长发展的内在力量是动机，动机是由多种不同性质的需要所组成，各种需要之间有先后顺序与高低层次之分，每一层次的需要与满足，将决定个体人格发展的境界或程度。按照重要性和层次性排序，七种不同层次的需要主要指：

（1）生理需求　生理上的需求是人们最原始、最基本的需要，如吃饭、穿衣、住宅、医疗等。若不满足，则有生命危险。这就是说，它是最强烈的不可避免的最底层需求。

（2）安全需求　安全的需求包括劳动安全、职业安全、生活稳定，希望免于灾难、希望未来有保障等。安全需求比生理需求高一级，当生理需求得到满足以后就要保障安全需求。

（3）社交需求　社交的需求也叫归属与爱的需求，是指个人渴望得到家庭、团体、朋友、同事的关怀、爱护、理解，是对友情、信任、温暖、爱情的需求。社交需求比生理和安全需求更细微、更难捉摸。

（4）尊重需求　尊重的需求可分为自尊、他尊和权力欲三类，包括自我尊重、自我评价以及尊重别人。尊重的需要很少能够得到完全的满足，但基本上的满足就可产生推动力。

（5）认知需求　又称认知与理解的需求，是指个人对自身和周围世界的探索、理解及解决疑难问题的需要。马斯洛将其看成克服阻碍的工具，当认知需求受挫时，其他需求能否得到满足也会受到威胁。

（6）审美需求　"爱美之心人皆有之"，每个人都有对周围美好事物的追求，以及欣赏。

（7）自我实现的需求　自我实现的需要是最高等级的需要，是一种创造的需要。有自我实现需求的人，往往会竭尽所能，使自己趋于完美，实现自己的理想和目标，获得成就感。

2．罗杰斯的个人中心学习理论

美国的心理学家罗杰斯强调，儿童的学习潜能和情感在学习中非常重要，学习的目的是让儿童更好地感受自己、接纳自己。

人本主义学习理论强调接纳和尊重儿童，积极鼓励儿童，挖掘儿童的学习潜能。

第二章　幼儿生理发展

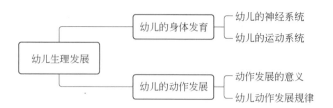

第一节　幼儿的身体发育

一、幼儿的神经系统

神经系统是生命活动的重要调节系统，人体之所以能够成为一个统一的整体，保持各种生理活动的正常进行，正是因为神经系统具有支配与调节作用。神经系统包括中枢神经系统和周围神经系统，其基本活动方式是反射。

1．神经系统的特点

（1）**早期大脑神经系统生长发育迅速**

①1岁前脑细胞数量飞速增长，接近成人水平（约140亿个）。

②大脑重量增长迅速。

③1岁后大脑神经逐渐网络化。1岁后脑细胞虽然不再增多，神经细胞的突触却由短变长，由少到多，逐渐形成复杂的网络结构。

④丰富的刺激利于神经细胞生长和建立联结。

总之，以上关于大脑生长发育的特点为我们开展早期教育提供了脑科学依据，即早期（6岁前，特别是1岁前）是大脑神经迅速生长发育的关键期，而在这个时期，早期刺激和早期教育非常重要。

（2）**脑细胞耗氧量大**　大脑的耗氧量是全身耗氧量中比例最高的，幼儿大脑耗氧量占全身耗氧量的50%。充足的氧气是维持脑细胞正常生长和活动的基本条件。

（3）**大脑可利用的能量来源单一**　大脑所需的能量只能由糖来提供，所以小儿膳食中要摄入足够的糖类。

（4）**易兴奋也易疲劳**　大脑皮质易兴奋，不易抑制，表现为易激动，自控能力差。因此，幼儿的注意力很难持久，易疲劳。

（5）**需要较长的睡眠时间**

幼儿在各年龄段相应需要的睡眠时间见下表。

年龄段	睡眠时间
1～6月	每日16～18小时
7～12月	每日14～15小时
1～2岁	每日13～14小时
3～4岁	每日12小时
5～7岁	每日11小时

2．神经系统的保育要点

（1）尽早提供适宜的早期教育，对大脑损伤的幼儿尽早实施康复训练，效果较好。

（2）给幼儿提供适量的活动、充足的睡眠。

（3）注意开窗通风，保持室内空气清新。

（4）补充充足的糖、蛋白质（牛奶、肉）和含有不饱和脂肪酸的食物（鱼肉和植物油）。

（5）结合幼儿园教育教学实践，激发兴趣、动静结合、养成习惯。

二、幼儿的运动系统

1. 运动系统各器官的特点

（1）骨骼　人体骨骼由 206 块骨构成，按部位可分为颅骨、躯干骨和四肢骨。幼儿骨骼处于生长期，需要钙、磷为原料，还需要有维生素 D，帮助钙、磷被人体吸收和利用。新生儿没有腕骨，仅为软骨，腕部力量不足，手部的精细动作比较困难。

儿童骨头有机物含量多。由于有机物赋予骨骼弹性，而无机物赋予骨骼硬度，所以儿童的骨骼弹性大、硬度小，容易因不正确的姿势或其他原因导致骨骼变形，常出现"青枝骨折"，同时幼儿骨组织的再生能力较强，骨折的愈合速度较快。因此要培养幼儿良好的坐、站、行姿势，以防止脊柱变形。

（2）肌肉　长身高时期，肌肉以增加长度为主；长体重时期，以肌纤维增粗为主。各肌肉群的生长发育不平衡，大肌肉首先发育，小肌肉发育较迟。幼儿肌肉力量和能量的储备都不如成人。组织户外活动时应适时让幼儿休息，以避免过度疲劳。儿童的大肌肉发育早，3～4 岁时已经比较协调；小肌肉发育晚，5～6 岁时才能做一些精细动作。

（3）关节和韧带　学前儿童关节的伸展性及柔韧性超过成人，故关节活动的范围大于成人。幼儿关节周围的肌肉和韧带不够坚韧，所以关节的牢固性差，用力过猛容易脱臼。切勿猛力牵拉幼儿的手臂，幼儿的肘关节较松，当胳臂伸直时若猛力牵拉，则可能造成牵拉肘。这种损伤通常是大人带领幼儿上楼梯、过马路或给幼儿穿脱衣服时，用力提拎、牵拉他们手臂造成的。肘部受伤后，手臂不能再活动，找医生复位后要注意保护。婴儿会站、会走以后出现了脚弓，但脚底肌肉、韧带还不结实，若运动量不适度，足弓负荷太重，就容易使脚弓塌陷，形成扁平足。

2. 运动系统的保育要点

（1）婴幼儿的手劲较小，为他们准备的玩具要轻；幼儿在书写绘画和劳动时，应当适当地安排其他的活动；

（2）幼儿在玩耍、蹦跳时，要注意安全；

（3）帮助幼儿培养良好的坐、站、行姿；

（4）注意幼儿肌肉力量的发展。

真题回顾

【2019 年上·单项选择题】人体各大系统中发育最早的是（　）。

A. 神经系统　　　　　　　　　　　B. 消化系统

C. 淋巴系统　　　　　　　　　　　D. 生殖系统

【答案】A

【解析】神经系统是生命活动的主要调节系统，其他各个系统在神经系统的统一调节和支配下协调地进行各种生理活动，神经系统由中枢神经和周围神经两部分组成，6 岁时幼儿脑重量已经达到成人的 90%。故选 A。

第二节 幼儿的动作发展

一、动作发展的意义

动作是人类最基本也是最重要的发展领域，尤其是对婴儿期和儿童早期的个体来说，动作发展极为重要。从个体心理发展的生理基础以及心理各方面的早期发展来看，动作作为主体能动性的基本表现形式，在个体早期心理发展中起着重要的建构作用，使个体能够积极地构建和参与自身的发展。

动作的发展会对幼儿的其他方面的发展带来显著的影响。动作的发展不仅有助于身体发展，还有助于儿童建立自尊和自信，使儿童在与环境互动中获得丰富的经验，感知觉更加精确，同时又促进脑和神经系统的发育，进而使儿童的动作技能更加熟练。

运动是实现动作发展的基本途径，是儿童的基本需要。游戏和户外活动是最佳的动作技能练习方式。

二、幼儿动作发展规律

1. 首尾规律（从上到下）

先是头部动作，然后自上而下，所有的婴儿都是沿着"抬头—翻身—坐—爬—站—走"的动作发展方向成熟的。

2. 近远规律

靠近头部和躯干的部分先发展，然后是远离身体中心部位动作的发展。

3. 大小规律（由粗到细）

先学会躯体大肌肉、大幅度的粗大动作，然后才逐渐学会手的小肌肉的精细动作。

4. 整体到局部规律

从最初全身性、笼统性、未专门化的手舞足蹈，然后逐渐分化为局部的、准确的、专门化的动作。

5. 从无意动作到有意动作（无有规律）

儿童动作发展的方向是越来越多地受心理、意识支配，动作发展的规律也服从于儿童心理发展的规律，从无意向有意发展的趋势。

真题回顾

【2019 年下·材料分析题】小班张老师观察发现，小明和甘甘上楼时都没有借助扶手，而是双脚交替上楼梯；下楼时小明扶着扶手双脚交替下楼梯，甘甘则没有借助扶手，每级台阶都是一只脚先下，另一只脚跟上慢慢下。

问题：

1. 请从幼儿身心发展角度，分析小班幼儿上下楼梯的动作发展特点。（10 分）

2. 分析两名幼儿表现的差异及可能原因。（10 分）

【答案】

1. 结合幼儿身心发展的规律，通过对材料的分析，我们可以看出小班幼儿上下楼梯的动作发展主要有以下几个特点。

（1）幼儿的动作发展具有先发展大肌肉动作，再发展小肌肉动作的特点；（2）幼儿往往先掌握上楼梯的动作，后掌握下楼梯的动作；（3）幼儿上下楼梯的动作发展具有个体差异性。

2. 材料中两名幼儿的差异表现在下楼梯方面：小明能够借助扶手双脚交替下楼梯，说明小明已经能够学会借助物体保持自己身体的平衡，甘甘则是一只脚、一只脚地慢慢下，说明甘甘的身体协调能力较差。导致这一差异的原因可能是：（1）生物因素对幼儿的动作发展具有影响；（2）家庭教育会导致幼儿上下楼梯方式的不同；（3）幼儿自身的主观能动性也会导致其下楼梯方式的不同。

　　综上所述，材料中小明和甘甘上下楼梯的动作发展出现差异的可能原因主要来自生物因素、家庭教育和其自身主观能动性方面。

第三章 幼儿认知发展

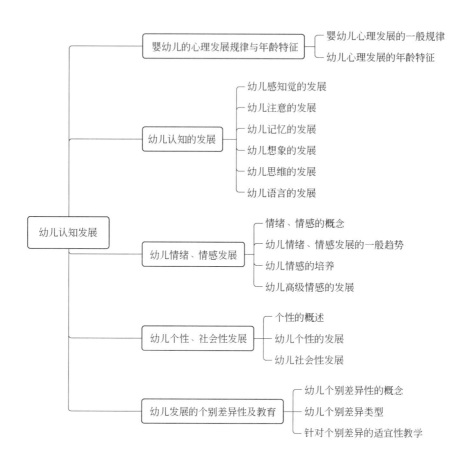

第一节 婴幼儿的心理发展规律与年龄特征

一、婴幼儿心理发展的一般规律

1．从简单到复杂

儿童的心理发展与儿童年龄的增长有着密切的关系。儿童的各种心理过程和特性，在出生的时候并不是完全齐备的，而是在发展的过程中先后出现，逐渐齐全的。

2．从具体到抽象

婴幼儿认识活动表现为具体性和形象性。幼儿认识事物、记住事物和思维都依赖于对事物的直接感知，感知在幼儿的认识活动中占有重要的地位。

整个幼儿期，思维的主要特点是具体形象的，但是，5～6岁幼儿已明显地出现了抽象逻辑思维的萌芽。例如，5～6岁的幼儿能根据概念对事物进行分类。此外，5～6岁幼儿对比较抽象的概念，对事物的因果关系的掌握等都有所发展，他们会说"这个东西沉不下去，因为它是木头的，木头就沉不下去"，而不像4岁的孩子只能从事物表面找原因。

3．从被动到主动

新生儿的原始反射是本能的活动，是对外界刺激的直接反应，完全是无意识的。随着年龄的增长，幼儿逐渐开始出现了自己能意识到的、有明确目的的心理活动，然后发展到不仅意识到活动目的，还能够意识到自己的心理活动进行的情况和过程。随着幼儿年龄的增长和教育的影响，幼儿中期开始，已能初步按成人的要求做事，到了5～6岁时，幼儿已能初步控制自己的行为，有目的地进行活动，心理活动开始向有意性发展。随着生理的不断成熟，心理活动的主动性也逐渐增强。

4．从零乱到成体系

幼儿最初的心理活动是零散杂乱的，心理活动之间缺乏有机的联系。例如孩子一会儿哭，一会儿笑，就是心理活动没有形成体系的表现。随着年龄的增长，幼儿的心理活动逐渐组织起来、系统起来，形成了整体，在同周围的人与环境相互作用的过程中，逐渐表现出初步稳定的个性倾向性。突出表现为出现初步的具有一定倾向的兴趣爱好、明显的气质特点和性格特点。

二、幼儿心理发展的年龄特征

学前儿童的身体发展与心理发展密切相关，年龄越小，身体发展与心理发展之间的相互影响也就越大。按照儿童心理发展的阶段，婴幼儿的发展过程可分为婴儿期、幼儿早期（先学前期）、幼儿期三个阶段，每个阶段又划分为不同的小阶段。具体如下表所示。

发展阶段	年龄划分
婴儿期或乳儿期（0~1岁）	（1）新生儿期（0~1个月） （2）婴儿早期（1~6个月） （3）婴儿晚期（6~12个月）
幼儿早期（1~3岁）	
学前期或幼儿期（3~6岁）	（1）幼儿初期（3~4岁） （2）幼儿中期（4~5岁） （3）幼儿晚期（5~6岁）

（一）婴儿期（0~1岁）

儿童出生后的第一年，称为婴儿期，又称为乳儿期。这一年是儿童心理开始发生和心理活动开始萌芽的阶段，又是儿童心理发展最为迅速和心理特征变化最大的阶段。

1．新生儿期（0~1个月）

初生到满月，称为新生儿期。满月前儿童的一切活动，都是围绕适应胎外生活而展开的。也正是在适应新生活的过程中，新生儿的心理得以产生和发展。

（1）心理发生的基础——本能动作（无条件反射）　儿童先天带来了应付外界刺激的许多本能。天生的本能表现为无条件反射，它们是不学而能的。

①吸吮反射　奶头、手指或其他物体，如被子的边缘，碰到新生儿的脸，并未直接碰到他的嘴唇，新生儿也会立即把头转向物体张嘴做吃奶的动作，这种反射使新生儿能够找到食物。

②怀抱反射　当新生儿被抱起时，他会本能地紧紧靠贴成人。

③迈步反射　又称行走反射。大人扶着新生儿的两腋，把他的脚放在桌面、地板或其他平面上，他会做出迈步的动作，好像两腿协调地交替走路。

④巴布金反射　如果新生儿的一只手或双手的手掌被压住，他会转头张嘴。当手掌上的压力减去时，他会打呵欠。

⑤蜷缩反射　当新生儿的脚背碰到平面的、类似楼梯的边缘时，他本能地做出像小猫那样的蜷缩动作。

许多先天带来的无条件反射，在婴儿长大到几个月时会相继消失。如果过了一定年龄还继续出现，就是婴儿发育不正常的表现。

（2）心理的发生——条件反射的出现　条件反射的出现，使儿童获得了维持生命、适应新生活需要的新机制，条件反射既是生理活动，又是心理活动，其出现预示心理的发生。

（3）开始认识世界　儿童出生即认识世界，最初的认知活动突出表现为知觉发生和视听觉的集中，视听觉集中是注意发生的标志。注意的出现，是选择性的反映，是人们心理能动性反映客观世界的原始表现。

（4）人际交往的开始　婴儿从出生开始，就表现出和别人交往的需要，这是人类特有的需要。新生儿和别人的交往，是通过情绪和表情来实现的。如，母亲离开时婴儿会眼神追视。

2．婴儿早期（1～6个月）

这段时期心理的发展突出表现为视听觉的发展，在这基础上婴儿依靠定向活动认识世界，手眼动作逐渐协调。

（1）视觉、听觉迅速发展　6个月内的婴儿认识周围事物主要靠视听觉，因为动作刚开始发展，所以能直接用手、体接触到的事物很有限。

（2）手眼协调动作开始发生　眼睛的视线和手的动作能够配合，手的运动和眼球的运动协调一致，即能抓住看到的东西。婴儿用手的动作有目的地认识世界和摆弄物体，是儿童的手成为认识器官和劳动器官的开端。手眼协调动作发生于婴儿早期。4～5个月以后，手眼协调的动作发生了。

（3）主动招人　这是最初的社会性交往需要。这时期要注意亲子游戏的教育性。

（4）开始认生　5～6个月的婴儿开始认生，他对交往的人有所选择。这是儿童认知发展和社会性发展过程中的重要变化，表现为感知辨别能力和记忆能力的发展；儿童情绪和人际发展上的重大变化，出现对亲人的依恋态度也不同。需要注意的是认生不一定"怯生"。

3．婴儿晚期（6～12个月）

婴儿晚期的显著变化是动作灵活了，表现为身体活动范围比以前扩大了，双手可模仿多种动作，逐渐出现言语萌芽，亲子关系、依恋关系更加牢固。

（1）身体动作迅速发展　抬头、翻身、坐、爬、站、走，这些动作都是在6～12个月这个阶段开始学习的。

（2）手的动作开始形成　从6～12个月，儿童的手日益灵活，其中最重要的是，五指分工动作发展起来了。所谓五指分工，是指大拇指和其他四指的动作逐渐分开，而且活动时采取对立的方向，而不是五指一把抓，五指分工动作和眼手协调动作是同时发展的，这是人类拿东西的典型动作。

（3）言语开始萌芽　9～12个月是言语开始萌芽的时期，这个阶段的幼儿开始发出较清楚的音节，能重复，连续，并按成人说的去做一些动作，如：成人即将离开时挥挥手，婴幼儿会边挥手边说"拜拜"。

（4）依恋关系发展　6、7个月是依恋开始出现的时期。分离焦虑，即亲人离去后长时哭闹，情绪不安，这是依恋关系受到障碍的表现。开始出现用"前语言"方式和亲人交往，孩子理解亲人的一些词，作出所期待的反应，使亲人开始理解他的要求。

（二）幼儿早期（1～3岁）

幼儿早期也叫先学前期。这是真正形成人类心理特点的时期，具体表现为：学会走路、说话，出现思维；有最初独立性。高级心理过程逐渐出现，各种心理活动发展齐全。

1．学会直立行走

1～2岁幼儿由于头重脚轻，骨骼肌肉比较嫩弱，脊柱的弯曲没有完全形成，两腿和身体动作不协调等生理原因，尽管学会直立行走，但还不自如。

2．使用工具

1岁半左右的幼儿，已能根据物体的特性来使用物体，这是把物体当作工具使用的开始。儿童使用工具要经历一个长期的过程，可能出现反复或倒退现象。

3．言语和思维的真正发生

人类特有的言语和思维活动，是在2岁左右真正形成的，出现最初的概括和推理，想象也在这一时期开始发生。

4．出现最初的独立性

独立性的出现是开始产生自我意识的明显表现，2岁左右孩子知道"我"和他人的区别，在语言上逐渐分清"你"和"我"。

（三）幼儿期（3~6岁）

3~6岁是进入小学之前的时期，称为学前期，又因为这是进入幼儿园的时期，又称幼儿期。3~6岁是心理活动形成系统的奠基时期，是个性形成的最初阶段。在这3年里，心理发展有明显的变化，每年有新的特点。

1．幼儿初期（3~4岁）

3~4岁是孩子初入幼儿园的年龄。在幼儿园一般称为小班，他们的特点很突出。

（1）具备初步的生活自理　3岁以后，孩子逐渐学会最初步的生活自理，他的身躯和手的本能动作已经比较自如，能够掌握各种粗大动作和一些精细动作，如能跳能跑，能用勺子吃饭。

（2）认识依靠行动　3~4岁幼儿的认识活动往往依靠感知和行动来进行。他们的认识特点是先做再想，即所谓直观行动思维。

（3）情绪作用大　3~4岁幼儿心理活动的情绪性极大。比如，常常为一件微不足道的小事而哭起来。对他讲道理，往往收效不大。用情绪性的故事，常常能够打动小班幼儿。

此时的幼儿情绪不稳定，很容易受外界环境的影响和周围人的感染。

（4）爱模仿　3~4岁幼儿模仿性很强，模仿是他们的主要学习方式，他们往往通过模仿掌握别人的经验，对成人的依赖也很大。

2．幼儿中期（4~5岁）

4~5岁是学前中期，也是幼儿园中班年龄。4岁以后，儿童心理发展出现较大的质变。其认识活动的概括性和行为的有意性明显地开始发展。具体表现在以下几方面。

（1）活泼好动　这一特点在中班幼儿身上表现得尤为突出。

（2）具体形象思维开始　此时幼儿开始依靠头脑中的表象进行思维。

（3）开始接受任务　中班刚开始能够接受严肃的任务。对幼儿布置实验任务，一般都只能从中班开始。4~5岁的幼儿已能够在日常生活中遵守一定的行为规范和生活规则。在进行集体活动时，能初步遵守集体活动规则。这有利于幼儿社会性的发展。

（4）开始自己组织游戏　游戏是幼儿的主要活动形式。他们此时已经能够理解和遵守游戏规则，能够自己组织游戏，自己确定游戏主题。其合作水平也开始提高。

3．幼儿晚期（5~6岁）

5~6岁是学前晚期，即幼儿园大班年龄，也是儿童即将进入小学的年龄。这时期幼儿的突出特点如下。

（1）好问好学　幼儿在这一时期有强烈的求知欲和学习兴趣，好奇心更强。

（2）抽象思维能力开始萌芽　此时的幼儿仍以具体形象思维为主，但明显有抽象逻辑思维的萌芽。

（3）开始掌握认识方法　幼儿出现有意地自觉控制和调节自己心理活动的能力，认知方面有了方法，开始运用集中注意的方法和有意记忆。

（4）个性初具雏形　5~6岁的幼儿开始有较稳定的态度、情绪、兴趣等，个性初具雏形。

（四）幼儿期各年龄阶段幼儿身心发展特点

1．幼儿初期（3~4岁——小班）

①动作迅速发展；②幼儿对教师有很强烈的依恋情感，并向往得到赞赏和认可；③处于直觉行动思维阶段；④行为易受感情支配；⑤喜欢模仿，辨别是非能力较差；⑥开始关注同伴，社会性得到初步发展；⑦语言发展快，爱说话；⑧感知觉发展迅速，观察力有待发展。

2．幼儿中期（4~5岁——中班）

①运动机能进一步发展；②思维具有具体形象性；③强烈的好动活泼；④交往能力有所发展，能自动结交朋友；⑤游戏能力发展较快，游戏情节丰富；⑥认识能力提高；⑦词汇量增加。

3．幼儿晚期（5~6岁——大班）

①身体发展迅速，动作协调；②语言能力增强；③情绪情感的调节能力逐步增强。

第二节　幼儿认知的发展

一、幼儿感知觉的发展

（一）感知觉概述

1．感觉

感觉就是人脑对直接作用于感官的客观事物的个别属性的反映。客观事物总是具有一定的属性，如形状、颜色、味道、软硬等。当这些属性作用于人的感觉器官时，大脑就会产生相应的反应。

2．知觉

知觉是人脑对直接作用于感官的客观事物的各个部分和属性的整体的反映。知觉是在感觉基础上产生的，它是一个人充分运用过去的知识经验对由客观世界中物体的各种属性所产生的感觉信息进行组织和解释的结果。但离开知觉的纯感觉是不存在的。

3．感知觉在学前儿童心理发展中的作用

（1）感觉和知觉是人生最早出现的认识过程　感觉和知觉都是属于认知活动的低级形式。感觉和知觉是人生最早出现的认识过程，以后才相继出现记忆过程及与记忆相联系的表象。再进一步发展最简单的思维以及最初的想象。现代儿童心理学证明，新生儿已经具备人类的基本感觉和知觉。

（2）两岁前儿童依靠感觉和知觉认识世界　感觉和知觉是人对世界的感性认识。在0～1岁，婴儿是依靠视觉、听觉、肤觉等和外界接触的。两岁以前，也是依靠从感官得来的信息对周围世界作出反应。

（3）感觉和知觉在3～6岁儿童的心理活动中仍占优势　幼儿期，儿童对世界处于感性认识阶段，幼儿是借助于颜色、形状、声音和动作来认识世界的。3岁后，幼儿的思维虽然已有所发展，但是其思维是紧紧依靠知觉形象的。例如，同样数量的一堆珠子，如果集中堆在一起，幼儿会认为较少，而如果把珠子分散开来，幼儿就会认为较多。这就是思维受直接的知觉所左右。

（二）幼儿的感觉、知觉

1．幼儿的感觉

幼儿的感觉包括视觉、听觉、味觉、嗅觉、触觉等多方面。到目前为止，研究比较多的是视觉、听觉、触觉、运动觉。

（1）视觉　儿童视觉的发展表现在两个方面：视觉敏锐度的发展和颜色视觉的发展。视敏度是衡量视觉发展优劣的指标，是指分辨物体细节和轮廓的能力，也就是一个人的眼睛能正确分辨物体的最小维度。我们日常所说的视力就是医学上所测定的视敏度。一般情况下，视敏度为1.0是正常的，新生儿最佳视距在20厘米左右。

颜色视觉指区别颜色细微差异的能力，也称辨色力。幼儿期对颜色辨别力的发展，主要依靠生活经验和教育。

（2）听觉　人的感觉除视觉外，另一种重要的感觉就是听觉。新生儿爱听母亲的声音、柔和的声音、高音调的声音。幼儿通过听觉辨别周围事物、欣赏音乐、学唱歌。

（3）触觉　触觉是肤觉和运动觉的联合，是婴幼儿认识世界的重要手段。

视触协调主要表现为手眼探索活动的协调。手眼协调活动是婴儿认知发展过程中的重要里程碑，也是手的真正探索活动的开始。眼手协调动作出现的主要标志是伸手能抓到东西。

（4）运动觉　运动觉的发展是以"头部—躯干—四肢"这一顺序进行的，最后发展手部的精细动作。1～3岁幼儿逐渐掌握了走、跑、跳、滚、攀登等基本动作形式。4～6岁幼儿的基本动作形式将会从粗略到精细，发生分化与完善。

2．幼儿的知觉

按照知觉活动中起主导作用的感觉不同，可将知觉分为视知觉、听知觉、嗅知觉等。也可按知觉对象的特性分为空间知觉、时间知觉和观察力。

（1）空间知觉　空间知觉包括形状知觉、大小知觉、方位知觉和距离知觉。它需要由视觉、听觉、运动觉等多种感觉分析器联合活动才能逐步形成。

①形状知觉　即一个人对物体几何形体的知觉。对幼儿来说不同几何图形辨别的难度有所不同，由易到难的顺序是：圆形－正方形－半圆形－长方形－三角形－八边形－五边形－梯形－菱形（记忆口诀：圆正半，长三八，五梯菱）。

②大小知觉　是指个体对物体长短、面积和体积大小的知觉。物体大小的不同，投射在视网膜上的映象大小也不一样。同等距离下，物体大，映象大；同样大小的物体，越远看起来越小。

③方位知觉　即一个人对物体所处的空间位置的知觉，包括上下、前后、左右、东西、南北等。幼儿方位知觉发展的一般趋势是：3岁仅能辨别上下；4岁开始辨别前后；5岁开始能以自身为中心辨别左右；6岁能较轻松地辨别上下、前后14个方位的水平，但以他人为中心辨别左右还会感到困难。方位知觉的形成有赖于儿童从生活经验中不断形成各种空间，也有赖于不断掌握各种表示空间关系的词。

④距离知觉　即一个人判定物体与物体之间以及物体与人之间距离的一种能力。它对人们理解环境的布局很重要，对引导人们的运动性活动也很重要。深度知觉有助于婴幼儿防止撞到家具上或跌下楼梯。"视觉悬崖"是一种测查婴儿深度知觉的有效装置，6个月婴儿已经有了深度知觉。

（2）时间知觉　时间知觉即人们对客观现象的延续性、顺序性和速度的反映。由于时间很抽象，人们在感知时常常要借助中介物。

小班幼儿已经具有了一些初步的时间概念，但往往与他们具体的生活活动相联系，如早晨就是天亮、太阳升起或起床的时间；晚上就是天黑、睡觉的时候等。有时也能掌握一些相对的时间概念，如昨天、明天等。不过，常常会在使用的过程中出错。

中大班幼儿对昨天、今天、明天等生活中经常使用的时间概念已能分辨清楚，但对大前天、大后天以及更远的时间概念就很难理解和分清了。对上午、下午的时间概念也能分清，但对小于半天的时间就很难分清了。

只要家长、教师注意利用天体、人体等一些自然现象的变化及专门的计时工具，对幼儿加以引导，是可以提高幼儿时间知觉的准确性的。

（3）观察力　观察是有目的、有计划、比较持久的知觉。幼儿期是观察力初步形成的时期，幼儿观察的发展，表现在观察的目的性、持续性、细致性、概括性等的不断完善。随着年龄的增长和教师、家长的培养，才能掌握一定的观察方法。幼儿观察能力的发展具有以下特征。

①观察的目的性加强　处在幼儿初期的幼儿经常不能进行自觉的、有意识的观察。他们的观察或事先无目的，或易在观察中忘记了目的，很容易受外界刺激和个人情绪、兴趣的影响。

②观察的细致性增加　幼儿的观察一般是笼统的，看得不细致是幼儿的特点和突出问题。比如，幼儿观察时，只看事物的表面和明显较大的部分，而不去看事物较隐蔽的、细致的特征；只看事物的轮廓，不看其中的关系。

③观察的持续性延长　学前儿童，特别是小班孩子的观察常常不能持久，很容易转移注意的方向和对象，到中班，特别是大班，幼儿的观察时间才能逐渐增加。

④观察的概括性提高　观察的概括性是指能够观察到事物之间的联系。学前初期儿童观察时，常常不能把事物的各个方面联系起来考察，因而不能发现各事物或事物组成部分之间的相互联系。

⑤观察的方法逐渐形成　学前儿童在观察中，经常不能按照一定的顺序，从左到右、从上到下、从整体到部分再到整体、有组织、有条理地进行观察。幼儿的观察是从跳跃式、无序的，逐渐向有顺序性的观察发展。中、大班的幼儿较小班幼儿有较大的进步，但即使是到了大班，也仍然不是多数的孩子都能按照一定的顺序有条理地观察事物。

（三）感知觉规律在幼儿教育中的运用

1．感受性变化与幼儿的活动

（1）适应现象　感觉是由于分析器工作的结果而产生的感受性，会因刺激持续时间的长短而降低或提高，这种现象叫作适应现象。

两种视觉适应：人从亮处进入暗室时，最初看不清楚任何东西，经过一定时间，视敏感度才逐渐增高，恢复了在暗处的视力，这称为暗适应。相反，从暗处来到亮光处最初感到一片耀眼的光亮，不能看清物体，只有稍待片刻才能恢复视觉，这称为明适应。

（2）对比现象　同一分析器的各种感觉会因彼此相互作用而使感受性发生变化，这种现象叫作感觉的对比。感觉的对比分为先后对比和同时对比两种。先后对比是同一分析器所产生的前感觉和后感觉之间的相互作用。例如吃过橄榄后再喝纯净水，会感到水带有甜味。

2．知觉中对象与背景的关系

感觉器官在同一时间内不能同样清楚地感知所接触的事物，有些刺激物会成为知觉的对象，而另一些刺激物，人们对它们的知觉较为模糊，好像是衬托在知觉对象的后面似的，成为知觉的背景。但在幼儿知觉过程中，有时并不是像教师所设想的，而可能会把对象和背景颠倒过来。因此，教师要掌握知觉中对象与背景关系的规律。把对象从背景中分离出来，受到以下几种因素影响：①对象与背景的差别；②对象的活动性；③刺激物本身各部分的组合（相邻性原则）；④教师的言语与直观材料相结合。

真题回顾

【2017年下·单项选择题】以下几种新生儿的感觉中，发展相对最不成熟的是（　　）。

A．听觉　　　　B．视觉　　　　C．味觉　　　　D．嗅觉

【答案】B

【解析】新生儿最发达的感觉是味觉，最不发达的感觉是痛觉。其他感觉的发展为：嗅觉比味觉稍有逊色，但从出生起，对不同气味也有反应，而视觉发展上，新生儿所见的物体是模糊的，到5～6个月才能达到正常人的视力。故选B。

二、幼儿注意的发展

1．注意的概述

（1）注意的概念　注意是一种心理状态，是心理活动对一定对象的指向与集中。注意不是一种独立的心理过程，它总是与人的其他心理活动相伴随而进行的。注意对人们获得知识、掌握技能、思考问题、完成各种活动都起着重要的保证作用。

（2）注意的特点

①指向性　是指人在每一瞬间，心理活动都选择了某个对象，而把其他对象作为背景。

②集中性　是指心理活动在一定方向上活动的强度或紧张度。心理活动的强度越大，紧张度越高，注意也就越集中。注意不是独立的心理过程，它是各种心理活动过程共有的特性，它伴随着心理过程的始终。

（3）注意的分类

①无意注意　无意注意是指无预定目的且不需意志努力的注意，也称不随意注意。它主要受刺激物本身特点的影响，包括刺激物的强度、新异性、运动变化及对比关系等。此外，主体自身的状态也会对它产生一定影响。如：课堂上突然飞进的小鸟引起学生注意。

②有意注意　有意注意是指有预定目的并且需要意志努力的注意，也称随意注意。当主体对活动有明确的目的，并具有坚强的意志和抗干扰能力时，能保持较高水平的有意注意。如：上课学习三角形稳定性时需要认真听讲。

③有意后注意 有意后注意是注意的一种特殊形式，也称随意后注意，它有自觉的目的却不需要意志努力。有意后注意同时具备有意注意和无意注意的部分特征。例如：熟练驾驶汽车。

2．幼儿注意发展的主要特征

幼儿注意发展的特征是无意注意占优势地位，有意注意逐渐发展（见下表）。

重要特征	表现
无意注意占优势	1.刺激比较强烈、对比鲜明、新颖和变化多动的事物 2.与幼儿兴趣、需要和生活经验有关系的事物
有意注意逐渐发展	1.幼儿的有意注意依赖于丰富多彩的活动的开展 2.幼儿对活动目的、活动任务的理解程度 3.幼儿对活动的兴趣与良好的活动方式 4.言语指导与言语提示

3．注意的规律与幼儿活动

幼儿注意的有意性水平比较低。3～6岁儿童注意的特点是无意注意占优势地位，有意注意逐渐发展。幼儿的有意注意在成人的要求和教育下开始逐步发展，但他们注意有意性的总体水平还是比较低的。此外，幼儿注意的品质发展水平总体不高，表现在以下四个方面。

（1）**幼儿注意的广度** 成人在0.2秒的时间内，一般能够注意到4～6个相互间无关联的对象。而幼儿最多只能注意到2～3个对象。

（2）**幼儿注意的稳定性** 一般情况下，幼儿注意的稳定性随年龄增长而逐渐增强。3岁儿童能够集中注意3～5分钟；4岁儿童能够集中注意10分钟左右；5～6岁儿童可集中注意15分钟左右，甚至可以达到20分钟。

（3）**幼儿注意的分配和转移** 幼儿还不善于同时注意几种对象，做事时会顾此失彼，注意力很难在多种任务之间灵活转移。因而，幼儿园教师或家长要充分考虑到幼儿注意分配能力不强的特点，避免同时给儿童多种任务，应要求儿童专心做事情，如吃饭要专心。

（4）**幼儿注意的选择性** 幼儿还不善于调动注意，小班幼儿更不善于灵活转移自己的注意，以至于该注意另一个对象时，却难以从原来的对象上移开。

4．幼儿注意发展中容易出现的问题

①连续进行单调的活动；②缺乏严格的作息制度；③无关刺激的干扰；④注意转移的能力差；⑤不能很好地进行两种注意的转换。

5．注意的培养

①根据幼儿的兴趣和需要组织教育活动；②制定和执行合理的生活制度；③避免无关刺激的干扰；④培养注意转移的能力；⑤灵活地交互运用无意注意和有意注意。

真题回顾

【2019年上·单项选择题】幼儿认真完整地听完教师讲的故事，这一现象反映了幼儿注意的哪个特征？（　　）

　　A．注意的广度　　　　　　　　　　　B．注意的分配

　　C．注意的选择性　　　　　　　　　　D．注意的稳定性

【答案】D

【解析】注意力在同一活动范围内所维持的时间长短是指注意的稳定性。故选D。

三、幼儿记忆的发展

（一）记忆的概述

1．记忆的含义

<u>记忆是人脑对过去经验的反映，是一种比较复杂的心理过程。</u>它包括识记、保持与回忆三个基本环节。

2．记忆的分类

（1）根据保持时间的长短

①瞬时记忆（0.25~2秒）　形象、容量大、时间短、意识不到，编码方式主要是图像记忆和声像记忆。

②短时记忆（1分钟以内）　容量有限、听觉编码、可以意识到、可记忆。

③长时记忆（1分钟以上）　容量无限、意义编码（语义和表象）、必须回忆、衰退。

（2）根据记忆的内容

①运动记忆　运动记忆是指识记内容为人的运动或动作的记忆。幼儿最早出现的是运动记忆。

②情绪记忆　情绪记忆是对体验过的情绪情感的记忆。幼儿喜爱什么、依恋什么、厌恶什么都是情绪记忆的表现。幼儿的情绪记忆出现得也比较早。

③形象记忆　形象记忆是以感知过的事物的具体形象为内容的记忆。1岁前的形象记忆和运动记忆、情绪记忆紧密联系。在幼儿的记忆中，形象记忆占主要地位。

④语词记忆　语词记忆是以语言材料为内容的记忆，是随着幼儿掌握语言的过程逐渐发展起来的。语词记忆的发展，要求大脑皮质活动技能的发展，特别是要以语言中枢的发展为生理基础。因此，幼儿的语词记忆发展得最晚。

（二）幼儿记忆的特点

1．无意记忆占优势，有意记忆逐渐发展

幼儿期整个心理水平的有意性都较低，记忆也是如此。幼儿时期最主要的识记方式是无意识记，无意识记占主导地位。但对幼儿来说，他们的有意识记也早已开始发展了。随着年龄的增长，儿童有意识记发展的速度明显高于无意识记。

2．机械记忆为主，意义记忆逐步发展

由于生活经验缺乏、理解力差，幼儿在记忆时较多地采用机械识记的方法。在日常生活和教学中，有许多事实说明，幼儿对理解的事物的记忆比对不理解事物的记忆效果好。他们也能根据自己的经验、想象进行意义识记。当录音机再次播放这些作品时，一播出曲名，幼儿就能随着乐曲哼唱，甚至会即兴表演。

所以，在发展幼儿的记忆力时，我们既要注意提高他们的机械记忆能力，又要注意培养他们的意义记忆能力。

3．形象记忆为主，语词记忆逐渐发展

形象记忆是根据具体的形象来记忆各种材料。在儿童语言发展之前，其记忆内容只有事物的形象，即只有形象记忆，在儿童语言发生后，直到整个幼儿期，形象记忆仍然占主要地位。幼儿的形象记忆和语词记忆都随着年龄的增长而发展，并且它们的差别逐渐缩小。

4．幼儿记忆的意识性和记忆的策略逐渐发展

（1）记忆策略的发展　记忆策略是儿童采用的接收信息、提取信息的方式，它直接影响着记忆的效果。儿童常见的记忆策略有复述、组织和精细加工。

（2）记忆策略的形成

①复述策略　是指在工作记忆中为了保持信息而对信息进行多次重复的过程。复述是短时记忆信息进入长时记忆的有效方法。

②组织策略　是指发现部分之间的层次关系或其他关系，使之形成某种结构以达到有效保持的一种记忆策略。

③精细加工策略　是指通过把所学的新信息和已有的知识联系起来，寻求字面意义背后的深层次意义，或者以此来增加新信息的意义，从而帮助学习者将信息储存到长时记忆中去的学习策略。

（三）幼儿记忆能力的培养

1. 激发兴趣与主动性，提供生动形象、鲜明的记忆材料

在兴趣活动中，积极而投入的情绪状态可以有效地提高幼儿识记的效果。而游戏是幼儿的主要活动与学习形式。因此，我们应以游戏为主，用生动活泼的操作性活动来开展教育，同时尽量调动幼儿的各种感官参加。

2. 丰富生活经验，帮助理解记忆材料

孩子观察到的事物越多，所获得的知识经验就越多，孩子的记忆内容就越丰富。同时，大量实验证明丰富的知识经验可以为幼儿意义识记的发展提供良好的基础。在生活与教学中我们要多带孩子到外面去，让他们更广泛地接触自然与社会，开阔他们的眼界，丰富他们的生活经验。此外，在各种游戏中给孩子提供的记忆材料一定要鲜明、简单、突出、直观，并应和他们的生活内容或自身密切相关。

3. 培养有意记忆，提出明确的记忆要求

不论是经验还是实验都充分证明了随着儿童年龄的增长，有意记忆的效果必将优于无意记忆。因此，虽然幼儿期以无意记忆为主，但是我们也应充分注意培养幼儿的有意记忆。孩子到了两岁半以后，有意记忆就开始萌芽了。这时，无论是讲故事还是说事情，家长或教师都可以向幼儿提出明确的记忆要求，使孩子依靠自己的意志和能力去完成任务。在成人的这种要求下，孩子会努力地去记住一些东西，这样就促进了他们的有意记忆的发展，还能发展他们的语言表达能力。

4. 教授记忆策略

记忆策略的获得与运用将有效地提高幼儿的记忆水平与效果。此外，有效记忆还可以大大增强幼儿对记忆的自信心与成就感，从而进一步促进记忆水平与效果的提高。因此，在日常生活中，成人应该教授幼儿记忆策略并有意识地引导幼儿使用记忆策略来完成记忆任务。

真题回顾

【2014 年下·单项选择题】按顺序呈现"护士、兔子、救护车、胡萝卜、太阳"的图片让幼儿记忆，有些幼儿回忆时说："刚才看到了救护车和护士、兔子和胡萝卜，还有太阳和月亮。"这些幼儿运用的记忆策略是（　　）。

A. 组织　　　　　B. 复述　　　　　C. 精细加工　　　　　D. 习惯性

【答案】A

【解析】组织策略即根据知识经验之间的关系，对学习材料进行系统、有序的分类、整理与概括，使之结构合理化。组织策略在幼儿阶段表现不明显，他们只是采用最初级的形式，把两种有着某种共同点的东西联系在一起记忆。故选 A。

四、幼儿想象的发展

1. 想象的概述

想象是对头脑中已有的表象进行加工和改造，建立新形象的过程。想象可以根据是否有预定目的，分为无意想象与有意想象。也可以根据内容的新颖程度与独立性，分为再造想象与创造想象。想象的种类有：

（1）无意想象和有意想象　按照想象的目的性和计划性，可以把想象分为无意想象和有意想象。

无意想象又称不随意想象，是指没有预定目的，在一定刺激的影响下，不由自主地进行的想象，

是一种最简单、最初级的想象。如做梦、幻觉；听故事时，不知不觉地随着故事情节追踪下去等。儿童的想象往往没有预定目的，因此，他们经常产生的是无意想象。

有意想象又称随意想象，是指根据预定目的，在一定意志努力下自觉进行的想象。例如，科学家发明创造、文学艺术家创造小说、工程师的建筑物蓝图设计等，都是有意想象的结晶。

（2）再造想象和创造想象　再造想象是指根据言语的描述或图形符号的示意，在人脑中形成相应事物新形象的过程。例如小朋友们听老师讲《小白兔与大灰狼》的故事，仿佛看见了聪明可爱的小白兔和凶狠狡诈的大灰狼。

创造想象是指根据一定的目的和任务，不依据现成的描述，在人脑中独立地创造出某种新形象的心理过程。例如，设计师在脑中构思新型宇宙飞船的形象、作家在头脑中塑造新的典型人物的形象等都属于创造想象。创造想象具有独立性、首创性、新颖性的特点，是人类创造性活动不可或缺的心理成分。

2．想象在幼儿心理发展中的作用

（1）**想象与幼儿的认知活动**　想象与感知、记忆等认知活动密切相关，主要包括三个方面：①想象与感知密不可分；②想象与记忆密不可分；③想象与思维关系密切。

幼儿期是想象发展的初级阶段，它已经开始超脱现实，在记忆基础上进行了加工改造，但还没能深入现实，不能真正反映事物的本质。因此幼儿的想象只是思维发展的基础，幼儿的想象是一端接近于记忆，另一端接近于创造性思维。

（2）**想象与幼儿的情绪活动**

①想象往往能引发情绪　孩子的情绪情感常常是由于想象而引发的，如怕黑、怕"鬼"是由于听过与之有关的故事，在黑暗中进行想象，从而产生怕的情绪等。

②情绪影响想象　大量事实说明，幼儿的想象容易受自己的情绪和兴趣的影响。幼儿的情绪常常能够引起某种想象过程，或者改变想象的方向。

3．想象在幼儿实践活动中的重要意义

（1）**想象在幼儿学习中的作用**　人们在获取间接认识的过程中，没有想象是无法构建出新形象、获得新知识的。想象在幼儿学习活动中帮助幼儿掌握抽象的概念，理解较为复杂的知识，创造性地完成学习任务。缺乏想象力的幼儿是无法取得良好的学习效果的。

（2）**想象在幼儿游戏中的作用**　幼儿的主要活动是游戏。在游戏中，幼儿的想象起着极为重要的作用。如果没有想象，也就不可能进行任何游戏活动。在角色游戏中，角色的扮演、游戏材料的使用、游戏的整个过程等都要依靠幼儿的想象。如"娃娃家"游戏中爸爸、妈妈使用纱布做成的包子、馒头，木棍代替菜勺，炒菜、烧饭，带孩子看病等活动，都是经过幼儿的"假想"而成的。如果没有想象，这种"虚构的"活动便无法开展。因此，想象在幼儿游戏活动中起着关键作用。通过各种方法发展幼儿的想象力，可以促进幼儿游戏水平的提高。

（3）**想象的发展是幼儿创造思维发展的核心**　人的创造力主要表现在一个人的创造思维方面。而创造思维一般可以分为三个方面：直觉、灵感和想象。换言之，想象是创造思维的一个主要方面。对于幼儿来说，创造思维的核心就是想象。

4．幼儿想象的特点

（1）**无意想象占主导地位，有意想象开始发展**　幼儿的想象，主要是无意想象。他们的想象事先常常没有什么目的，往往由外界刺激直接引起，并随外界刺激的变化而变化。学前中、晚期，在教育的影响下，随着语言的发展，经验的丰富，幼儿想象的有意性逐步发展。中班幼儿的想象已有初步的目的性，大班幼儿想象的目的性更强，他们在进行想象活动之前，基本都能有一个明确的预定主题，并能根据预定的主题，有意地、稳定地进行想象。

（2）**再造想象占主导地位，创造想象开始发展**　整个幼儿时期，幼儿是以再造想象为主的。表现为想象在很大程度上具有复制性和模仿性。如孩子模仿妈妈，给布娃娃喂东西吃和哄布娃娃睡觉等。到了幼儿中期，随着知识经验的丰富及抽象概括能力的提高，幼儿想象的创造性逐渐增长，慢慢地出现创造想象。因此，他们的想象就不再完全按照成人的描述和指示，而能根据自己的想象进行加工。这种创造成分在游戏，尤其是在角色游戏和建造、造型游戏中表现得最充分。

（3）**想象的内容由贫乏、零碎逐渐向丰富、完整发展** 进入幼儿期，孩子的想象内容较之婴儿期更为丰富，但从发展上来说，还是很贫乏。他们用以想象的形象，基本就是日常生活中和他最接近的事物。

幼儿到五六岁时，随知识经验的积累，他们的想象内容逐渐丰富。这表现为幼儿不仅更细致、具体地反映他最接近的事物，而且展开了幻想的翅膀。游戏、画画时，他们也能逐渐考虑各角色、形象的完整性及各形象之间的相互关系，能把各有关形象及形象的各主要特征联系起来。想象内容逐渐变得比较丰富、完整和系统。总体而言，幼儿的想象水平仍然是比较低的。

（4）**从极大夸张的想象发展到合乎现实的想象** 幼儿初期，常将想象的内容与现实进行混淆，主要表现在三个方面：第一，把渴望得到的东西说成已经得到了；第二，把希望发生的事情当作已经发生的事情来描述；第三，在参加游戏或欣赏文艺作品时，往往身临其境，与角色产生同样的情绪反应。但是到了幼儿晚期，5、6岁以后，幼儿的想象形象就会力求符合客观逻辑，这个年龄的幼儿开始注意到所创造的想象形象与客观事物的一致性。

5．幼儿想象力的培养

（1）**保护幼儿的好奇心，培养想象的主动性** 心理学研究表明：幼儿的好奇心和创造力的发展是成正比的。因此为使幼儿想象更富有创造性，教师必须特别珍视幼儿的好奇心，并能够进一步激发他们的好奇心，培养幼儿进行主动想象的意愿与能力。无论孩子的想象有多离奇，父母都要保护其想象的欲望，鼓励孩子大胆想象，并适时地进行引导。

（2）**丰富幼儿的感性知识，积累想象的素材** 婴幼儿时期想象的特点是由再造想象到创造想象，以再造想象为主导。所以，孩子生活内容越丰富，头脑中存储的各类事物的形象越多，想象的素材就越多，从而有助于其想象力的发展。

（3）**开展各种游戏活动，创设想象的情境** 游戏是幼儿的基本活动，在各种游戏中，角色游戏与构造游戏最能激发幼儿的想象。玩具和游戏材料是引起幼儿想象的物质基础。因此，我们要多为幼儿提供玩具与游戏材料，让他们在游戏中加工、制造、想象，从而促进他们想象的发展。我们应该根据孩子不同的年龄特征和兴趣爱好提供合适的玩具。玩具不必太复杂，否则会限制幼儿的想象。也可以为孩子提供半成品的材料，让幼儿在制作的过程中加工、创造、想象。

（4）**开展多种艺术活动，创造幼儿想象发展的条件** 通过音乐、绘画、舞蹈、猜谜、故事等方式激发幼儿的想象，使他们创造各种新形象。充满想象的童话和神话故事最能引起幼儿的遐想，音乐和美术活动也是发展孩子想象力的有效途径，这些活动可以让孩子在体验艺术美感的同时，培养他们丰富的想象力。值得注意的是，在幼儿按照自己的想象进行音乐或美术活动时，教师不要干涉，更不要替代，要让孩子按照自己的意愿自由地发挥，让幼儿充分享受独立创造的快乐。

（5）**创造自由宽松的环境来保证幼儿的自由创造** 要给幼儿以想象的充分自由，培养他们敢想、多想的创新精神。我们在每一个环节都必须注意给幼儿以想象的充分自由，鼓励幼儿积极动脑，自由畅想，并且当幼儿的想象一旦表现出了新颖性、独创性时，就给予鼓励、表扬。

（6）**教给幼儿表达想象形象的技能技巧** 幼儿有了丰富的想象，但如果不具有相应的表达想象的技能技巧，新形象就只能停留在头脑中，而不能转化为实实在在的东西，这势必会影响到幼儿的自由想象，妨碍幼儿想象力、创造力的发展。因此，让幼儿掌握一定的表达想象的技能技巧，也是发展幼儿想象力所不可缺少的。幼儿表达想象的技能技巧包括绘画技能、音乐表演技能、建筑结构技能、进行创造性游戏的技能等。

真题回顾

【2016年上·单项选择题】一名幼儿画小朋友放风筝，把小朋友的手画得很长，几乎比身体长了3倍，这说明了绘画的特点具有（ ）。

A．抽象性　　　B．夸张性　　　C．形象性　　　D．象征性

【答案】B

【解析】幼儿的想象具有夸张性，一方面指的是夸大事物某个部分或某个特征，及幼儿在想象中常常把事物的某个部分加以夸大，另一方面是混淆假想与现实。故选B。

五、幼儿思维的发展

思维是人脑对客观事物本质和事物之间的内在联系的认识，是人类认识的高级阶段。思维是在感知基础上实现的理性认识形式。间接性与概括性是思维的两大特性。儿童思维的真正形成是在 2 岁左右。幼儿期（3～6、7 岁）是思维开始发展的时期。

1．婴幼儿思维发展的趋势

幼儿思维发展呈现出三种不同的形态，分别是直觉行动思维、具体形象思维（表象思维）和抽象逻辑思维。幼儿早期的思维以直觉行动思维为主，幼儿中期的思维以具体形象思维为主，幼儿晚期抽象逻辑思维开始萌芽。

（1）**直觉行动思维**　直觉行动思维是最低水平的思维，这种思维的概括水平低，更多依赖于感知动作的概括。两岁前的婴幼儿头脑中几乎没有多少表象和经验，也不会进行逻辑推理，他们必须而且只能通过自己的动作才能发现事物间的内在联系。因此，可以说幼儿前期（1～2 岁），儿童的思维就属于这个类型，这个年龄段的婴幼儿离开了实物或不对事物进行动手操作就不能解决问题，离开了玩具就不会游戏。两岁以后的儿童，在遇到困难问题时也要依靠这种思维。

直觉行动思维的典型方式是"尝试错误"，其活动过程是依靠具体动作展开的，而且有许多无效的多余的动作。这种思维虽然能够揭示出事物的一些内部属性以及事物间的一些关系，但那只是婴幼儿行动的结果，在行动之前，他们主观上并没有预定目的和行动计划，也不能预见自己行动的后果。

（2）**具体形象思维（表象思维）**　具体形象思维，又称表象思维，即幼儿依靠事物在头脑中贮存的具体形象（表象）和对具体形象的联想进行的思维活动。一般认为 2.5～3 岁是幼儿从直觉行动思维向具体形象思维转化的关键年龄。3～6、7 岁幼儿的思维主要就是具体形象思维，该阶段幼儿的思维具有了内隐性，在头脑中操作而不必表露在外显动作中，但通常思维活动还要借助具体的事物进行。并且幼儿能预见到自己行动的结果，也开始计划自己的行动，但往往容易根据事物的表面现象进行思维。例如：幼儿开展角色游戏，扮演各种角色和遵守规则时，主要依靠他们头脑中的有关角色、规则和行为方式的表象。具体形象思维是在直观行动思维基础上发展而来的，是幼儿期典型的思维方式。

（3）**抽象逻辑思维**　6、7 岁以后，儿童的思维开始进入逻辑思维阶段。抽象逻辑思维反映的是事物的本质特征，是运用概念、根据事物的逻辑关系来进行的思维。它是靠语言进行的思维，是人类所特有的思维方式。幼儿阶段抽象思维仅仅开始萌芽。

2．幼儿思维发展的特点

（1）**具体性**　幼儿的思维内容是具体的。他们能够掌握代表实际东西的概念,不易掌握抽象概念。比如"水果"这个词比"苹果""香蕉""橙子"等词抽象，幼儿比较难掌握。

（2）**形象性**　表现在幼儿依靠事物在头脑中的形象来思维。幼儿的头脑中充满着颜色、形状、声音等生动的形象。比如：大灰狼总是"可恶的"、乌龟总是"慢吞吞的"，爷爷总是"白胡子的"。

（3）**象征性**　4 岁以后幼儿的思维具有了象征性。比如，幼儿伸出大拇指和食指比画着做打手枪状，嘴里还不停模仿枪声："啪啪，啪啪。"这说明幼儿见过枪的形状并用手指模仿枪的形状，这就是象征，具体来说是"以物代物"的象征。

（4）**经验性**　幼儿的思维是根据自己的生活经验来进行的，而不是按照老师的逻辑推理进行思维。

（5）**拟人性**　在幼儿眼中，往往是"万物有灵，万物有情"，即幼儿往往会将无意识的、没有生命的东西当作有意识和有生命的东西。

（6）**表面性**　幼儿的思维是根据具体接触到的表面现象来进行的，因此幼儿的思维往往只是反映事物的表面的联系，而不反映事物的本质联系。

（7）**固定性**　幼儿思维的具体性使其缺乏灵活性，他们较难掌握相对性。在日常生活中常常"认死理"。

（8）**近视性** 幼儿只能考虑到事物眼前的关系，而不会更多地去思考事物的后果。

3．幼儿思维的过程

（1）分析 把事物的个别方面从整体中区分出来。

（2）综合 把事物的各个部分和不同方面的特点结合起来加以考虑。

（3）比较 把各种事物加以对比，确定它们之间的相同与不同。

（4）分类 按照一定的标准把事物归纳为一组。

（5）抽象 脑海中将事物的共同特征抽取出来。

（6）概括 将具有共同特征的事物连接起来，形成一个新的概念。

4．幼儿概念、判断、推理的发展

概念、判断和推理是人类思维活动的基本形式。这种基本形式在幼儿思维发展过程中表现出具体形象性。

（1）幼儿概括的三种不同水平 儿童掌握概念水平的高低取决于他们思维水平的高低，而且概括水平是儿童掌握概念的直接前提。概括有以下三种水平。

①动作概括水平 与直觉行动思维水平相适应。这种概括不能用词语来表示，因而严格来说不能称为掌握真正概念的概括。不过，当婴儿开始有目的地用自己的动作影响物体并简化这些动作时，我们就称婴儿出现了动作概括化的倾向。

②具体形象的概括水平 当幼儿开始掌握语言，运用语词时，便出现了真正的概括水平。但因为儿童掌握语词需要一个发展过程，而且最初掌握的语词仅仅标志着个别物体或物体的个别外部而非本质的属性，所以此时幼儿的语词的意义只是对物体外部特征的概括化，还不是形式逻辑严格定义的概念。因此此时形成的概念是具体形象的概念。

③本质抽象的概括水平 当儿童所掌握的语词由表示外部特征进而发展到对一类物体比较稳定的主要特征进行分析综合时，便进入了本质抽象概括的水平。这种水平出现的标志就是确切儿童对概念的掌握。

（2）幼儿对概念的掌握

幼儿在不同时期对概念掌握的类型及特点如下表所示。

时期	类型	特点
幼儿初期	直指型	幼儿所掌握的实物概念主要是他们熟悉的事物
幼儿中期	列举型	已能掌握事物某些比较突出的特征
幼儿晚期	功用型	幼儿开始初步掌握某一实物的较为本质的特征，如功用的特征或若干特征的总和

①幼儿具体形象概念的形成 幼儿掌握的概念主要是日常的、具体的、与熟悉的物体和动作有关的，如鞋子、帽子、电视、汽车、走、跑、拿、举起等。在环境和教育的影响下，幼儿晚期还可掌握一些较为抽象的道德概念，如团结、勇敢、礼貌等。幼儿所掌握的概念还不太稳定，容易受周围环境的影响。

②幼儿数概念的发展 幼儿的数概念的形成，遵循了口头数数—给物说数—按数取物—掌握数概念的顺序。

（3）幼儿判断、推理的特点 幼儿思维的具体形象性表现为在判断事物时从事物外在或表面的特点出发。因此，幼儿对事物的判断、推理往往不符合逻辑。

①幼儿把直接观察到的事物之间的表面现象或事物之间偶然的外部联系作为判断事物的依据。

②幼儿会以自身的生活经验作为判断和推理的依据。幼儿在对事物进行判断、推理时，常常以自己的感受和经历过的事情为依据。

③幼儿的判断、推理有时不能服从于一定的目的和任务。

④幼儿判断推理的依据逐渐明确化，并开始趋于合理。

5. 幼儿思维能力的培养

（1）激发幼儿的好奇心和求知欲。

（2）丰富幼儿的感性经验。

（3）提高幼儿的语言能力。

（4）通过智力游戏、实验等方式，锻炼幼儿分析、综合、比较、分类、抽象、概括等思维过程中的各项能力。

（5）引导学前后期幼儿从形象思维逐步向抽象思维过渡。

真题回顾

【2020年下·单项选择题】大班幼儿认知发展的主要特点是（　　）。

A．直觉行动性　　　　　　　　　　B．具体形象性

C．抽象逻辑性　　　　　　　　　　D．抽象概括性

【答案】B

【解析】本题考查大班幼儿的认知发展。具体形象思维，又称表象思维，是指依靠事物的形象和表象来进行的思维。一般认为2.5～3岁是幼儿从直觉行动思维向具体形象思维转化的关键年龄。3～6、7岁幼儿思维的典型方式是具体形象思维。大班幼儿的年龄是5～6岁，他们的思维仍以具体形象思维为主，抽象逻辑思维有一定的发展，这时幼儿已能进行一些更加概括的思维和逻辑抽象的思维活动。所以，大班幼儿的认知特点主要就是具体形象性。A选项直觉行动思维是幼儿早期的思维方式，故排除。C选项抽象逻辑性在大班开始萌芽，不是大班主要的思维方式，故排除。D为干扰选项。故选B。

【2020年下·单项选择题】"我跑得快""我是个能干的孩子""我会讲故事""我是个男孩"，这样的语言描述主要反映了幼儿哪方面的发展？（　　）

A．自我概念　　　　　　　　　　　B．形象思维

C．性别认同　　　　　　　　　　　D．道德判断

【答案】A

【解析】本题考查的是幼儿自我概念的发展。自我意识是指个体对自己所作所为的看法和态度，包括对自己的存在以及与周围人或物的关系的意识。自我意识包括自我认识、自我体验和自我监控。而自我认识中又包含了自我感觉、自我概念、自我观察、自我分析和自我评价。随着儿童的成熟，他们形成了自我概念，即对自己的看法，包括自己的智力、人格、能力、性别角色和族群背景。题干中"我跑得快""我是个能干的好孩子""我会讲故事""我是个男孩"等，这样的语言正是幼儿自我认识中自我概念的体现。故正确答案为A。

六、幼儿语言的发展

1．语言、言语的概念

（1）**语言**　语言是人类在社会实践中逐渐形成和发展起来的交际工具，是一种社会上约定俗成的符号系统。语言是一种社会现象。

人们在改造客观世界的活动中，产生了交际的需要，而要满足交际的需要，伴随着交际就产生了语言。用语言作为工具进行交际时，就是言语活动。

（2）**言语**　言语是运用语言进行实际活动的过程，是一种心理现象。使用一定语言的人，进行说话、听话、阅读、写作等活动，就是作为交际过程的言语。

2．幼儿言语的种类

（1）**外部言语**

①对话言语　3岁以前的幼儿与成人的交际主要是对话形式。

②独白言语　到了学前期，随着独立性的发展，幼儿在离开成人进行各种活动中获得了自己的

经验和体会，在与成人的交际过程中也逐步运用陈述等独白言语。幼儿期独白言语的发展还是很初步的，一般到6、7岁时就能较为清晰地、有声有色地描述看过或听过的事件和故事了。

③初步的书面言语　幼儿的书面言语指读和写。书面言语包括认字、写字、阅读和写作，其中认字和阅读属于接受性的，写字和写作属于表达性的。幼儿书面言语的产生如同口头言语一样，是从接受性的语言开始，即先会认字，后会写字。

（2）**过渡言语**　过渡性言语即出声的自言自语。它体现了幼儿言语发展所经历的由外到内的过程。皮亚杰称之为"自我中心语言"。

（3）**内部言语**　内部言语是一种特殊的言语形式，是儿童对自己的言语。外部言语是为了和别人交往而发生的，内部言语则不执行交际功能，它是为幼儿自己所用的言语。一般来说，内部言语比外部言语简略，常常是不完整的。

内部言语突出了自觉的分析综合和自我调节功能，与思维具有不可分割的联系。人们不出声的思考往往就是利用内部言语来进行的。

3. 幼儿语言发展的一般规律

（1）**语音的发展**

①幼儿发音的正确率与年龄增长成正比。

②3～4岁为语言发展的飞跃期。

③幼儿对韵母的发音正确率高于声母。

④幼儿语音的正确率与所处社会环境有关。

⑤逐渐出现对语音的意识。

（2）**词汇的发展**

①词汇数量迅速增加　幼儿期是人一生中词汇量增加最快的时期。3岁幼儿词汇为800～1100个；4岁为1600～2000个；5岁则增至2200～3000个；6岁时词汇数量可达3000～4000个。

②词类范围日益扩大　在幼儿词汇中，主要是意义比较具体的实词。其中又以名词为最多，其次是动词，再次是形容词，最后才是副词。

③词义逐渐丰富和加深　幼儿期，随着生活经验的丰富，对词义的理解趋向丰富和深刻化，但仍有待提高。

（3）**语法结构的发展**

①句子的结构从简单句到复合句。

②句子的长度从短句到长句。

③句子的类型从陈述句到非陈述句。

（4）**语言表达能力的发展**

①从对话语逐步过渡到独自言语　从成人问幼儿答到幼儿能够独立与他人进行交流。

②从情境性言语过渡到连贯性言语　情境性言语是指幼儿在独自叙述时不连贯、不完整并伴有各种手势、表情，听者需结合当时的情境，审察手势表情，边听边猜才能懂得意义的言语。

4. 幼儿语言发展的年龄特点

幼儿语言发展的年龄段及相应特点如下表所示。

年龄段	规律和特点
3岁	词汇量迅速增加； 能说出完整的句子； 说话不流畅
4岁	词汇和句法的运用趋于成熟； 口语表达能力增强； 爱夸大其词

年龄段	规律和特点
5~6岁	有兴趣学习书面语言，阅读兴趣浓厚； 能认真对待自己所说的话； 对语言的记忆能力明显增强； 能与同伴或成年人进行各种谈话交流

5．培养幼儿言语能力的方法

①创造条件，让幼儿有充分交往和活动的机会。

②开展阅读活动，使幼儿通过听、说活动，提高语言的理解力和表达力。

③重视培养幼儿语言表达的完整性、连贯性、准确性。

④充分发挥成人的语言榜样作用。

真题回顾

【2016年下·单项选择题】2~6岁的儿童掌握的词汇数量迅速增加，词类范围不断扩大。该时期儿童掌握词汇的顺序通常是（   ）。

A．动词，名称，形容词　　　　　　B．动词，形容词，名称

C．名词，动词，形容词　　　　　　D．形容词，动词，名词

【答案】C

【解析】幼儿先掌握实词，后掌握虚词。儿童掌握实词的顺序是名词—动词—形容词。故正确答案为C。

第三节　幼儿情绪、情感发展

一、情绪、情感的概念

情绪与情感是人对客观事物是否符合需要而产生的态度体验。认知是情绪、情感产生的基础，需要是引发情绪、情感的中介。人们在认识客观现实的时候，常常抱有不同的态度，产生不同的心理体验，如感到愉快、喜欢、高兴、厌恶，等等。这种心理过程被称为情绪和情感。

二、幼儿情绪、情感发展的一般趋势

1．情绪的社会化

幼儿最初出现的情绪反应是与生理需要相联系的。随着年龄的增长，情绪与社会性需要相联系。社会化成为儿童情绪、情感发展的一个主要趋势，具体表现在以下三方面。

（1）**情绪中社会性交往的成分不断增加**　学前儿童的情绪活动中，涉及社会性交往的内容，随着年龄的增长而增加。研究表明，3岁儿童比1岁半儿童微笑的总次数有所增加，其中儿童自己由于玩得高兴而笑起来的情况，即对自己的微笑，在1岁时占的比例较大，而3岁时很小。换句话说，非社会性的微笑逐渐减少，而社交微笑则大为增加。

（2）**引起情绪反应的社会性动因不断增加**　学前儿童的情绪反应，和他的基本生活需要是否得到满足相联系。1~3岁儿童情绪反应的动因，除与满足生理需要有关的事物外，还有大量与社会性需要有关的事物。例如，该年龄儿童有独立行走的需要，如果父母的要求和儿童自己的需要不一致，就会出现矛盾。解决矛盾的不同方式常常引起不同的情绪反应。

（3）**表情的社会化**　有的表情是生物学性质的本能表现。而儿童在成长过程中，逐渐掌握周围人们的表情手段。情绪表达方式包括面部表情、肢体语言（手势和动作）以及言语表情。面部表情是生理表现，又和社会性认知有密切关系。掌握社会性表情手段有赖于区别面部表情的能力。而区

别面部表情的能力是社会性认知的重要标志。表情所提供的信息，对儿童和成人交往的发展与社会性行为的发展起着特别重要的作用。

2．情绪的丰富和深刻化

（1）**丰富化**　幼儿情绪、情感的逐渐丰富化主要表现为：幼儿情绪过程越来越分化；情感指向的事物不断增加。

（2）**深刻化**　情绪发展的深刻化是指情绪所指向的事物的性质的变化，从指向事物的表面到指向事物更内在的特点。

3．情绪的自我调节化

从情绪的进行过程看，其发展趋势是越来越受自我意识的支配。随着年龄的增长，幼儿情绪的冲动性逐渐减少，稳定性逐渐提高。

三、幼儿情感的培养

1．营造良好的情绪环境

家长和教师在日常生活中以身作则．为孩子的成长创造一个良好和谐的氛围，培养其积极的情感。教育过程中坚持科学的教养方式，做到严格要求与尊重爱护相结合。

2．利用各种活动培养幼儿的情感

情感是在具体的活动中产生的，因此，家长和教师要善于利用各种活动来培养幼儿的情感。

3．成人的情绪自控示范

家长与教师是幼儿成长过程中的导师，是幼儿模仿与学习的对象。家长与教师要给幼儿以愉快、稳定的情绪示范和感染，应避免喜怒无常，不溺爱也不吝惜爱。当幼儿犯错误或闹情绪时，首先应克制自己的情绪，理智冷静地对待每个幼儿的情绪与态度。

4．帮助幼儿控制情绪

成年人可以用各种方法帮助他们控制情绪，具体方法有：

（1）**转移法**　转移孩子的注意力。

（2）**冷却法**　孩子情绪十分激动时，可以采取暂时置之不理的办法，孩子自己会慢慢地停止哭喊。

（3）**消退法**　对孩子的消极情绪可以采用条件反射消退法。

5．教会幼儿调节情绪的方法

成人应该教会孩子调节自己的情绪表现，具体方法：

（1）**反思法**　让孩子想一想自己的情绪表现是否合适。

（2）**自我说服法**　孩子初入园由于要找妈妈而伤心地哭泣时，可以教他自己大声说："好孩子不哭。"孩子起先是边说边抽泣，以后渐渐地不哭了。孩子和小朋友打架，很生气时，可以要求他讲述打架发生的过程，孩子会越讲越平静。

（3）**想象法**　当幼儿遇到困难或挫折而伤心时，可教他想想自己是"大姐姐""大哥哥""男子汉"或某个英雄人物，等等。随着儿童年龄的增长，在正确的引导和培养下，孩子能学会恰当地调节自己的情绪和情绪的表现方式。

四、幼儿高级情感的发展

幼儿的高级情感主要体现在道德感、美感和理智感三个方面，并分别表现出不同的特点。

1．道德感

道德感是幼儿评价自己或别人的行为是否符合社会道德行为标准时所产生的内心体验，它是在掌握道德标准的基础上产生的。对于幼儿来说，掌握道德标准不是件易事，形成道德感更是比较复杂的过程。热爱父母、老师，憎恨坏人，遵守纪律等都属于道德感的范畴。

幼儿的道德情感是在成人的道德评价和潜移默化的榜样作用影响下形成的。它是从初步认识到好与坏的标准开始的。婴儿期的儿童只有同情感、怕羞等道德感的萌芽。在集体生活中，通过对幼儿进行集体生活的教育，随着各种行为规则的掌握，到幼儿中、晚期，幼儿的道德感逐渐发展起来。

2．美感

美感是人的审美需要是否得到满足而引起的内心体验，它是一种对大自然和人类社会生活环境美的爱好和欣赏。它受社会历史条件和阶级的制约，受社会审美评价标准的影响。

3．理智感

理智感是与幼儿的认识活动、求知欲、解决问题、探求真理等需要是否得到满足相联系的内心体验。幼儿会说话之后，其求知欲开始日益发展，好奇心更为明显地表现出来，求知欲的扩展和加深是幼儿理智感发展的主要标志之一。

真题回顾

【2016年上·材料分析题】3岁的阳阳，从小跟奶奶生活在一起。刚上幼儿园时，奶奶每次送他到幼儿园准备离开时，阳阳总是又哭又闹。当奶奶的身影消失后，阳阳很快就平静下来，并能与小朋友们高兴地玩。由于担心，奶奶每次走后又折返回来。阳阳再次看到奶奶时，又立刻抓住奶奶的手，哭泣起来。

问题：针对上述现象，请结合材料进行分析。

1．阳阳的行为反映了幼儿情绪的哪些特点？

2．阳阳奶奶的担心是否有必要？教师该如何引导？

【答案】

1．幼儿情绪情感发展的特点：情绪的易冲动性；情绪的不稳定性；情绪的外露性。材料中阳阳每天去幼儿园见到奶奶要离开又哭又闹，但是等奶奶身影消失又能高兴地玩耍，正体现了幼儿情绪发展进程中情绪不稳定、较外露和易冲动的特点。

2．阳阳奶奶的担心是没有必要的。教师可以采取以下的方法引导幼儿的情绪：①转移法。转移孩子的注意力。②冷却法。孩子情绪十分激动时，可以采取暂时置之不理的办法，孩子自己会慢慢地停止哭喊。③消退法。对孩子的消极情绪可以采用消退法。

第四节　幼儿个性、社会性发展

一、个性的概述

1．个性的概念

个性是指个体在物质活动和交往活动中形成的具有社会意义的稳定的心理特征系统。个性的特性主要有独特性、整体性及稳定性。

2．个性的结构

个性作为一个心理系统，包含三个彼此之间相互联系着的结构，它们分别是：

（1）**个性倾向性系统**　个性倾向系统包括需要与动机、兴趣、志向、价值观与世界观等。它不仅是推动个性发展的动力因素，还决定了一个人的活动倾向性。其中需要是推动个性发展最积极的因素，世界观是个性倾向性的最高层次。

（2）**自我意识系统**　自我意识系统包括自我评价、自我体验与自我控制三个结构。自我意识是人心理能动性的体现，对个性的形成与发展具有调控作用。

（3）**个性心理特征系统**　个性心理特征系统是个性个别性的集中表现，包括气质、能力与性格等心理成分。其中性格是个性的核心特征，反映一个人对现实稳定的态度以及与之相适应的习惯化了的行为方式。

二、幼儿个性的发展

1．幼儿自我意识的发展

（1）**自我意识的概念**　自我意识是指个体对自己所有的身心状况以及与周围人或物的关系的意识。主要包括对自己的身体特征、心理特征以及自己的人际关系状况等的意识。

（2）**幼儿自我意识发展的阶段和特点**

①自我感觉的发展（1岁前）　儿童由1岁前不能把自己作为一个主体同周围的客体区分开到知道手脚是自己身体的一部分，是自我意识的最初形式，即自我感觉阶段。

②自我认识的发展（1～2岁）　孩子会叫妈妈，表明他已经把自己作为一个独立的个体来看待了。更重要的是，孩子在15个月之后已开始知道自己的形象。

③自我意识的萌芽（2～3岁）　自我意识的真正出现是和儿童言语的发展相联系的，掌握代词"我"是自我意识萌芽的重要标志，能准确使用"我"来表达愿望标志着儿童的自我意识的产生。

④自我意识各方面的发展（3岁后）　幼儿在知道自己是独立个体的基础上，逐渐开始对自己简单地评价；进入幼儿期，孩子的自我评价逐渐发展起来，同时，自我体验与自我控制也开始发展。

（3）**幼儿自我评价、自我体验、自我控制的发展**　自我评价是自我认识的核心成分。自我评价就是一个人在对自己认识的基础上对自己的评价。自我体验是一个人伴随着自我评价而产生的情感体验，如自信感、自尊感等。自我控制反映了一个人对自己行为的调节、控制能力，包括坚持性与自制力等。

幼儿期自我意识各方面发展的基本规律是：3～4岁期间，幼儿自我评价发展迅速；4～5岁时，幼儿的自我控制发展迅速，而自我体验的发展相对较平稳。

2．幼儿气质的发展

（1）**气质的概念**　气质是指一个人心理活动动力方面比较稳定的特征，主要表现在心理活动的速度、强度及灵活性方面。气质主要受先天因素的影响，无好坏之分。

（2）**气质的类型**　根据心理活动的速度、强度及灵活性的不同，一般将人的气质划分为四种：胆汁质、多血质、黏液质及抑郁质。

胆汁质：精力旺盛、表里如一、刚强、容易感情用事。

多血质：反应迅速、有朝气、活泼好动、动作敏捷、情绪不稳定、粗枝大叶。

黏液质：稳重有余而又灵活性不足、踏实但有些死板、沉着冷静但缺乏生气。

抑郁质：敏锐、稳重、多愁善感、怯懦、孤独、行动缓慢。

真题回顾

1．【2020年下·单项选择题】她总是跑来跑去，在班级里也非常活跃，她的行为主要反映了其气质是什么特征？（　）

A．趋避性低　　　B．反应阈限高　　　C．节律性好　　　D．活动水平高

【答案】D

【解析】本题考查的是气质特征。托马斯—切斯将婴儿的情绪和行为分离出9个相对稳定的"维度"，分别是活动水平、情绪反应强度、生理节律、注意力分散度、对新异刺激的趋避性、对新的经历和常规改变的适应性、注意广度和持久性、敏感性、反应强度。

A选项，对新异刺激的趋避性是指对新刺激是接近还是逃避；

B选项，反应阈限是指产生一个反应需要的外部刺激量；

C选项，节律性是指机体的功能性，在饮食、玩耍、排便等方面是否规律；

D选项，活动水平是指在睡眠、饮食、玩耍、穿衣等方面身体活动的数量。

一个活动水平高的孩子爱动，总是喜欢跑来跑去；相反，一个活动水平低的幼儿，不怎么跑动，可以安静地坐很久。题干中幼儿跑来跑去，表现活跃是活动水平高的表现。故选D。

2．【2014年下·材料分析题】小虎精力旺盛爱打抱不平，做事急躁马虎爱指挥人，稍有不如

意大发脾气动手打，事后也后悔但难克制。

问题：

1．你认为小虎的气质属于什么类型？为什么？

2．如果你是小虎的老师，你准备如何根据气质类型的特征实施教育？

【答案】

1．小虎的气质类型属于胆汁质。因为胆汁质的幼儿气质特点是精力旺盛、表里如一、刚强、容易感情用事。

2．对于像小虎这样胆汁质的学生，可以采取直截了当的方式，但不宜轻易激怒他，对他如果进行批评时要讲明道理并有说服力，进行耐心的说服，尤其注意态度不能简单粗暴，避免矛盾激化。要培养小虎的自制力、坚持到底的精神和豪放、勇于进取的个性品质。严格要求其纪律性，不能随意发脾气更不能动手打人。要求小虎要遵守纪律，不能离开班集体，要一切行动听从指挥。在给予他参加多种活动机会的同时，要培养其稳定的兴趣；在发展朝气蓬勃、满腔热情的同时，要针对他的做事急躁马虎、粗心大意、虎头蛇尾进行教育。

3．幼儿性格的发展

（1）**性格的概念**　性格是指人对现实稳定的态度以及与之相适应的习惯化了的行为方式。

（2）**幼儿性格的年龄特点**

①学龄前期　性格受情景制约，未形成稳定的态度。

②学龄初期和中期　稳定的行为习惯正在形成，性格已较难改造。

③学龄晚期　行为受内心制约，习惯已经养成。

三、幼儿社会性发展

（一）幼儿社会性发展的内容与意义

社会性是作为社会成员的个体，为适应社会生活所表现出的心理和行为特征。也就是人们为了适应社会生活所形成的符合社会传统习俗的行为方式。

社会性与个性相比，个性强调的是独特性，是个人的行为方式，社会性强调的是人们在社会组织中符合社会传统习俗的共性的行为方式。

社会性发展（有时也称幼儿的社会化）是指幼儿从一个生物人，到逐渐掌握社会的道德行为规范与社会行为技能，成长为一个社会人并逐渐步入社会的过程。

（二）幼儿亲子关系的发展

亲子关系有狭义与广义之分。狭义的亲子关系是指儿童早期与父母的情感关系，即依恋；广义的亲子关系是指父母与子女的相互作用方式，即父母的教养态度与方式，直接影响到儿童个性品质的形成，是儿童人格发展的最重要影响因素。

早期的亲子关系是以后儿童建立同他人关系的基础。儿童早期亲子关系好，就比较容易跟其他人建立比较好的关系。

1．依恋

依恋是婴儿寻求并企图保持与另一个人亲密的身体和情感联系的一种倾向。一般认为，婴儿与主要照料者（母亲）的依恋大约在第6、7个月形成，并且开始出现对陌生人害怕的情况，即"认生"。

婴儿依恋发展分为以下三个阶段。

第一阶段：0～3个月，无差别社会反应阶段。

第二阶段：3～6个月，有差别社会反应阶段。

第三阶段：6个月～3岁，特殊情感连接阶段。

2．婴儿依恋行为的三种类型

（1）回避型　母亲在场或不在场对这类儿童影响不大。实际上，这类儿童并未形成对人的依恋，有的人把这类儿童称为"无依恋的儿童"，这种类型较少。

（2）安全型　这类儿童与母亲在一起时，能安逸地玩弄玩具，对陌生人的反应比较积极，并不总是偎依在母亲身旁。当母亲离开时，探索性行为会受影响，明显地表现出一种苦恼。当母亲又回来时，他们会立即寻求与母亲的接触，但很快又平静下来，继续做游戏。

（3）反抗型　这类儿童在母亲要离开之前，总显得很警惕，有点大惊小怪。如果母亲要离开他，他就会表现极度的反抗，但是与母亲在一起时，又无法把母亲作为他安全探究的基地。这类儿童见到母亲回来时就寻求与母亲的接触，但同时又反抗与母亲接触，甚至还有点发怒的样子。

3．亲子关系类型对幼儿发展的影响

亲子关系通常分成三种：民主型、专制型及放任型。不同的亲子关系类型对幼儿的影响是不同的。研究证明，民主型的亲子关系最有益于幼儿个性的良好发展。

（1）民主型　父母对孩子是慈祥的、诚恳的，善于与孩子交流，支持孩子的正当要求，尊重孩子的需要，积极支持子女的爱好、兴趣；同时对孩子有一定的控制，并设置恰当的目标，将控制、引导性的训练与积极鼓励儿童的自主性和独立性相结合。父母与子女关系融洽，孩子的独立性、主动性、自我控制、自信心、探索性等方面发展较好。

（2）专制型　父母给孩子的温暖、培养、慈祥、同情较少。对孩子过多地干预和禁止，对子女态度简单粗暴，甚至不通情理，不尊重孩子的需要，对孩子的合理要求不予满足，不支持子女的爱好、兴趣，更不允许孩子对父母的决定和规则有不同的表示。这类家庭中培养的孩子或是变得顺从、缺乏生气，创造性受到压抑，无主动性、情绪不安，甚至带有神经质，不喜欢与同伴交往，忧虑、退缩、怀疑；或是变得自我中心和胆大妄为，在家长面前和背后言行不一。

（3）放任型　父母对孩子的态度一般关怀过度，百依百顺，宠爱娇惯；或是消极的，不关心，不信任，缺乏交谈，忽视他们的要求；或只看到他们的错误和缺点，对子女否定过多，或任其自然发展。这类家庭培养的孩子，往往形成好吃懒做、生活不能自理、胆小怯懦、蛮横胡闹、自私自利、没有礼貌、清高孤傲、自命不凡、害怕困难、意志薄弱、缺乏独立性等许多不良品质；但也可能使孩子发展自主、少依赖、创造性强等性格特点。

（三）幼儿同伴关系的发展

1．同伴关系的含义

同伴关系是指年龄相同或相近幼儿之间共同活动并相互协作的关系，或者主要指同龄人或心理发展水平相当的个体之间在交往过程中建立和发展起来的一种人际关系。

2．幼儿同伴关系发展的阶段特征

（1）2岁前儿童同伴交往的特点　①物体中心阶段；②简单相互作用阶段；③互补的相互作用阶段。

（2）2～3岁幼儿同伴交往中独自游戏比较多，并逐步增加语言交流和共同合作行为。

（3）3岁后幼儿同伴关系的发展　3岁左右，儿童游戏中的交往主要是非社会性的，儿童以独自游戏或平行游戏为主。幼儿彼此之间没有联系，各玩各的；4岁左右，联系性游戏逐渐增多，并逐渐成为主要游戏形式；5岁以后，合作性游戏开始发展，同伴交往的主动性和协调性逐渐发展。

3．同伴关系的影响因素

（1）儿童自身因素　受欢迎儿童气质类型一般表现为胆汁质、多血质，他们与人交往时热情大方，愿意与人交流、沟通，这是被人接纳的首要条件。他们在集体中完成各项任务是游刃有余的。为同伴树立榜样，在同伴中建立了威信，从而被同伴接纳。

（2）家长的因素　积极的亲子关系有利于幼儿的人际交往。幼儿与父母之间形成强烈的忠诚和依恋。他们相互依恋、能够信任他人，这是建立人际关系的第一步，也是最关键的一步。家庭和谐的人际关系为孩子树立了正面模仿的良好的榜样。

（3）教师的因素　受欢迎的幼儿与教师的关系是亲密的，教师常对该类幼儿作出积极的评价。

幼儿年龄幼小，道德判断水平极其有限，他们的评价往往依赖于成人的评价，教师肯定的幼儿，在同伴交往中的地位相对较高。

（4）社会的因素　作为幼儿生活的大背景——社会，对幼儿的人际关系、同伴交往起到了潜移默化的作用。首先，社区气氛影响幼儿人际交往的方式；其次，大众传媒影响幼儿的情感特征，改变幼儿的社会认知。

4．良好同伴关系建立的策略

（1）利用生活中的自然情景，帮助幼儿建立和谐的同伴关系。在生活中，教师可以利用一些自然发生的情景，帮助幼儿寻找游戏伙伴，鼓励幼儿多结交新朋友，促使幼儿之间建立起平等友好的关系。

（2）教给幼儿必要的社会交往知识和技能。教师要重视培养幼儿的亲社会行为，注意矫正幼儿的攻击性行为。教师可以运用移情训练法、角色扮演法等来培养幼儿的亲社会行为。

（3）通过游戏活动培养幼儿交往的兴趣和能力。在游戏中，幼儿在与同伴的共同活动中，体验着同伴交往的愉悦，并学会共处、学会合作。

（4）积极争取家长配合，保持家园教育的一致性。教师引导家长积极参与幼儿的同伴交往，为幼儿创造同伴交往的机会，培养幼儿的亲社会行为和交往技能。

（四）幼儿社会性行为的发展

社会性行为指人们在交往活动中对他人或某一事件表现出的态度、言语和行为反应。它在交往中产生，并指向交往中的另一方。

根据动机和目的不同，社会性行为可以分为亲社会行为（积极的社会行为）和反社会行为（消极的社会行为）两大类。

幼儿的亲社会行为主要有：同情、关心、分享、合作、谦让、帮助、抚慰、援助、捐献等。最具代表性、在幼儿中最突出的反社会行为是攻击性行为。

1．幼儿的亲社会行为

幼儿很小就表现出亲社会行为（关注、同情、分享、利他）。但这些行为并非一定随着幼儿年龄的增长而增多，有时可能出现减少的现象。

亲社会行为的发展需要教育的参与。幼儿不可能离开教育而自发成长为符合社会要求、品德高尚的社会成员。

（1）学前儿童亲社会行为发展的阶段与特点

①亲社会行为的萌芽（2岁左右）。

②各种亲社会行为迅速发展，并出现明显个别差异（3～6、7岁）。

（2）幼儿亲社会行为的影响因素

①社会生活环境　社会生活环境包括社会文化的影响和电视媒介的影响。社会宏观环境的影响要通过幼儿具体的生活环境来起作用。

②幼儿日常的生活环境　家庭的影响：榜样的作用、父母的教养方式。

③同伴相互作用　模仿和强化。

④移情　移情是指从他人的角度来考虑问题，移情是导致亲社会行为最根本、最内在的因素。

2．幼儿的攻击性行为

攻击性行为是一种以伤害他人或他物为目的的行为，具体分为两类。一是工具性攻击行为。指幼儿为了获得某个物品所做出的抢夺、推搡等动作，这类攻击本身指向于一个主要的目标或某一物品的获取。二是敌意性攻击行为。以人为指向目的。其目的在于打击、伤害他人，如嘲笑、讽刺、殴打等。

（1）幼儿期攻击性行为的特点

①幼儿攻击性行为频繁，主要表现为为了玩具和其他物品而争吵、打架，行为更多是直接争夺或破坏玩具和物品。

②幼儿更多依靠身体上的攻击，而不是言语的攻击。

③从工具性攻击向敌意性攻击转化，小班幼儿的工具性攻击行为多于敌意性攻击行为，而大班幼儿的敌意性攻击则显著多于工具性攻击。

④幼儿的攻击性行为有着明显的性别差异，幼儿园男孩比女孩更多地怂恿和卷入攻击性事件。

（2）幼儿攻击性行为的影响因素

①父母的惩罚　研究发现，攻击性男孩的父母对他们惩罚更多，而且即使他们行为正确也经常受到惩罚。

②大众传播媒介　大众传播媒介里的攻击性榜样会增加幼儿在生活中的攻击性行为，幼儿会从这些电视、电影暴力节目中观察学习到各种具体的攻击性行为。

③强化　当幼儿出现攻击性行为时，父母或教师不加制止或听之任之，就等于强化了幼儿的侵犯行为。

④挫折　攻击性行为产生的直接原因主要是挫折。

第五节　幼儿发展的个别差异性及教育　▲

幼儿在发展中会表现出一些共有的、一般的年龄特征，但与此同时，不同的幼儿又具有突出的个别差异性。这一点尤其应当引起父母及教育者的关注。

一、幼儿个别差异性的概念

个别差异一般指个性差异，即个体在稳定的心理特点上的差异。幼儿个别差异指幼儿在幼儿园学习与教学情景下，在性别、智力、认知方式及性格等方面的差异。

二、幼儿个别差异类型

1．幼儿性别差异

性别差异不仅会影响幼儿学习某种技能的速度，还会影响到幼儿的学习方式。一般来说，女孩子的身体发育较男孩子更早，更成熟一些。

2．幼儿的智力差异

智力是指一个人表现在认知活动中的能力。由于智力是个体先天禀赋与后天环境相互作用的结果，因此个体智力存在明显的差异。幼儿的智力差异主要表现在三个方面。

（1）**智力发展水平的差异**　这是指个体与同龄团体智商稳定的平均数相比较所表现出的差异。研究表明，个体智力水平呈正态分布，即智力水平发展中等水平的占大多数，智力水平极高和极低的占少数。

（2）**智力类型的差异**　这是指根据个体在知觉、记忆、表象、思维和言语等活动中的特点与品质不同，智力的表现形式也不同。加德纳的多元智力理论就反映了儿童在智力类型方面的差异。

（3）**智力发展早晚的差异**　这是指不同的人的智力发展是不统一的，有的人从小就表现出了超常的智力，被称为早慧的儿童、小天才；而有的人却大器晚成。

3．幼儿学习类型差异

学习类型是个人对学习情境的一种特殊反应倾向或习惯方式，主要包括认知风格、学习策略、内外控制点、焦点、兴趣等。学习类型具有稳定性、独特性。学习类型的差异通过个体的认知、情感、行为习惯等方面表现出来。

4．幼儿性格差异

幼儿性格差异表现为性格特征和性格类型的不同。性格类型是指一个人身上所有性格特征的独特组合。按照不同的划分标准，性格类型可分为外向型与内向型、独立型与顺从型等。

幼儿期是儿童性格初步形成的时期，这时儿童的性格已经表现出明显的个别差异。性格的好坏作为一种动力因素会影响幼儿学习的速度与质量及未来的生活与工作。因此，为幼儿个体全面发展打好基础，幼儿教育应更重视幼儿良好性格的培养。

三、针对个别差异的适宜性教学

有效的幼儿教学应是符合幼儿身心发展的、有针对性的教学。它应适应幼儿的年龄特征及个别差异。美国幼儿教育协会提出适宜性教学法有以下主要方式。

1．资源利用模式

资源利用模式是指在教学过程中充分利用幼儿的长处和优点，以求人尽其才。教师要多开展区角活动，发现幼儿的优势领域，并为幼儿创造能表现并发展其长处的机会与平台。每个幼儿的智能优势中心都有差异，我们必须尊重这种差异，才能保证教学的有效性。

2．补偿模式

补偿模式是指幼儿在某一方面会有所不足，可以改由另一方面的强项去补偿。具体在教育教学中，那些在某些方面有优势的幼儿，在与他们求知方式吻合的学习活动中取得成功后，会很自觉地协助那些在这方面较为弱势的幼儿。教师可以利用这一心理，提供有效的学习环境及材料，让幼儿的学习潜能萌发出来。

3．治疗模式

治疗模式是指针对儿童某一方面的能力缺陷，进行有针对性的教育。如补偿模式就是为促进社会经济地位不利的儿童基本认知学习技巧的治疗教学模式。这是因为经济上处于贫困的儿童之所以学业上难以成功，是因为他们在语言、认知、社会性及情感方面的能力不足。而造成这一现象的根本原因是他们受社会和文化背景的限制。所以补偿教育可以通过为这些儿童提供特殊的教育计划以弥补他们在这些方面的不足。

4．性向与教学处理交互作用模式

这一理论也称为"教学相适"理论，它是指教学应配合儿童的性向，教师对不同性向的儿童，应提供不同的教育措施，以发挥最大的教学效果。其教育启示是：没有任何一种教学与教材可以适合所有儿童，教师不应轻易放弃任何一个儿童，而要采用适宜的教学方法。

5．个别化教育方案

个别化教育方案最先用于特殊儿童的干预和矫正，由于对幼儿个体差异与发展的关注，它逐渐在幼儿教育领域中应用，即为每个幼儿的发展提供个别化的教育方案。个别化的教学策略可归纳为三种：一是通过调整儿童学习速度适应其需求；二是为不同的学生设计与提供不同程度的多样性教材；三是适当调整教师的角色，减少教师的权威色彩，以尊重、包容的态度面对儿童，启发儿童主动学习。在个别化教育方案中最常用的是档案袋评价，即为每个幼儿设立相应的学习档案袋，根据其不同的学习特点进行个别化指导。

真题回顾

【2016 年下·单项选择题】教师要依据幼儿的个体差异进行教育。下列现象不属于幼儿个体差异表现的是（　　）。

A．某幼儿平时吃饭很慢，今天为了得到老师的表扬，吃得很快

B．有的幼儿吃饭快，有的幼儿吃饭慢

C．某幼儿动手能力很强，但语言能力弱于同龄幼儿

D．通常男孩比女孩表现出更多攻击性

【答案】A

【解析】略

第四章 幼儿教育科学研究方法

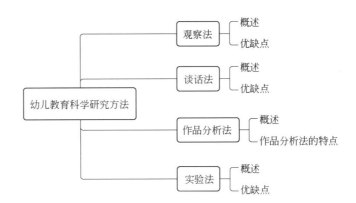

第一节 观察法

一、概述

观察是科学研究的最基本方法，在儿童研究中历史悠久。

1. 含义

观察法是指通过感官或借助一定的仪器设备，有目的、有计划地对自然状态下发生的现场或行为进行系统的、连续的考察、记录、分析，从而获取事实材料的研究方法。

学前儿童的心理活动有突出的外显性，通过观察其外部行为，可以了解他们的心理活动。同时，观察对象处于正常的生活条件下，其心理活动及表现比较自然，观察所得材料也比较真实。因此，观察法是学习儿童心理研究最基本的方法。

2. 分类

从不同的维度，可以将观察法分为不同的类型。

（1）**从时间上看，分为长期观察与定期观察** 长期观察指研究者在一个较长的时间内连续地进行系统观察，积累资料，加以整理和分析。定期观察指按一定的时间间隔持续观察，到一定阶段再加以总结。

（2）**从范围上看，分为全面观察和重点观察** 全面观察指在同一研究内对若干心理现象同时加以观察记录。重点观察则是同一研究内只观察记录某一种心理现象。

（3）**从观察者的参与性上看，分为非参与性观察和参与性观察** 非参与性观察即观察者作为一个旁观者不介入研究对象的活动，以局外人的身份从外部观察研究对象，不干预其活动的发展与变化。参与性观察即观察者在不暴露自己的研究者身份的前提下，不同程度地参与研究对象的活动，从内部观察研究对象的行为表现和活动过程。

（4）**从规模上看，分为群体观察和个体观察** 群体观察指研究者的观察对象是一个群体，记录这一群体中发生的各种活动。个体观察称为个案法，是对某一个体进行专门观察的方法，这是一种最简单、最直接的心理研究方法。个案法具有启蒙和试点的作用，也适用于特殊个体的研究。

二、优缺点

1. 优点
①能直接通过观察获得资料，不需要其他环节，观察的资料比较客观、可靠。

②在自然状态下进行，不需要幼儿作出超越自身的反应，对幼儿身心发展特点最为尊重。

③研究者可以考察幼儿身心发展的各个方面，关注个体差异，对幼儿作出恰当的判断和评价。

2．缺点

首先，观察法受观察对象的限制，不适宜于对内部核心问题、事物内部联系及较为隐蔽的事物进行研究。其次，观察法还受观察者本人的限制，难以做到绝对客观化，所得资料不免带有一定的主观性。再次，观察法需要大量的时间与精力，所以不适用于大样本研究。最后，自然状态下的观察缺乏控制，无关变量混杂其中，可能会使观察结果缺乏科学性。

第二节　谈话法

一、概述

谈话法，也称访谈法，是科学研究中重要的收集资料的手段之一。

谈话法是研究者根据研究目的，"寻访"被调查对象，通过谈话的方式了解被研究者对某个人、某件事情、某种行为或现象的看法和态度。在幼儿教育研究中，谈话法可用于研究幼儿的个性，探究其行为表现的根源，了解幼儿的家庭情况、在家表现、家长对孩子的态度、教养方式等，也可用于了解教师的教育观念、教学方法、工作经验，以及他们对幼教工作的意见、建议等。

二、优缺点

1．优点

谈话法最大的优点是灵活性强。能有针对性地收集研究的数据，适用于不同文化程度的研究对象。

2．缺点

谈话法的局限性有两方面：一是比较费时，不适合大范围调查；二是极易产生偏差，在谈话过程中，既可能受到谈话对象性别、年龄、外貌、种族、社会地位、文化程度、心境、经验、表情或语调等诸多因素的影响导致偏差，也可能因研究者问的问题带有偏见或自相矛盾，或者漏掉该问的问题等导致偏差。

第三节　作品分析法

一、概述

作品分析法也是一种非常有效的收集资料的方式。它辅助观察法、谈话法等其他研究方法互证或证伪其研究结果；也是一种独立、完整的研究方法。

作品分析法是研究者运用一定的心理学、教育学原理和有效经验，对研究对象专门活动的作品进行分析研究，从而了解研究对象心理活动的一种方法。在对作品进行定量和定性分析的基础上，揭示作品背后隐藏的研究对象的行为、态度和价值观念。研究对象的作品很多，例如作业、日记、作文、笔记、绘画作品、考试试卷、工艺制品等。

二、作品分析法的特点

1．以作品为依据，具有客观性

在作品分析过程中，强调以研究对象的作品为依据，严格按事先制定的分析单元和类别来记录客观事实，而不是凭研究者的主观印象来记录，要求研究者充分了解作品的背景，辨别作者的动机和意图。

2．按科学程序分析，具有系统性

对有待分析的作品，均按照一定的程序进行分析，包括选取样本，确定分析维度和类目，按分析维度评判记录。作品分析的结果用客观的数据来表达，以量化形式出现，用描述性的语言将结果及结果里表现的各种关系表达出来。

3．受研究者自身的"倾向性"影响，作品分析的视角和结果具有多样性

作品分析的结果会受研究者的研究目的、研究者自身的知识、理解能力、价值倾向等因素的影响。特定作品的意义可能会因为分析者的不同而变化；同一种作品可以从不同的视角，为不同的目的而加以分析。

第四节　实验法

一、概述

实验法是教育科学研究中最常用的方法之一。

1．含义

实验法是指人们根据一定的科学研究目的，利用科学仪器设备，在人为控制或模拟的特定条件下，排除各种干扰，对研究对象进行观察的方法。

教育实验法就是研究者按照研究目的，控制或创设一定条件以影响、改变研究对象，从而验证假设，探讨教育现象因果关系的一种研究方法。

2．分类

实验法可以按实验场地的不同，分为自然实验与实验室实验。

（1）**自然实验**　自然实验是在学前儿童的日常生活中进行的，通过改变学前儿童生活环境中的某些条件来研究其心理变化的方法。其中，教育心理实验法是自然实验法的一种重要形式，其重点在于比较不同的教育条件对儿童心理发展的影响，揭示学前儿童心理发展的潜能，从而为教育改革服务。

（2）**实验室实验**　实验室实验是在人为创造的高度控制的环境中进行实验。它能有效地控制无关变量，获得精确的结果，其结果的推广却受到限制。

二、优缺点

1．优点

实验法可以人为地创设条件，对某些在自然观察中不易观察到或不易集中观察到的情景现象进行研究，从而扩大研究范围；可以揭示变量之间的因果关系，这是其他研究方法难以达到的；可以重复验证，提高结论的科学性；实验结果以较为精确的数据说明问题，令人信服。

2．缺点

实验法由于高度控制会带来环境"失真"；会由实验人员和实验过程带来负效应；不可避免地存在样本不足和选择误差。

幼儿教育科学研究方法优缺点对比如下表所示。

研究方法	优点	缺点
观察法	幼儿的表现自然、真实，有利于获得真实可靠的资料	无法控制刺激变量，观察者处于被动位置，可能得不到所需要的资料
谈话法	比较灵活，能够深入了解	比较费时，容易产生偏差

研究方法	优点	缺点
实验室实验法	严格控制实验条件，可以通过特定的仪器探测一些不易观察到的情况，取得有价值的科学资料	容易使幼儿产生不自然的心理状态，而且也难以研究较复杂的心理现象
自然实验法	研究者可以对某些条件进行控制，避免处于被动地位，实验结果也比较真实	对条件的控制没有实验室实验法那么严格，容易出现各种不易控制的因素

真题回顾

【2015 年上·单项选择题】教师根据幼儿的图画来评价幼儿发展的方法属于（　　）。

A．观察法　　　　　　　　　　　B．谈话法

C．实验法　　　　　　　　　　　D．作品分析法

【答案】D

【解析】略

第五章　幼儿身心发展中的常见问题与预防

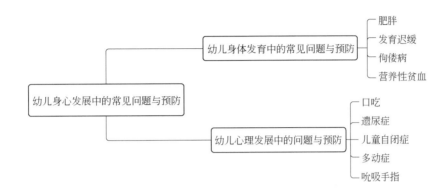

第一节　幼儿身体发育中的常见问题与预防

一、肥胖

是指儿童体内脂肪积聚过多，体重超过按身高计算的平均标准体重20%，或者超过按年龄计算的平均标准体重加上两个标准差以上时，即为肥胖症。小儿肥胖症中绝大多数为单纯性肥胖，也称"生理性肥胖"。

1. 影响因素

①病理性肥胖多能查出原发疾病，原发疾病有内分泌性疾病、中枢神经系统疾病、脑血管病变或脑瘤、脑外伤、遗传性疾病等。

②单纯性肥胖查不出原发疾病，多因小儿过食、缺乏运动消耗少所致，少数有家族史，为遗传性因素所致，或因神经精神疾患，小儿有时也可能发生肥胖。

2. 表现

①食欲旺盛，食量超常，偏食。

②懒动，喜卧，爱睡。

③体格发育较正常小儿迅速。体重明显超过同龄同身高者。脂肪呈全身性分布，以腹部为主。

④智力发育正常。

3. 预防

①重点在于培养良好的进食习惯，避免糖果糕点等甜的零食和干果类零食。

②禁止暴饮暴食，禁止饮酒。

③积极参加体育运动。

④一旦小儿出现肥胖，就应及早进行综合治疗，尽早使其得以控制。

二、发育迟缓

发育迟缓是指在生长发育过程中出现速度放慢或顺序异常等现象。

1. 影响因素

①不良饮食习惯或饮食不均衡导致的营养不足。

②全身疾病引起的矮小。

③家族性矮小和体质性生长发育迟缓。

④精神因素。

⑤先天性遗传、代谢性疾病。

⑥甲低、垂体性侏儒、先天性卵巢发育不全、小于胎龄儿、特发性矮小等。

2．表现

①体格发育落后。

②运动发育落后　如大运动和精细运动技能发育迟缓，如蹦跳和搭积木等。

③语言发育落后　语言交流技能发育迟缓，包括与理解力相关的"接受能力"和与说话相关的"表达能力"。

④智力发育落后　如自理技能发育迟缓，像如厕训练和穿衣服等。

⑤心理发展落后　社交技能学习掌握迟缓，如眼神交流以及与其他人一起玩耍等。

3．预防

①合理营养，全面均衡饮食，培养良好的饮食习惯，促进食欲。

②若因全身疾病引起的矮小，则应积极治疗原发疾病。

③因家族性矮小和体质性生长发育迟缓的，可通过各种调养，充分发挥生长潜力，可酌情使用生长激素。

④改善生活环境，使儿童得到精神上的安慰和生活上的照顾。

⑤对于先天性遗传、代谢性疾病，应根据情况进行特殊治疗。

三、佝偻病

佝偻病俗称缺钙，3 岁以下小儿常见。是由于维生素 D 缺乏引起体内钙、磷代谢紊乱，致使骨骼钙化不良的一种疾病。佝偻病发病缓慢，不容易引起重视。

1．影响因素

①胎儿期贮存不足。

②接触日光不足。

③摄入不足。

2．表现

①多汗　夜间睡觉特别是睡熟以后多汗，就是典型的缺钙。

②夜惊　晚上睡觉突然惊醒，哭闹，甚至尖叫。

③烦躁。

④枕秃　枕秃是宝宝的后脑勺有一圈光秃秃的"不毛之地"。

⑤各种骨骼的改变。

3．预防

预防佝偻病要从胎儿期就开始，1 岁以内的婴儿是预防的重点对象。

①健康教育采取积极综合措施，宣传维生素 D 缺乏的正确防治知识。

②围生期孕妇应多户外活动，食用富含钙、磷、维生素 D 以及其他营养素的食物。

③婴幼儿期预防的关键在于日光浴与适量维生素 D 的补充。出生后 2～3 周后即可让婴儿坚持户外活动，冬季也要注意保证每日 1～2 小时户外活动时间。

四、营养性贫血

营养性贫血是指因机体生血所必需的营养物质，如铁、叶酸、维生素 D 等物质相对或绝对地减少，使血红蛋白的形成或红细胞的生成不足，以致造血功能低下的一种疾病。多发于 6 个月至 2 岁的婴幼儿、妊娠期或哺乳期妇女以及胃肠道等疾病所致营养物质吸收较差的患者。

1．影响因素

营养性贫血是因缺乏造血所必需的铁、维生素 B_{12}、叶酸等营养物质所致。

缺铁性贫血是在较长时间内，贮存铁逐渐耗尽，血清铁蛋白和血清铁下降而形成的。

巨幼红细胞性贫血的发生主要是因为维生素 B12 及叶酸先天贮存不足、后天摄入不足或出现吸收和利用障碍。

2．表现

①面色蜡黄，疲乏无力。

②注意力不集中，易激动，烦躁不安或萎靡不振。

③可有呼吸暂停现象，俗称"背过气"，常在大哭时发生。

④精神神经症状，如表情呆滞、嗜睡、对外界反应迟钝等。

⑤智力发育和动作发育落后，甚至倒退，如原来已会坐、会爬、会笑，病后又不会了。

3．预防

完全可以预防，关键是建立科学的喂养观。

①需要特别注意婴幼儿的饮食搭配要合理，按时添加辅食，避免长时间单纯母乳喂养。

②要注意含铁食物如动物血、肝脏、各种瘦肉等的添加，注意富含维生素 B12 和叶酸的食物以及富含维生素 C 食物的添加，如新鲜蔬菜和水果。

③应多食豆类、菌类、粗粮以及海带、紫菜等食品。

第二节 幼儿心理发展中的问题与预防

一、口吃

1．表现

口吃为常见的言语障碍。并非因发音器官或神经系统的缺陷，而与心理状态有关。发病率占儿童的 1%～2%，多起始于 2～5 岁，男多于女。

2．原因

①患儿大多自卑，羞怯，退缩，孤僻，不合群。有的表现为易激惹，情绪不稳。出于对口吃的恐惧心理及高度注意，终成心理痼疾，越怕口吃越口吃。

②出于好奇模仿。

③发育性口齿不流利。2～5 岁的儿童言语功能尚未熟练，不善于选择词汇，说话时常有迟疑、不流畅的现象，一般到上小学前，就可口齿流利了，这种现象称为"发育性口齿不流利"，不属于"口吃"。如果大人对幼儿的"发育性口齿不流利"流露出担心、不安的心情，并时时提醒"别结巴"，或强迫幼儿"把话再说一遍"，幼儿在开口之前，心理先紧张了，就有可能发展成"口吃"。

3．预防和矫治

应从解除幼儿的心理紧张入手。大人不要当众议论其病态，或强迫他们把话说流畅，不许结巴。这样只会适得其反，加重心理障碍。要用平静、从容、缓慢、轻柔的语调和他们说话，来感染他们，使他们说话时不着急，呼吸平稳，全身放松，特别是不去注意自己是否又结巴了。可以多练习朗诵和唱歌。

二、遗尿症

1．表现

幼儿在 5 岁以后，白天或者夜晚仍不能主动控制排尿，经常夜间尿床，白天尿裤，称"遗尿症"。

2．原因

引起遗尿的原因较多，主要有以下几种。

（1）心理因素　主要指精神方面受到创伤，如突然受惊、大病一场、对生活环境的改变不能适应等。

（2）遗传因素　研究发现，遗尿与遗传的关系密切，约有 70％的遗尿患儿的一级亲属中有遗尿历史。

（3）器质性遗尿症　因疾病所引起的遗尿症称"器质性遗尿症"，如蛲虫病、膀胱炎等等，均可使儿童不能主动控制排尿。

（4）训练不当　排尿过程的自主控制，既需要大脑发育成熟到一定的程度，也需要学习和训练。一般两三岁的幼儿就可以开始自行控制排尿，如训练方法不当，儿童没有形成良好的排尿习惯，亦可发生遗尿。

3．预防和矫治

了解儿童遗尿的真正原因，采取有针对性的措施。消除引起儿童情绪不安的各种因素，执行合理的生活制度，避免过度疲劳和临睡前的过度兴奋，及早诊断和治疗引起儿童遗尿的各种身体疾病。

一些刚上幼儿园的小朋友，出现"尿频、尿急"的现象，检查尿液未发现异常，泌尿道也无感染。这种情况常与儿童对集体生活不适应有关。儿童总感觉有尿而往厕所跑，怕尿裤子，却常因紧张不安而尿湿了，如果因此受到批评，紧张情绪加剧，越发控制不住。这不是"遗尿症"。对刚入园的小朋友，要帮助他们熟悉环境，多给予其关心、照顾，让其放心地去参加各种活动。当他们紧张不安的心理解除了，尿频、尿急的现象也就会随之消失。

三、儿童自闭症

1．表现

①言语发育障碍。

②社会交往障碍。

③行为异常，兴趣奇特。

④还可能伴有感知障碍、癫痫发作等表现。

2．原因

与先天生物学因素及后天环境因素均有关。

3．预防和矫治

要创造正常的生活环境，最好让患儿上普通幼儿园，有利于孩子交往能力、语言能力的发展。教师和家长应密切配合，共同制订康复计划。康复训练的重点应放在提高患儿基本生存能力，加强患儿的生活自理训练、语言训练、购物训练等上。要对患儿的康复充满信心。

四、多动症

1．表现

多动症又称"轻微脑功能失调"或"注意缺陷障碍"，是一种以注意障碍为最突出表现，以多动为主要特征的儿童行为问题。主要行为表现有：

①注意力不集中。

②活动过多。

③冲动性。多动症儿童的行为是不经过思考就行动，不分场合，不顾后果，无法自制。如乱翻东西，突然吵闹，离座奔跑，抢别人东西或攻击别人等。

2．原因

与先天遗传、脑部器质性病变、环境污染及后天教养方法不当均有关。

3．预防和矫治

对多动症儿童首先注重心理治疗，消除各种紧张因素，严格作息制度，增加文体活动；同时可进行行为疗法，对患儿进行特殊训练，重点在于培养和发展患儿的自制力、注意力。近年来有研究发现，限制西红柿、苹果、橘子、人工调味品等含甲醛、水杨酸类食品的摄入，对儿童多动症的治疗有明显效果。

五、吮吸手指

1. 表现

婴儿吮吸手指极为常见，随年龄增加，这种行为会逐渐消退。但若随年龄增长，仍保留这种幼稚动作，并成为习惯，应及时纠正。

2. 原因

常因婴儿期喂养不当，不能满足儿童吮吸的欲望，以及缺乏环境刺激和爱抚，导致儿童以吮吸手指来抑制饥饿或进行自我娱乐。

3. 预防和矫治

要消除生活环境中可能引起儿童焦虑、恐惧等不良情绪的因素，用玩具、图片等儿童喜爱之物，或感兴趣的活动去吸引儿童的注意力，冲淡其吮吸手指的欲望，逐渐改掉其固有的不良习惯，不宜采用在手指上涂苦味药或裹上手指等强制方法。

课后思考

一、单项选择题

1．儿童学习语言的关键期是（ ）。

    A．0～1岁　　　　B．1～3岁　　　　C．3～6岁　　　　D．5～6岁

2．目前幼儿园教师为幼儿制作成长档案是运用了（ ）方法对幼儿的成长进行研究。

    A．观察法　　　　B．谈话法　　　　C．作品分析法　　　　D．实验法

3．若儿童言语发育、社会交往出现障碍，而且伴有行为异常，兴趣奇特，往往是（ ）的症状。

    A．口吃　　　　B．缄默症　　　　C．自闭症　　　　D．多动症

4．幼儿骨头中的有机物含量较高，所以（ ）。

    A．脊柱容易变形　　　　　　　　B．容易产生佝偻

    C．不容易做精细动作　　　　　　D．容易发生牵拉肘

5．下列哪项表述有误？幼儿年龄越小（ ）。

    A．免疫力越低　　　B．心跳越慢　　　C．体温越高　　　D．睡眠时间越长

6．个体的生理和心理发展，都是按照其基因规定的顺序有规则、有次序地进行的。成熟是心理发展的主要动力。这是心理学家（ ）提出的观点。

    A．格赛尔　　　　　　　　　　　B．华生

    C．斯金纳　　　　　　　　　　　D．班杜拉

7．心理的本质就是行为，心理学研究的对象就是可观察到的行为。环境和教育是儿童行为发展的唯一条件。这是心理学家（ ）提出的观点。

    A．格赛尔　　　　　　　　　　　B．华生

    C．斯金纳　　　　　　　　　　　D．班杜拉

8．心理学家（ ）主张人的行为大部分是操作性的，行为的习得与及时强化有关，因此，可以通过强化来塑造儿童的行为。

    A．格赛尔　　　　　　　　　　　B．华生

    C．斯金纳　　　　　　　　　　　D．班杜拉

9．婴幼儿的"认生"现象通常出现在（ ）。

    A．3～6个月　　　B．6～12个月　　　C．1～2岁　　　D．2～3岁

10．婴儿看见物体时，先是移动肩肘，用整只手臂去接触物体，然后才会用腕和手指去接触并抓取物体。这是儿童动作发展中的（ ）所致。

    A．近远规律　　　　　　　　　　B．大小规律

    C．首尾规律　　　　　　　　　　D．从整体到局部的规律

11．"三翻六坐九爬"，说明幼儿生长发育遵循（ ）规律。

A．阶段性 　　　　B．程序性 　　　　C．不均衡性 　　　D．统一性

12．为了解幼儿同伴交往特点，研究者深入幼儿所在的班级，详细记录其交往过程的语言和动作等。这一研究方法属于（　　）。

A．访谈法 　　　　B．实验法 　　　　C．观察法 　　　　D．作品分析法

二、简答题

1．简述幼儿思维发展的一般特点。

2．运用观察法研究幼儿心理时的主要操作步骤有哪些？

3．婴幼儿神经系统的特点是什么？

三、材料分析题

材料：3岁的小明上床睡觉前非要吃糖不可。妈妈一个劲儿地向他解释睡觉前不能吃糖的道理，小明就是不听，还扯着嗓子哭起来。妈妈生气地说："再哭，我打你。"小明不但没停止哭叫，反而情绪更加激动，干脆在床上打起滚来。

问题：

请联系有关幼儿情绪的理论，谈谈小明为什么会这样，成人应如何引导与培养幼儿的良好情绪。

参考答案

一、单项选择题

1．B 　　　2．C 　　　3．C 　　　4．A 　　　5．B 　　　6．A

7．B 　　　8．C 　　　9．A 　　　10．A 　　　11．B 　　　12．C

二、简答题

1．幼儿期思维发展的一般特点是：以表象思维为主，抽象思维开始萌芽；幼儿的表象思维具有象征性、经验性、拟人性、表面性和刻板性等特点。

2．运用观察法研究幼儿心理时的主要操作步骤有：（1）观察前的准备工作。包括确定观察问题，制订观察计划；选择观察方法；确定观察记录方法；选择观察记录工具；进行理论准备。（2）进行预备观察。（3）进行正式观察。（4）观察反思。

3．（1）大脑皮质活动遵循一定的规律；

（2）1岁前大脑神经细胞生长迅速，1岁后网络化；

（3）6岁前脑重增长迅速，占成人的90%；

（4）大脑易兴奋易疲劳；

（5）年龄越小睡眠时间越长；

（6）大脑耗氧量大，占身体的50%；

（7）大脑所需能量单一（糖）。

三、材料分析题

3岁的幼儿情绪不稳定，容易冲动，比较外露，不容易控制。为了培养幼儿良好的情绪，平时应注意：创设良好的育人环境，培养幼儿良好的情感；充分利用各种活动培养幼儿的情感；成人的情绪自控；正确疏导幼儿的不良情绪。尤其当面对幼儿的不良情绪时，可以采取转移法、冷却法与消退法等干预措施。

　　本模块主要是对学前教育基础知识和基础理论的阐述，历年考题较多，题型多样，是考试的重点，考生需要高度重视，在扎实掌握基础知识和理论的基础上多做练习。复习时要理解教育的本质，了解教育目的的相关理论；熟记著名教育家及其教育思想、代表作；了解中外幼儿教育发展简史；了解幼儿园班级管理的基础知识；重点熟悉《幼儿园教育指导纲要（试行）》。

　　1. 理解教育的本质、目的和作用，理解教育与政治、经济和人的发展的关系，能够运用教育原理分析教育中的现实问题。

　　2. 理解幼儿教育的性质和意义，理解我国幼儿教育的目的和任务。

　　3. 了解中外幼儿教育发展简史和著名教育家的儿童教育思想，并能结合幼儿教育的现实问题进行分析。

　　4. 理解学前教育的基本原则，理解幼儿园教育的基本特点，能对教育实践中的问题进行分析。

　　5. 理解幼儿园以游戏为基本活动的依据。

　　6. 理解幼儿园环境创设的重要性。

　　7. 理解幼儿园班级管理的目的和意义。

　　8. 掌握《幼儿园教育指导纲要（试行）》在幼儿园教育活动的目标、内容、实施和评价上的基本观点和要求。

　　9. 了解我国幼儿教育的改革动态与发展趋势。

第六章　教育概述

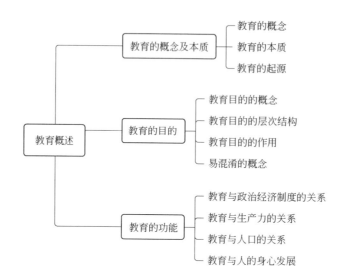

第一节　教育的概念及本质

一、教育的概念

广义：凡是增进人们的知识和技能、影响人们的思想观念的活动，都具有教育作用。包括社会教育、家庭教育和学校教育。

狭义：通常指学校教育，是教育者根据一定的社会要求，有目的、有计划、有组织地通过学校教育的工作，对受教育者的身心施加影响，促使受教育者发生预期变化的活动。

二、教育的本质

教育的本质属性是有目的地培养人的社会活动，是教育区别于其他事物现象的根本特征。教育的本质特性包括四点：第一，教育是人类社会特有的一种社会现象；第二，教育是人类特有的一种有意识的活动；第三，教育是人类社会特有的传递经验的形式；第四，教育是有意识的以影响人的身心发展为目标的社会活动。

三、教育的起源

1. 神话起源说（最古老）

它是关于教育起源的最古老的观点，所有的宗教都持有这种观点，我国古代的思想家也有人持有这种观点。这种观点认为，教育与其他万事万物一样，都是由人格化的神（上帝或天）创造的，教育的目的就是体现神或天的意志，使人依于神或顺从于天。

2. 生物起源论（第一个正式提出）

教育的生物起源论者以达尔文生物进化论为指导，把教育的起源归之于动物的本能行为，教育过程即按生物学规律进行的本能过程，完全否认了人与动物的区别，否认了教育的社会性。代表人物：【法】利托尔诺、【英】沛西·能。

3．心理起源论

心理起源论者认为教育起源于儿童对成人无意识的模仿，把全部教育都归之于无意识状态下产生的模仿行为。代表人物：【美】孟禄。

生物起源和心理起源这两种学说从不同角度揭示了教育的起源，共同缺陷是都否认了教育的社会属性，否认了教育是一种自觉有意识的活动，把动物本能和儿童无意识的模仿同有意识的教育混为一谈，都是不正确的。

4．劳动起源说

劳动起源说的直接理论依据和方法论基础是恩格斯的著作《劳动在从猿到人的转变过程中的作用》。劳动起源论者认为教育起源于劳动，起源于劳动过程中社会生产需要和人的发展需要的辩证统一。代表人物：【苏联】米丁斯基、【苏联】凯洛夫。

第二节　教育的目的

一、教育目的的概念

广义：指人们对受教育者的期望。

狭义：国家对把受教育者培养成为什么样的人才的总的要求。

教育目的是整个教育工作的核心，也是教育活动的依据和评判标准；是教育的出发点和归宿，贯穿于教育活动的全过程，对教育活动有指导意义。

二、教育目的的层次结构

教育目的是各级各类学校遵循的总方针，但各级各类学校应有各自的具体工作方针和培养目标，这就决定了教育目的具有层次性。教育目的包括以下三个层次。

（1）国家教育目的。

（2）各级各类学校的培养目标

（有的分为四个层次：添加了课程目标）。

（3）教师的教学目标。

三、教育目的的作用

（1）规范功能　规范教学。

（2）选择功能　根据目的进行选择教学的内容、方法等。

（3）激励功能　达到目的后，就是一种激励作用。

（4）评价功能　目的可作为标准来进行评价。

四、易混淆的概念

1．教育目的与教育方针

联系：教育方针是教育工作的宏观指导思想，是总的教育方向。教育方针的表述结构应当包括三个组成部分：①教育性质和教育方向；②教育目的；③实现教育目的的基本途径和根本原则。因此，在表述上教育方针包括教育目的，教育目的是教育方针的重要组成部分之一。

区别：教育目的是对教育终极价值的追求，具有较强的理想性。教育方针是现实中教育工作开展的总方向，具有较强的现实针对性和不可回避性。

2．教育目的与培养目标

教育目的是一个国家对其各级各类学校总体要求，即不论初等、中等、高等教育，还是理、工、农、医、师等，都要按照这个总的要求培养人。而培养目标是根据教育目的制定的某一级或某一类学校或某一个专业人才培养的具体要求，是国家总体教育目的在不同教育阶段或不同类型学校，不同专业的具体化，二者是一般与个别的关系。

培养目标必须依据教育目的来制定，不能脱离教育目的，而教育目的又必须通过各级各类学校，各专业的培养目标来体现和落实。一个国家的教育目的是唯一的，而培养目标却是多种多样的。

第三节　教育的功能

一、教育与政治经济制度的关系

1. 社会政治经济制度对教育的制约作用

（1）社会政治经济制度的性质制约教育的性质　社会政治经济制度的性质决定教育的性质，社会经济政治制度的发展变革制约了教育的发展变革。

（2）社会政治经济制度制约教育的宗旨和目的　教育目的是一个社会的政治经济制度对教育所提出的主观要求的集中体现，它直接反映着统治阶级的利益和需要。

（3）社会政治经济制度制约教育的领导权　在人类社会中，谁掌握了生产资料，谁掌握了政权，谁就支配着精神生产的资料，掌握着教育的领导权。

（4）社会的政治经济制度制约受教育的权利和程度　受教育者的权利是判断和确定一个社会教育性质的重要标志。一个国家设立怎样的教育制度，什么样的人需要接受什么样的教育，基本上是由政治经济制度决定的。

（5）教育相对独立于政治经济制度　尽管政治经济制度对教育有着巨大的影响，但教育作为一种主体性的实践活动，具有主体自身的价值取向与行为选择，表现出相对独立性的特点。

2. 教育的政治功能

（1）教育通过培养一定社会的政治意识人才，完成年青一代的政治社会化。

（2）教育通过造就政治管理人才，促进政治体制的变革与完善。

（3）教育通过提高全民文化素质，推动国家的民主政治建设。

（4）教育通过形成社会舆论、道德风尚为政治经济制度服务。

教育对政治具有反作用。教育可以推动或阻碍社会的发展，这取决于教育反映的是先进阶段还是落后阶段的利益。

二、教育与生产力的关系

1. 生产力对教育的作用

教育受到社会生产力发展水平的制约。具体表现在以下三个方面。

（1）生产力的发展制约着教育事业发展的规模和速度。

（2）生产力的发展水平制约着人才的培养规格和教育结构。

（3）生产力的发展促进着教学内容、教学方法和教学手段和设施的发展与改革。

2. 教育的经济功能

教育的发展推动生产力的发展。

（1）教育是劳动力再生产的基本途径。

（2）教育是科学知识再生产的最有效形式。

（3）教育是创造和发展新的科学技术的重要基地。

教育对经济的作用包括：周期性长、发效性迟缓的特点，其决定了教育促进经济增长的功能显现并非及时性的、立竿见影，而是长期、长效和滞后的。因此，在处理教育与经济的关系时，既要考虑经济发展的状况和水平，实事求是地追加教育投资，发展教育事业；又要克服只顾眼前短期经济利益，忽视教育对经济作用的长期性、迟效性作用的观点，要用发展的观点看待教育对经济增长的作用。

三、教育与人口的关系

1．人口对教育的影响和制约

人口的数量、质量以及人口的结构都影响和制约着教育。

2．教育对人口的作用

教育可以控制人口的数量、改善人口的质量和完善人口的结构。

四、教育与人的身心发展

1．教育要适应儿童身心发展规律

教育是环境的一个组成部分，是一种特定的环境。它对儿童身心发展起主导作用。

（1）身心发展具有顺序性和阶段性

①顺序性，决定了教育工作的顺序性，教师必须遵循由浅入深，由易到难，由低级到高级的顺序进行。要"循序渐进"，不要"拔苗助长"。

②阶段性，要求教育必须根据不同年龄阶段儿童的特点，提出不同要求，采用不同的内容和方法，切忌搞"一刀切"。

（2）身心发展具有不平衡性　儿童身心发展的速度和成熟水平是不相同的，具有不平衡性。教师应抓住儿童身心发展各个方面的成熟期和关键期，不失时机地进行教育，以取得最佳效果。

（3）身心发展具有稳定性和可变性　要看到儿童身心发展的稳定性，把它作为施教的出发点和依据；同时要看到可变性，尽量创造良好的社会和教育条件，充分挖掘潜力，使之更快更好地发展。

（4）身心发展具有个别差异性

2．教育要促进儿童的身心发展

（1）学校教育按社会要求对个体的发展方向与方面作出社会性规范。

（2）学校教育具有加速个体发展的特殊功能。

（3）学校教育对个体发展不仅具有即时价值，而且具有延时价值。

（4）学校教育具有开发个体特殊才能和发展个性的功能。

第七章　幼儿教育概述

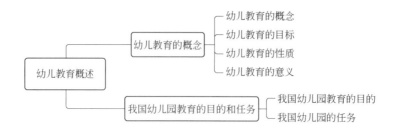

第一节　幼儿教育的概念

一、幼儿教育的概念

广义的幼儿教育：凡是能够影响幼儿身体成长和认知、情感、性格等方面发展的有目的的活动。比如幼儿在家看电视、看图书、帮父母做家务劳动,或随成人去旅游、参观、看电影、参加社会活动等，都是幼儿教育。

狭义的幼儿教育：特指幼儿园和其他相关幼儿教育机构，对幼儿实施的有目的、有组织、有计划的活动。

幼儿园教育在我国属于学校教育系统，具有家庭教育和社会教育所没有的优点，如计划性、系统性等。

二、幼儿教育的目标

《幼儿园工作规程》（2016年）明确指出幼儿园保育和教育的主要目标是：

1. 促进幼儿身体正常发育和机能协调发展，增强体质，培养良好的生活习惯、卫生习惯和参加体育活动的兴趣。

2. 发展幼儿智力，培养正确运用感官和运用语言交往的基本能力，增强对环境的认识，培养有益的兴趣和求知欲望，培养初步的动手能力。

3. 萌发幼儿爱家乡、爱集体、爱劳动、爱科学的情感，培养诚实、自信、好问、有爱、勇敢、爱护公物、克服困难、讲礼貌、守纪律等良好的品德行为和习惯，以及活泼、开朗的性格。

4. 培养幼儿初步的感受美和表现美的情趣和能力。

三、幼儿教育的性质

1. 基础性
幼儿教育是基础教育的重要组成部分，是我国学前教育和终身教育的奠基阶段。
2. 专业性
幼儿教育区别于其他年龄段的教育方式，具备其独特的专业性。
3. 目的性
幼儿教育的目的在于促进学前儿童的身心健康和谐发展。
4. 系统性
幼儿教育是促进幼儿体、智、德、美全面发展，具有系统性的教育。

5．公益性

幼儿教育的公益性是指幼儿教育活动应当尊重社会全体成员的共同利益。

四、幼儿教育的意义

1．幼儿教育对于人的发展的价值

（1）促进生长发育，提高身体素质。

（2）开发大脑潜力，促进智力发展。

（3）发展个性，促进人格的健康发展。

（4）培育美感，促进想象力、创造性的发展。

2．幼儿教育对于教育事业、家庭和社会的价值

（1）对教育事业发展的价值　帮助幼儿做好上小学的准备，包括社会适应性、学习适应性、身体素质以及良好的学习与行为习惯、态度和能力等方面的准备，有助于儿童顺利地适应小学的学习和生活。

（2）对家庭和社会发展的价值　为家长参加工作和学习提供便利，让家长放心地工作、安心地学习。幼儿教育作为我国基础教育的重要组成部分，承载着促进社会公平、维护社会稳定与和谐的重要使命。

第二节　我国幼儿园教育的目的和任务 ▲

一、我国幼儿园教育的目的

我国幼儿园教育的目的是：对幼儿实施体、智、德、美等方面全面发展的教育，促进其身心和谐发展。

二、我国幼儿园的任务

《幼儿园工作规程》中明确指出，幼儿园的任务是：贯彻国家的教育方针，按照保育与教育相结合的原则，遵循幼儿身心发展特点和规律，实施德、智、体、美等方面全面发展的教育，促进幼儿身心和谐发展。幼儿园同时面向幼儿家长提供科学育儿指导。

1．促进幼儿身心和谐发展

幼儿园是促进幼儿全面发展的机构，通过对幼儿实施体、智、德、美诸方面全面发展的教育，促进其身心和谐发展。其中体育是基础，智育是关键，德育是根本，美誉是灵魂。通过各自的相互作用，相互联系，有效促进幼儿的全面和谐发展。

2．为家长提供科学的育儿指导

幼儿园不仅是一个教育机构，也是一个社会福利机构，负有为在园幼儿家长服务的任务。因为很多家长尚未形成科学的育儿观，很不了解幼儿的身心发展规律和年龄特点，会对幼儿的教育形成过高期望。因此，作为专业的幼儿园，在为家长工作、学习提供便利条件，引导家长形成科学育儿观方面起着重要作用。

真题回顾

1．【2018年上·单项选择题】关于学前教育任务最准确的表述是（　　）。

A．促进幼儿智力发展

B．促进幼儿身心的快速发展

C．促进幼儿社会性发展

D．促进幼儿身心全面和谐发展

【答案】D

【解析】《幼儿园工作规程》第 3 条指出:幼儿园的任务是:贯彻国家的教育方针,按照保育与教育相结合的原则,遵循幼儿身心发展特点和规律,实施德、智、体、美等方面全面发展的教育,促进幼儿身心和谐发展。故选 D。

2.【2019 年上·单项选择题】幼儿园的双重任务是（　　）。

A. 保教幼儿和服务家长　　　　　　B. 看护幼儿和服务家长

C. 培养习惯和传递知识　　　　　　D. 保育和教育幼儿

【答案】A

【解析】我国幼儿园的任务是:贯彻国家的教育方针,按照保育与教育相结合的原则,遵循幼儿身心发展特点和规律,实施德、智、体、美等方面全面发展的教育,促进幼儿身心和谐发展。幼儿园同时面向幼儿家长提供科学育儿指导。故选 A。

第八章　幼儿教育的产生与发展

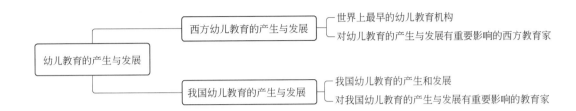

第一节　西方幼儿教育的产生与发展

一、世界上最早的幼儿教育机构

第一所幼儿教育机构　1816 年，英国空想社会主义者欧文在苏格兰的纽兰纳克创办。

世界上第一所幼儿园　1837 年，福禄贝尔在德国勃兰根堡开办了一所招收 1～7 岁儿童的教育机构，1840 年命名为幼儿园。

二、对幼儿教育的产生与发展有重要影响的西方教育家

1. 夸美纽斯（捷克，1592—1670）

被尊崇为"教育史上的哥白尼"和"现代教育之父"，编著了历史上第一部论述学前教育的专著《母育学校》，以及第一部对幼儿进行启蒙教育的看图识字课本《世界图解》。

夸美纽斯依据儿童的年龄特征，设计了一个理想的四级学制。第一级是婴幼儿期（0～6 岁），儿童在"母亲的膝前"即母育学校接受教育。

最先提出学校教育应当实行班级授课制。

（1）泛智主义的教育主张　夸美纽斯认为，"人是造物中最崇高，最完善，最美好的"，人人都有接受教育的可能性。他提出一切城镇乡村的男女儿童，"不论其贫富贵贱，都应该进学校"，这就是其泛智主义的教育主张，这也构成了其普及教育论的基础。

（2）教学基本理论　夸美纽斯坚持教育适应自然的原则，要求教育符合儿童的身心发展特点和教学的客观规律；提出了教学应遵循的几大原则，如直观性原则、循序渐进原则、启发儿童的学习愿望和主动性的原则等。

2. 洛克（英国，1632—1704）

洛克是英国 17 世纪著名的哲学家、政治家和教育家，教育思想主要体现于《教育漫话》。

（1）提出了"白板说"。洛克认为，人的心灵是一张白纸，上面没有任何记号，没有任何观念，一切观念和记号都来自后天的经验。他说："我们的全部知识是建立在经验上的；知识归根到底都是来源于经验的。"这就是"白板说"。

（2）提倡"绅士教育"。洛克认为教育的目的是培养绅士，即有道德、有学问、有礼貌的人。为此，洛克提出了一套包括德、智、体等在内的教育内容和实施办法。

3. 卢梭（法国，1712—1778）

教育思想主要见于其小说体著作《爱弥儿》和《新爱洛伊斯》，集中体现自然主义教育的思想。卢梭认为，教育对于人的影响是巨大的，"我们在出生的时候所没有的东西，我们在长大的时候所需要的东西，全都要由教育赐予我们"。卢梭强调对幼儿进行教育，必须遵循自然的要求，顺应人的自然本性，反对成人不顾儿童的特点，按照传统与偏见强制儿童，干涉或限制儿童的自由发展。

（1）自然主义的儿童观　认为应该把儿童当作儿童看待，尊重儿童的人格（"在万物的秩序中，人类有他的地位；在人生的秩序中，儿童有他的地位；应当把成人当作成人，把孩子当作孩子。"——《爱弥儿》）

（2）自然主义教育　卢梭自然教育的目的是要保护儿童善良的本性，培养"自然人"，自然人是符合天性的、身心得到和谐发展的人，是能自食其力、不受传统束缚、能够适应社会生活的一代新人。卢梭笔下的爱弥儿正是"自然人"的典型。

（3）自然教育的基本原则　卢梭根据他对于儿童发展的自然进程的理解，将儿童的教育划分为不同阶段，每个时期有不同的重点。

4．裴斯泰洛齐（瑞士，1746—1827）

裴斯泰洛齐是19世纪瑞士著名的民主主义教育家，代表作有《隐士的黄昏》《林哈德与葛笃德》《我对人类发展中自然进程的追踪考察》等。是世界上第一个明确提出"教育心理学化"的教育家，并且是西方教育史上第一位将教育与生产劳动相结合的思想付诸实践的教育家。

5．福禄贝尔（德，1782—1852）

福禄贝尔是19世纪德国著名的幼儿教育家。福禄贝尔把自己的毕生精力献给了幼儿教育事业，建立了较完整的幼儿园教育体系，被誉为"幼儿园之父"。著有《幼儿园教育学》、《慈母游戏与儿歌》、《人的教育》及《幼儿园书信集》。

教育思想："儿童中心主义"的教育观；重视游戏对儿童本身的价值；创制恩物，幼儿通过他特制的玩具——"恩物"来学习，得到体力、语言、认识、想象力、创造力等多方面的发展。

6．杜威（美，1859—1952）

美国教育家，也是20世纪影响最大的教育家。他的主要著作有《我的教育信条》《儿童与课程》《学校与社会》等。

教育思想　他认为教育的本质是，教育即生活，教育即生长，教育即经验的改组改造；教育自身无目的，生长的过程就是教育本身的目的；以儿童为中心，坚决克服传统学校来自教师的刺激和抑制过多的现象。教育过程是儿童和教师共同参与，真正合作和相互作用的过程；主张"从做中学"，以儿童实际经验为起点。

杜威的实用主义教育思想对美国乃至整个世界的教育理论发展均有着深远而重要的意义。杜威以"生长"作为意义，破除了教育只是成人生活准备的传统说法，进一步使人们将教育的中心由成人移到儿童。此外他提出的"从做中学"的实用主义教育方法对当前的教育改革更具有启迪意义。但杜威的教育思想是从生物学的观点出发的，偏重实用主义，忽略了精神的陶冶。

7. 蒙台梭利(意大利,1870—1952)

1907年蒙台梭利在罗马贫民区建立"儿童之家",招收3~6岁的儿童加以教育。还创立了蒙氏教学法,现今蒙台梭利教学法传遍了全世界。除了《蒙台梭利早期教育法》,蒙台梭利主要著有《童年的秘密》《有吸收力的心灵》等。

(1)儿童的心理发展观　蒙台梭利认为儿童的心理发展有四个存在着内在联系的显著特点。

①具有独特的心理胚胎期　蒙台梭利认为人类有两个"胚胎"期:一个是在母体内生长发育的过程,可称为"生理的胚胎期";另一个则是人类特有的"心理的(或称精神的)胚胎期",具体表现在从出生到3岁的婴幼儿阶段。

②心理具有吸收力　蒙台梭利认为婴幼儿具有一种下意识的感受能力与特殊的鉴别能力,简称"吸收心理"。也就是说,儿童有一种自动成长的冲动。

③具有敏感期　蒙台梭利认为,儿童心理的发展也有各种敏感期,在发展过程中也经过不同的阶段,每个阶段都有某种心理的倾向性和可能性显示出来,过了特定的时期,其敏感性则会消失。

④发展具有阶段性　第一阶段:0~6岁,是儿童个性形成的最重要时期;第二阶段:6~12岁,是儿童增长学识和艺术才能,有意识地学习时期;第三阶段:12~18岁,能根据自己的兴趣探索事物,能进行像对成人那样的宣传教育。

(2)教育的目的和原则　教育的目的在于发展儿童"生命的法则",帮助儿童发展生命,使每个儿童具有的天赋潜能在适宜的环境中得到自然的发展,在了解儿童的基础上促进儿童的全面发展。教育的根本原则是使儿童获得自由,使儿童的天性得以自然地表现,幼儿的学习应是自愿、非强制的。具体的教育原则:①环境教育原则。蒙台梭利非常重视环境的创设,即为儿童提供一种有准备的环境。②教师是儿童活动的观察者和指导者原则。

(3)课程内容

①感觉教育　蒙台梭利的感觉教育遵循着一定的原则:一是循序渐进原则。照顾儿童的个别差异,把感觉教育同读、写、算的教学结合起来,由简单到复杂,逐步发展;二是自我教育的原则。她提倡让幼儿根据自己的能力和需要进行自我选择、独立操作、自我矫正。

②语言教育　蒙台梭利她的语言教育包括口头语言训练和简单的书写活动。

③纪律教育　纪律教育是蒙台梭利教育的重要组成部分,也是她为学前儿童设计的重要课程内容。

④数学入门教育　数学入门教育包括数数,数字练习,用书写符号表示数,数的记忆练习,从1到20的加减乘除法,10以上的算术运算等。

⑤日常生活教育　日常生活教育包括基本动作、照顾自己、照顾环境、社交礼仪。

(4)蒙氏教学四要素　蒙氏教学的四要素包括儿童、教师、环境、教具。

真题回顾

【2018年下·单项选择题】下列说法中属于蒙台梭利教育观点的是(　　)。

A. 注意感官教育　　　　　　　　　　B. 注重集体教学作用

C. 通过游戏使自由与纪律相协调　　　D. 重视实物使用

【答案】A

【解析】蒙台梭利的教育思想注重感官教育,尤其注重幼儿触觉的发展。故选A。

8. 瑞吉欧幼儿教育体系

瑞吉欧幼儿教育体系是运用并借鉴很多教育理论,如:杜威的进步主义理论、皮亚杰的建构主义心理学,维果斯基的最近发展区等,形成了一套具有自己教育特色的幼儿教育体系。

瑞吉欧幼儿教育体系的教育特色：①主张以孩子为中心的环创；②因地制宜地利用环境；③孩子是环境创设的直接参与者；④利用自然材质的教育，激发孩子感官体验；⑤不刻意回避危险，重视儿童成长的过程。

第二节　我国幼儿教育的产生与发展

一、我国幼儿教育的产生与发展

1．我国古代儿童教育的产生与发展

早在西周，就有为贵族子弟设立的宫廷小学。奴隶制时期的教育实际是"官守学业""学在官府"的制度，学校都属于官学。我国古代儿童教育首先主要是官办的小学。

春秋战国之际，具有划时代意义的"私学"创设和繁盛起来。官学本身时盛时衰，徒具形式。而启蒙教育的教学又并非官学任务。因此，我国古代儿童教育后来主要是私人教学。

2．近代以来我国幼儿教育的发展

1840 年第一次鸦片战争后，清政府推行"新政"，进行改革。在教育方面废八股、停科举、兴学校、厘定教育宗旨。

1902 年颁布了张百熙草拟的《钦定学堂章程》，即壬寅学制，但并未实施。

1903 年湖北巡抚端方在武昌创办了中国第一所学前儿童教育机构——湖北幼稚园（1904 年《奏定学堂章程》颁布以后，改名为武昌蒙养院），同年，北京的京师第一蒙养院成立。

1904 年张之洞、张百熙、荣庆合订了《奏定学堂章程》，即癸卯学制，其中的《奏定蒙养院章程及家庭教育法章程》，是我国第一部学前教育的法规。它将公共幼儿教育的机构定名为蒙养院，保育教导 3～7 岁的儿童。确定了蒙养院制度。在这种情况下，我国的近代学前教育才开始产生并逐步发展起来。

1912 年建立了资产阶级民主共和国——"中华民国"，成立了以孙中山为首的南京临时政府。蔡元培担任临时政府教育部的第一任总长，在他的主持下制定并公布了"壬子癸丑 （1912～1913）学制"将蒙养院改称蒙养园，收未满 6 岁的儿童。1922 年，教育部又制定并公布了《学校系统改革令》，即壬戌学制，将蒙养院改称幼稚园，规定收受 6 岁以下的儿童。

新学制颁布后不久，江西省立第一女子师范及第一师范分别设立幼稚园。

新中国成立后，1951 年 10 月 1 日，中华人民共和国政务院公布《关于改革学制的规定》，产生了新中国第一个学制。新学制规定实施幼儿教育的机构为幼儿园。

1952 年颁布了《幼儿园暂行规程（草案）》和《幼儿园暂行教学纲要（草案）》，规定幼儿园的课程包括体育、语言、常识、计算、音乐和图画手工等六科，奠定了新中国幼儿园分科课程的格局，这是我国幼儿园课程进行的第二次改革。

计划经济时期国家和集体全部包办都为公办园。

1981 年颁布了《幼儿园教育纲要（试行草案）》。

1989 年国家教委颁发了《幼儿园工作规程》（1996 年正式施行，简称《规程》），《规程》进一步拉开了改革的帷幕。《规程》规定了幼儿园的保育目标、保育任务、保育原则，以及保育活动的组织形式和方法等。改变了 20 世纪 50 年代以来分科教学一统天下的状况，强调整体性、联系性；强调幼儿主体教师主导；强调幼儿的主动性。2016 年国家重新修订了《幼儿园工作规程》。

1989 年国家教委颁发了《幼儿园管理条例》，它用法规的形式规定了幼儿园的任务、管理以及保教工作，明确了地方政府的责任，使我国的幼儿教育管理跨入了法制化轨道。

2001 年教育部制定了《幼儿园教育指导纲要（试行）》（简称《纲要》）。《纲要》是《规程》的下位文件，《规程》涉及的面很广且比较宏观，《纲要》则只将其第四章"幼儿园的教育"的内容展开并具体化，以在规程与教育实践层面之间架起过渡的桥梁。

2010 年 7 月党中央、国务院颁布的《国家中长期教育改革和发展规划纲要》把学前教育专列一章，提出了到 2020 年基本普及学前教育的目标。着重强调积极发展学前教育，着力解决当前存在的"入园难"问题，满足适龄儿童入园需求，促进学前教育事业科学发展。

2010 年 11 月国务院常务会议专门研究了学前教育工作，国务院下发了《关于当前发展学前教育的若干意见》，指出要把发展学前教育摆在更加重要的位置。

二、对我国幼儿教育的产生与发展有重要影响的教育家

1. 陈鹤琴（1892—1982）

我国著名的儿童教育家，被誉为"中国幼教之父"。于 1923 年创办了我国最早的幼儿教育实验中心——南京鼓楼幼稚园，创立了"活教育"理念，一生致力于探索中国化、平民化、科学化的幼儿教育道路。1940 年创立中国第一所公立实验幼稚师范学校——江西省立幼稚师范学校。

（1）反对半殖民地半封建的幼儿教育，提倡适合国情的中国化幼儿教育。

（2）反对死教育，提倡活教育

"活教育"的三大目标是——做人、做中国人、做现代中国人；做中教、做中学、做中求进步；大自然、大社会是我们的活教材。

①教育观　陈鹤琴先生指出，要遵照活教育的精神办幼儿园，必须"以自动代替被动"，幼儿"自动的学习、自发的学习"，自己去动手用脑获得知识，教师必须尊重幼儿的自主性，不能搞传统的注入式，消极地管束幼儿。

②教育目标　做人，做中国人，做现代中国人。

③教育方法　做中教，做中学，做中求进步。

④教育内容　大自然、大社会是活教材，与实际紧密结合。

⑤教育原则　陈鹤琴先生提出的活教育的 17 条原则，如"凡幼儿能做的，让他自己做；凡幼儿能想的，让他自己想"等，体现了尊重幼儿的主体性，重视幼儿动手动脑，重视直接经验的价值等思想，奠定了幼儿园教育原则的基础。

（3）幼儿园课程理论

①课程的中心　陈鹤琴先生反对幼儿园课程脱离实际，主张根据儿童的环境——自然的环境，社会的环境作幼稚园课程系统的中心，让儿童能充分地与实物和人接触，获得直接经验。

②课程的结构　把课程内容划分为"健康、社会、科学、艺术、文学"，这五个方面是一个整体，被称为"五指活动"。

③课程的实施　强调以幼儿经验、身心发展特点和社会发展需要作为选择教材的标准；反对实行分科教学，提倡综合的单元教学，以社会自然为中心的"整个教学法"；主张游戏式的教学。

（4）重视幼儿园与家庭的合作。

2. 陶行知（1891—1946）

提倡乡村教育，兴办乡村学校的先行者。1927 年春，陶行知创办了南京市试验乡村师范学校，后改名晓庄学校。确立了"生活即教育、社会即学校、教学做合一"的生活教育思想。

（1）生活教育的目的观　"生活的教育"，"为生活而教育"，"为生活的提高、进步而教育"。

（2）生活教育的内容观　"生活即教育"。

（3）生活教育的方法论　"教学做合一"。

（4）教育思想

①农村幼儿教育的开拓者　南京郊区中国第一所乡村幼儿园——南京燕子矶幼稚园，创建了乡村幼儿师范教育、农村幼教研究所。

②重视幼儿教育。

③生活是教育的中心。

④教学做合一的教育方法（做是中心）。

⑤解放幼儿的创造力　六个解放：头脑、双手、眼睛、嘴、空间、时间。

陶行知批评清末民初的幼儿教育机构有三大弊病"外国病""花钱病""富贵病"。陶行知批

判和反对束缚儿童的封建礼教，提出对儿童应实施六大解放：解放儿童的头脑，让他们能够去想，去思考；解放儿童的双手，让他们去做，去干；解放儿童的眼睛，让他们去观察，去看事实；解放儿童的嘴巴，使他们有足够的言论自由；解放儿童的空间，让儿童从鸟笼式的学校里走出来；解放儿童的时间，使儿童做支配时间的主人。

真题回顾

【2018年上·单项选择题】陶行知创立的培养幼教师资的方法是（　　）。

A．讲授制　　　　B．五指活动　　　　C．感官教育　　　　D．艺友制

【答案】D

【解析】陶行知提倡"艺友制"，艺就是教学艺术，友就是朋友，学生与有经验的老师交朋友，在实践中学习当老师，边干边学;另蒙台梭利重视"感觉教育"，"五指活动"是陈鹤琴提出的。故选D。

3．张雪门（1891—1973）

（1）人物介绍

著名幼儿教育家，行为课程论的代表人物；与陈鹤琴被称为"南陈北张"（南京有陈鹤琴，北京有张雪门），代表作《幼稚教育新论》《中国幼稚园课程研究》。

（2）教育思想

①幼稚园行为课程的组织。有自己的特点和要求。

②幼稚园行为课程的教学方法。以行为为中心，以设计为过程。

③论幼儿师范的见习和实习。幼稚师范教育思想"骑马者应从马背上学"。

第九章　幼儿园教育

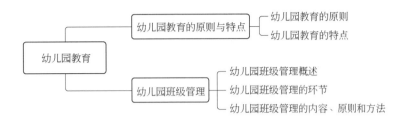

第一节　幼儿园教育的原则与特点

一、幼儿园教育的原则

1．幼儿园教育的一般原则

（1）尊重儿童的人格尊严和合法权益的原则

①尊重儿童的人格尊严　儿童和成人一样具有人格尊严，教师要将儿童作为具有独立人格的人来对待，尊重他的思想感情、兴趣、爱好、要求和愿望等。

②保障儿童的合法权益　儿童享有不同于成人的许多特殊权益，例如生存权、受教育权等；儿童毕竟是稚嫩、弱小的个体，他们对自己权利的行使还必须通过成人的教育和保护才能实现。家庭、学前教育机构、社会应当保障未成年人的合法权益不受侵犯。教师不仅是儿童的"教育者"，也应当是儿童权益的实际维护者。

（2）发展适宜性原则　学前教育的出发点和最后归宿都是促进儿童身心和谐发展，促进每一个儿童在现有的水平基础上获得充分的最大限度的发展。要找准每个孩子的最近发展区，使每个孩子通过教学都能在原有基础上有所提高。

遵循发展适宜性原则包含两层含义：一是年龄的适宜，二是个体的适宜。

（3）目标性原则　教育目标的最终实现，是一切教育活动的出发点和归宿。实施素质教育的所有过程都应围绕教育目标来进行。遵循这一原则应注意：①把握目标的方向性和指导性；②注重教育目标实施过程的动态管理。

（4）主体性原则　儿童是学习的主体，只有儿童积极参与，主动建构，课程才能内化为他们的学习经验，促进其身心发展。贯彻这一原则应注意：①准确把握儿童发展的特点和现状；②在活动之前还要善于激发学前儿童的学习兴趣和动机。

（5）科学性、思想性原则　科学性原则是指向幼儿传授的知识、技能应该是正确的、可靠的，是符合客观规律的。思想性原则是指在幼儿园全部教育教学中，向幼儿进行辩证唯物主义教育和共产主义道德品质教育和心理健康教育。贯彻这一原则应注意：①教育内容应是健康、科学的；②教育要从实际出发，对儿童健康发展有利；③教学活动设计和实施要科学、正确。

（6）坚持开放办学的原则　教育资源存在于幼儿的生活中，在教育过程中要充分发挥它们的作用。坚持开放办学，这既是社会发展对幼儿教育的客观要求，又是幼儿教育自身发展的内部要求。贯彻这一原则应注意：①与家长合作共育；②开门办学，与社区合作；③学前教育机构、家庭、社区一致的教育。

（7）整合性原则　整合性原则是指将学前教育看作是一个完整的系统，保证学前儿童身心整体健全和谐的发展，综合化地整合课程的各要素，实施教育。贯彻这一原则应注意：①活动目标的整合；②活动内容的整合；③教育资源的整合；④活动形式和活动过程的整合。

2．学前教育的特殊原则

对学前儿童来说，由于其身心发展的特殊性，教育还应遵循以下几个原则。

（1）保教合一的原则

①保育和教育是学前教育机构两大方面的工作。

②保育和教育工作互相联系、互相渗透。

（2）以游戏为基本活动的原则

①游戏是儿童最有效的一种学习方式。

②游戏是活动内容和形式的结合。

（3）教育的活动性和多样性原则　学前教育应从幼儿身心发展的特点和水平出发，以活动为基础开展教育，离开了活动，就没有幼儿的发展。同时，活动形式应多样化，让幼儿能在多种多样的活动中得到发展。

（4）教育的直观性原则　学前儿童主要是通过各种感官来认识周围世界的，对学前儿童的教育应考虑体现直观形象性，教师通过演示、示范、运用范例等直观教学手段，变抽象为形象，辅以形象生动、声情并茂的教学语言，帮助幼儿理解教学内容。

（5）生活化和一日活动整体性的原则

①教育生活化　加强教育同生活的联系，将富有教育意义的生活内容纳入课程领域。

②生活教育化　将学前儿童日常生活中已获得的原有经验，加以系统化、条理化，在生活中适时引导，促进学前儿童发展。

③发挥一日活动整体功能　幼儿一日活动是指学前教育机构每天进行的所有保育、教育活动。学前教育应充分认识和利用一日生活中各种活动的教育价值，通过合理组织、科学安排，让一日活动发挥一致的、连贯的、整体的教育功能，寓教于一日活动中。充分发挥一日活动的整体功能，需注意：一日活动中各种活动不可偏废；各种活动必须有机统一为一个整体。

真题回顾

【2018 年下・单项选择题】教师在重阳节组织幼儿到敬老院探访老人,这反映幼儿园教育内容选择的什么原则？（　　）

　　A．兴趣性　　　　　B．时代性　　　　C．生活性　　　　D．发展性

【答案】C

【解析】幼儿园组织幼儿在重阳节探访老人,体现了幼儿园课程不仅仅是在幼儿园内部开展,也可以渗透到日常生活中进行,这也是幼儿园课程内容选择原则中的生活性原则。故选 C。

二、幼儿园教育的特点

幼儿园教育的特点是由幼儿身心发展的规律、特点以及幼儿教育的性质规定的。

1．启蒙性

启蒙性是指对学前儿童的教育要与他们的现实发展需要联系起来，要启于未发、适时而教、循序渐进。这一时期的教育要为儿童今后的发展打下良好根基，因而并不以传授系统知识为主要目标。

2．生活化

对幼儿来说，大多数的学习都是在生活中进行的。所以，幼儿园教育活动带有浓厚的生活化特征，活动内容来源于生活，活动实施更要贯穿于幼儿的一日生活。

3．游戏性

游戏是幼儿最基本的活动，是幼儿最基本的学习方法，也是幼儿获得发展的最基本的途径。幼儿园教育活动的游戏特性是显而易见的。

4．活动性

对幼儿来说，只有具体的活动才是真实的学习，只有在活动中，幼儿才能理解学习的内容，直

接获得学习经验，才能与他人交往，与环境互动，才能获得真正意义上的全面发展。

5. 潜在性

幼儿教育是启蒙性的、全面性的、基础的教育，它只需要向幼儿传递关于自然、社会和人类最浅显的知识和概念，但涉及面极广，类型极多，从幼儿学习的角度看，由于年龄小，知识经验贫乏，所以幼儿园的教育活动蕴藏在环境中、生活中、游戏中，教师的教育意图也是蕴涵在环境、材料、活动和教师的行为之中，可以说幼儿是在潜移默化的教育环境中成长并发展的。

真题回顾

【2019 年上·简答题】列出幼儿园课程生活化的实施要求并分别举例说明。

【解析】《幼儿园教育指导纲要（试行）》指出："幼儿园应为幼儿提供健康、丰富的生活和活动环境，满足他们多方面发展的需要，使他们在快乐的童年生活中获得有益于身心发展的经验。"

【答案】

1. 幼儿园课程内容选择的生活化

《纲要》中指出：教育活动内容的组织应充分考虑幼儿的学习特点和认识规律，各领域的内容要有机联系，相互渗透，注重综合性、趣味性、活动性，寓教育于生活、游戏之中。例如：课程内容的安排可依据节日顺序展开，或者依据时令、季节变化规律来组织等。

2. 幼儿园课程资源利用的生活化

陶行知先生主张"社会即学校"，认为学前教育机构的教育不能局限于狭小的教室，应让幼儿回归大自然、大社会的怀抱。例如：主题活动"春天"，教师可利用春天的树木、景色变化等自然资源组织活动；幼儿园中组织"安全防火活动"，可利用幼儿家长的职业进行课程组织。

3. 幼儿园课程教学实施的生活化

根据幼儿的年龄特点，将富有教育意义的生活内容纳入课程领域，课程实施中教师应提倡为幼儿创设多种多样的生活化学习情境，加强教育同生活的联系，学前儿童在各种情境中的经验加以整合。例如：提供丰富的材料与玩具、人际关系、操作探索中获得各种经验。又如：为了解秋天的变化，教师组织主题活动"金色的秋天"，带领幼儿到户外参与摘果实、捡树叶活动，满足幼儿的探索心理，真正了解秋天的特点。

第二节　幼儿园班级管理 ▶

一、幼儿园班级管理概述

1. 幼儿园班级管理的含义

幼儿园班级管理是幼儿园管理的核心工作，是指教师与行政人员遵循国家的学前教育政策、法规，按照儿童身心发展规律和保教工作的工作规律，采用科学的工作方式和管理手段，将人、财、物、时间、空间、信息等各要素合理组织起来，为实现国家规定的学前教育目标而进行的保教组织管理活动。

2. 幼儿园班级管理的目的

幼儿园班级管理的总目的在于实现我国幼儿园教育的目标：对幼儿实施体、智、德、美诸方面全面发展的教育，促进其身心和谐发展。

幼儿园班级管理的内在目的是把幼儿培养成个体生活和社会生活的主体。

幼儿园班级管理的外在目的是形成办园特色，打造办园品牌。

同时，一个具备良好教学氛围的幼儿园发展必须通过班级管理来实现。

3. 幼儿园班级管理的意义

班级管理是做好幼儿园管理的基础工程，是提高保教质量的基本保证。进行良好的幼儿园班级管理有助于：①提高幼儿园管理整体效益；②保障保教工作顺利开展；③协调和统一各种教学资源；④为幼儿营造良好的成长环境；⑤培养幼儿自我管理的能力。

4．幼儿园班级管理的功能

学前教育机构班级管理的主要内容是生活管理、教育管理及其他方面的管理。班级管理对幼儿的健康起着良好的促进作用。幼儿园班级管理功能主要体现在三个方面。

（1）生活功能　有序、合理地安排儿童一日生活。对于提高儿童的生活质量、提高活动效率，促进儿童发展有重要意义。

（2）教育功能　班级是开展集体教育的组织保证。通过对活动的精心组织与策划，保证了教育活动的系统性和循序渐进性，有利于提高教育活动质量和效率，全面实现学前教育的教育目标。

（3）社会服务功能　《规程》指出："幼儿园同时面向幼儿家长提供科学育儿指导"。学前教育机构班级实现着为家长服务的社会功能。

二、幼儿园班级管理的环节

1．幼儿园班级工作计划的制订

幼儿园班级工作计划是班级管理者为班级的未来确立目标并提出达到这一目标的方法和步骤的管理活动。计划工作主要解决两个问题：一是干什么，二是怎么干。幼儿园班级工作计划包括：班级情况分析、班级本学期工作目标、实施措施、重要工作安排。

2．幼儿园班级工作的组织与实施

幼儿园班级工作的组织与实施是指将班级中的教师、幼儿、材料、物品、空间、时间等要素进行合理安排，并且付诸行动的过程。幼儿园班级工作组织与实施的基本要求有：教师之间要有明确的分工、对幼儿进行分组。

3．幼儿园班级工作的检查与计划调整

检查是对计划的检查，根据计划实施的情况对预先制订的计划进行调整。

4．幼儿园班级工作的总结与评估

对班级工作计划的实施情况进行全面检查与评估，发现成绩和缺点，总结经验和教训。总结的过程也是一个对以往工作进行全面检查、分析和研究的过程。

以上四个环节是互为条件的，前一个环节是后一个环节的基础，后一个环节是前一个环节的落实与实施。它们之间相互联系、环环相扣，形成了一个螺旋上升的链。每一次新计划的目标都比上一个计划目标水平提高。如此不断循环，最终促进幼儿园整体工作质量的不断提高。

三、幼儿园班级管理的内容、原则和方法

1．幼儿园班级管理的内容

幼儿园班级管理一般由生活管理、教育管理、家园交流管理、班级间交流管理、幼儿社区活动管理等几方面组成。幼儿园班级中的管理人员包括保教人员、幼儿、幼儿家长。其他方面的管理工作服务于幼儿的生活、教育管理。

（1）生活管理　幼儿园班级生活管理是为了保证幼儿的身体正常发育、心理健康成长，保教人员围绕幼儿在园内的起居、饮食等生活方面的需要而从事的管理工作。

（2）教育管理　班级保教人员在班主任教师带领下对班级幼儿进行调查研究，对教育过程精心设计组织，对教育结果进行细致评估，这一系列的工作称为幼儿班级教育管理。

（3）物品管理　班级物品摆放得当，能给幼儿一个整齐有序的环境，有利于幼儿生活和活动，有利于幼儿成长，同时也方便教师使用。班级物品的管理包括：小床、小被等生活用品的管理，玩具、学具等学习用品的管理以及钢琴、多媒体电视等教师教学用品的管理。

（4）其他管理　幼儿园班级管理除了着重进行生活和教育管理外，还有许多与之相关的其他管理，如家长工作管理，社区活动管理等。它们也是班级管理的重要组成部分。

2．幼儿园班级管理的原则

班级管理原则是对班级进行必要管理必须遵循的普遍性行为准则。它贯穿于班级管理的全过程，对班级的全面管理具有重要的指导意义。

（1）主体性原则　主体性原则是指既要发挥教师作为班级管理的主体所具有的自主性、创造性和主动性，也要充分尊重幼儿作为学习者的主体地位。

教师在运用这一原则时应注意：①明确教师对班级管理的职责和权利；②作为班级管理者的教师应充分了解并把握班级的各种管理要素；③教师还应正确地理解和处理与作为被管理者的幼儿之间的关系。

（2）整体性原则　整体性原则指班级管理应面向全体幼儿并涉及班内所有管理要素。这一原则保证了班级全体幼儿的共同进步而不是部分幼儿的超常发展，也确保了班级各种管理要素得到充分的利用。

教师在运用这一原则时应注意：①教师对班级的管理不仅是对集体的管理，也是对幼儿个体的管理；②教师应充分利用班集体，起到整体的熏陶作用和约定作用；③班级管理不仅是人的管理，还涉及物、时间、空间等要素的管理。

（3）参与性原则　参与性原则是指教师在管理过程中不是以管理者身份高高在上，而是以多种形式参与幼儿的活动之中，在活动中民主、平等地对待幼儿，与幼儿共同开展有益的活动。

教师在运用这一原则时应注意：①教师参与活动应注意角色的不断变化，以适应幼儿活动的需要；②在某种场合，教师参与活动要根据幼儿的需要，取得幼儿的许可；③教师在参与活动中，指导和管理要适度。

（4）高效性原则　高效性原则是指教师进行班级管理时，要求以最少的人力、物力和时间，尽可能地使幼儿获得更多、更全面、更好的发展，使班级呈现积极向上的面貌。

教师在运用这一原则时应注意：①班级管理目标的确定要合理，计划的制订要科学；②班级管理计划的实施要严格而灵活；③班级管理方法要适宜，管理过程中重视检查反馈。

3．幼儿园班级管理的方法

保教人员必须掌握一定的班级管理方法。科学的班级管理方法是基本的工作技能。

（1）规则引导法　规则引导法是教师的常用方法，指用规则引导幼儿行为，使其与集体活动的方向和要求保持一致或确保幼儿自身安全的一种管理方法。使用规则引导法时，教师要注意：①规则的内容要明确且简单易行；②要提供给幼儿实践的机会，使幼儿在活动中掌握规则；③要保持规则的一贯性。

（2）情感沟通法　情感沟通法是指通过激发和利用师生间或幼儿间以及幼儿对环境的情感，从而引发或影响幼儿行为的方法。使用情感沟通法时，教师要注意：①要善于观察幼儿的情感表现；②要经常对幼儿进行移情训练；③要保持和蔼可亲的个人形象。

（3）互动指导法　互动指导法是指幼儿园教师、同伴、环境等相互作用的方法。班级活动过程就是由幼儿与不同对象互动的过程。使用互动指导法时，教师要注意：对师幼互动指导的适当性、适时性和适度性。

（4）榜样激励法　榜样激励法是指通过树立榜样并引导幼儿学习榜样以规范幼儿行为，从而达成管理目的的方法。教师在班级管理中利用具体的正面积极形象和成功的行为做示范，来引导和规范幼儿的行为。使用榜样激励法时，教师要注意：①榜样的选择要健康、形象、具体；②班集体中榜样的树立要公正，有权威性；③及时对幼儿表现的榜样行为作出反应。

（5）目标指引法　目标指引法是指教师以行为结果作为目标，引导幼儿的行为方向，规范幼儿行为方式的一种管理方法。使用目标指引法时，教师要注意：①目标要明确；②目标要切实可行，要具有吸引力；③目标与行为的联系要清晰可见。

【2020年下·论述题】试述幼儿园班级管理工作的主要内容。

【解析】幼儿园班级管理一般由生活管理、教育管理、其他管理等几方面组成，其他管理包含家园交流管理、班级间交流管理、幼儿社区活动管理等。其他方面的管理工作服务于幼儿的生活管理和教育管理。

【答案】

1. 生活管理

幼儿园班级生活管理是为了保证幼儿的身体正常发育、心理健康成长，保教人员围绕幼儿在园内的起居、饮食等生活方面的需要而进行的管理工作。管理工作是保育工作的主要内容，也是顺利进行班级管理和教育教学的必要条件。没有科学规范的生活管理，儿童就无法开展各种有目的、有规则的教育与游戏活动。

2. 教育管理

班级保教人员在班主任教师带领下对班级幼儿进行调查研究，对教育过程精心设计组织，对教育结果进行细致评估，这一系列的工作称为幼儿园班级教育管理。

3. 物品管理

人、财、物、时间、空间、信息是班级管理的重要因素，班级物品摆放得当，能给儿童一个整齐有序的环境，有利于儿童生活和活动，有利于儿童成长，同时也方便教师使用，班级物品包括小床、小被等生活用品，玩具、学具等学习用品以及钢琴、电视等教师教学物品。

4. 其他管理

幼儿园班级管理除了着重进行生活和保育教育活动管理外，还有许多与之相关的其他管理，如学习管理、环境管理、班级交流管理、家庭教育管理、社区活动管理等，它们也是班级常规管理的重要组成部分。

第十章 幼儿园教育法律法规

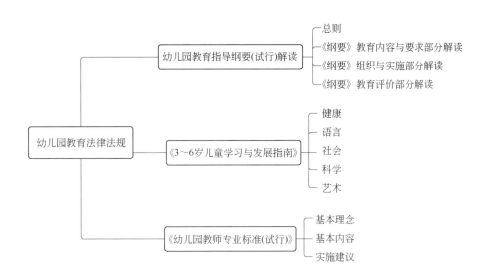

第一节 《幼儿园教育指导纲要（试行）》解读

2001 年 7 月，教育部颁发了《幼儿园教育指导纲要（试行）》，这标志着我国幼儿教育改革进入了一个新阶段。从结构来看，《纲要》由四个部分组成，即总则、教育内容与要求、组织与实施、教育评价。

第一部分 总则

一、为贯彻《中华人民共和国教育法》《幼儿园管理条例》和《幼儿园工作规程》，指导幼儿园深入实施素质教育，特制定本纲要。

【第一条说明了制定《纲要》的依据、原因、目的。】

二、幼儿园教育是基础教育的重要组成部分，是我国学校教育和终身教育的奠基阶段。城乡各类幼儿园都应该从实际出发，因地制宜地实施素质教育，为幼儿一生的发展打好基础。

【第二条说明了我国幼儿教育的性质和根本任务，即幼儿园教育是"基础教育的重要组成部分，是我国学校教育和终身教育的奠基阶段"，其根本任务则是"为幼儿一生的发展打好基础"。】

三、幼儿园应与家庭、社区密切合作，与小学相互衔接，综合利用各种教育资源，共同为幼儿的发展创造良好的条件。

【第三条规定我国幼儿园教育的外部原则，即：①适应社会变化，更新教育资源。②加强与家庭、社区的合作，积极利用各类外部资源，共享资源。③办开放、社会化的幼儿教育。】

四、幼儿园应为幼儿提供健康、丰富的生活和活动环境，满足他们多方面发展的需要，使他们在快乐的童年生活中获得有益于身心发展的经验。

【第四条指出了幼儿园教育自身的特点，即：①通过创设健康、丰富的生活和活动帮助幼儿学习。②幼儿通过与环境和他人的互动来获得经验。③幼儿在生活中发展，在发展中生活，通过与生活密切接触来成长。】

五、幼儿园教育应尊重幼儿的人格和权利，尊重幼儿身心发展的规律和学习特点，以游戏为基本活动，保教并重，关注个别差异，促进每个幼儿富有个性的发展。

【第五条规定了幼儿园教育的内部原则，即幼儿园教育过程中必须遵循的基本原则：①尊重幼儿的人格和权利。②尊重幼儿身心发展的规律和学习特点。③以游戏为基本活动。④保教并重。⑤关

注个别差异。】

第二部分 《纲要》教育内容与要求部分解读

一、确定了五大领域：健康、语言、社会、科学、艺术，旨在促进幼儿情感、态度、能力、知识、技能等方面的发展。

二、每一领域包括目标、内容与要求、指导要点三部分。

（一）目标：主要表明该领域重点追求什么，它主要的价值取向何在。

在目标表述上较多地使用了"体验、感受、喜欢、乐意"等词汇，突出了情感、兴趣、态度、个性等方面的价值取向，着眼于培养终身学习的基础和动力。

（二）内容与要求：主要说明为实现教育目标教师应该做什么，该怎么做。同时，将该领域的内容自然地负载其中。

（三）指导要点：一是点明该领域的教和学的特点；二是点明该领域特别应当注意的有普遍性的问题。

一、健康

（一）目标

1. 身体健康，在集体生活中情绪安定、愉快；
2. 生活、卫生习惯良好，有基本的生活自理能力；
3. 知道必要的安全保健常识，学习保护自己；
4. 喜欢参加体育活动，动作协调、灵活。

（二）内容与要求

1. 建立良好的师生、同伴关系，让幼儿在集体生活中感到温暖，心情愉快，形成安全感、信赖感。

2. 与家长配合，根据幼儿的需要建立科学的生活常规。培养幼儿良好的饮食、睡眠、盥洗、排泄等生活习惯和生活自理能力。

3. 教育幼儿爱清洁、讲卫生，注意保持个人和生活场所的整洁和卫生。

4. 密切结合幼儿的生活进行安全、营养和保健教育，提高幼儿的自我保护意识和能力。

5. 开展丰富多彩的户外游戏和体育活动，培养幼儿参加体育活动的兴趣和习惯，增强体质，提高对环境的适应能力。

6. 用幼儿感兴趣的方式发展基本动作，提高动作的协调性、灵活性。

7. 在体育活动中培养幼儿坚强、勇敢、不怕困难的意志品质和主动、乐观、合作的态度。

（三）指导要点

1. 幼儿园必须把保护幼儿的生命和促进幼儿的健康放在工作的首位。树立正确的健康观念，在重视幼儿身体健康的同时，要高度重视幼儿的心理健康。

2. 既要高度重视和满足幼儿受保护、受照顾的需要，又要尊重和满足他们不断增长的独立要求，避免过度保护和包办代替，鼓励并指导幼儿自理、自立的尝试。

3. 健康领域的活动要充分尊重幼儿生长发育的规律，严禁以任何名义进行有损幼儿健康的比赛、表演或训练等。

4. 培养幼儿对体育活动的兴趣是幼儿园体育的重要目标，要根据幼儿的特点组织生动有趣、形式多样的体育活动，吸引幼儿主动参与。

二、语言

（一）目标

1. 乐意与人交谈，讲话礼貌；
2. 注意倾听对方讲话，能理解日常用语；
3. 能清楚地说出自己想说的事；
4. 喜欢听故事，看图书；
5. 能听懂和会说普通话。

（二）内容与要求

1. 创造一个自由、宽松的语言交往环境，支持、鼓励、吸引幼儿与教师、同伴或其他人交谈，体验语言交流的乐趣，学习使用适当的、礼貌的语言交往。
2. 养成幼儿注意倾听的习惯，发展语言理解能力。
3. 鼓励幼儿大胆、清楚地表达自己的想法和感受，尝试说明、描述简单的事物或过程，发展语言表达能力和思维能力。
4. 引导幼儿接触优秀的儿童文学作品，使之感受语言的丰富和优美，并通过多种活动帮助幼儿加深对作品的体验和理解。
5. 培养幼儿对生活中常见的简单标记和文字符号的兴趣。
6. 利用图书、绘画和其他多种方式，引发幼儿对书籍、阅读和书写的兴趣，培养前阅读和前书写技能。
7. 提供普通话的语言环境，帮助幼儿熟悉、听懂并学说普通话。少数民族地区还应该帮助幼儿学习本民族语言。

（三）指导要点

1. 语言能力是在运用的过程中发展起来的，发展幼儿语言的关键是创设一个能使他们想说、敢说、喜欢说、有机会说并能得到积极应答的环境。
2. 幼儿语言的发展与其情感、经验、思维、社会交往能力等其他方面的发展密切相关，因此，发展幼儿语言的重要途径是通过互相渗透的各领域的教育，在丰富多彩的活动中去扩展幼儿的经验，提供促进语言发展的条件。
3. 幼儿的语言学习具有个别化的特点，教师与幼儿的个别交流、幼儿之间的自由交谈等，对幼儿语言发展具有特殊意义。
4. 对有语言障碍的儿童要给予特别关注，要与家长和有关方面密切配合，积极地帮助他们提高语言能力。

三、社会

（一）目标

1. 能主动地参与各项活动，有自信心；
2. 乐意与人交往，学习互助、合作和分享，有同情心；
3. 理解并遵守日常生活中基本的社会行为规则；
4. 能努力做好力所能及的事，不怕困难，有初步的责任感；
5. 爱父母长辈、老师和同伴，爱集体、爱家乡、爱祖国。

（二）内容与要求

1. 引导幼儿参加各种集体活动，体验与教师、同伴等共同生活的乐趣，帮助他们正确认识自己和他人，养成对他人、社会亲近、合作的态度，学习初步的人际交往技能。

2. 为每个幼儿提供表现自己长处和获得成功的机会，增强其自尊心和自信心。

3. 提供自由活动的机会，支持幼儿自主地选择、计划活动，鼓励他们通过多方面的努力解决问题，不轻易放弃克服困难的尝试。

4. 在共同的生活和活动中，以多种方式引导幼儿认识、体验并理解基本的社会行为规则，学习自律和尊重他人。

5. 教育幼儿爱护玩具和其他物品，爱护公物和公共环境。

6. 与家庭、社区合作，引导幼儿了解自己的亲人以及与自己生活有关的各行各业人们的劳动，培养其对劳动者的热爱和对劳动成果的尊重。

7. 充分利用社会资源，引导幼儿实际感受祖国文化的丰富与优秀，感受家乡的变化和发展，激发幼儿爱家乡、爱祖国的情感。

8. 适当向幼儿介绍我国各民族和世界其他国家、民族的文化，使其感知人类文化的多样性和差异性，培养理解、尊重、平等的态度。

（三）指导要点

1. 社会领域的教育具有潜移默化的特点。幼儿社会态度和社会情感的培养尤应渗透在多种活动和一日生活的各个环节之中，要创设一个能使幼儿感受到接纳、关爱和支持的良好环境，避免单一呆板的言语说教。

2. 幼儿与成人、同伴之间的共同生活、交往、探索、游戏等，是其社会学习的重要途径。应为幼儿提供人际间相互交往和共同活动的机会和条件，并加以指导。

3. 社会学习是一个漫长的积累过程，需要幼儿园、家庭和社会密切合作，协调一致，共同促进幼儿良好社会性品质的形成。

真题回顾

【2016 年下·简答题】简述幼儿社会学习的指导要点。

【答案】《幼儿园教育指导纲要（试行）》中社会教育的指导要点有以下三点。

1. 社会领域的教育具有潜移默化的特点。幼儿社会态度和社会情感的培养尤应渗透在多种活动和一日生活的各个环节之中，要创设一个能使幼儿感受到接纳、关爱和支持的良好环境，避免单一呆板的言语说教。

2. 幼儿与成人、同伴之间的共同生活、交往、探索、游戏等，是其社会学习的重要途径。应为幼儿提供人际间相互交往和共同活动的机会和条件，并加以指导。

3. 社会学习是一个漫长的积累过程，需要幼儿园、家庭和社会密切合作，协调一致，共同促进幼儿良好社会性品质的形成。

四、科学

（一）目标

1. 对周围的事物、现象感兴趣，有好奇心和求知欲；

2. 能运用各种感官，动手动脑，探究问题；

3. 能用适当的方式表达、交流探索的过程和结果；

4. 能从生活和游戏中感受事物的数量关系并体验到数学的重要和有趣；

5. 爱护动植物，关心周围环境，亲近大自然，珍惜自然资源，有初步的环保意识。

（二）内容与要求

1. 引导幼儿对身边常见事物和现象的特点、变化规律产生兴趣和探究的欲望。

2. 为幼儿的探究活动创造宽松的环境，让每个幼儿都有机会参与尝试，支持、鼓励他们大胆提出问题，发表不同意见，学会尊重别人的观点和经验。

3. 提供丰富的可操作的材料，为每个幼儿都能运用多种感官、多种方式进行探索提供活动的条件。

4. 通过引导幼儿积极参加小组讨论、探索等方式，培养幼儿合作学习的意识和能力，学习用多种方式表现、交流、分享探索的过程和结果。

5. 引导幼儿对周围环境中的数、量、形、时间和空间等现象产生兴趣，建构初步的数概念，并学习用简单的数学方法解决生活和游戏中某些简单的问题。

6. 从生活或媒体中幼儿熟悉的科技成果入手，引导幼儿感受科学技术对生活的影响，培养他们对科学的兴趣和对科学家的崇敬。

7. 在幼儿生活经验的基础上，帮助幼儿了解自然、环境与人类生活的关系。从身边的小事入手，培养初步的环保意识和行为。

（三）指导要点

1. 幼儿的科学教育是科学启蒙教育，重在激发幼儿的认识兴趣和探究欲望。

2. 要尽量创造条件让幼儿实际参加探究活动，使他们感受科学探究的过程和方法，体验发现的乐趣。

3. 科学教育应密切联系幼儿的实际生活进行，利用身边的事物与现象作为科学探索的对象。

五、艺术

（一）目标

1. 能初步感受并喜爱环境、生活和艺术中的美；
2. 喜欢参加艺术活动，并能大胆地表现自己的情感和体验；
3. 能用自己喜欢的方式进行艺术表现活动。

（二）内容与要求

1. 引导幼儿接触周围环境和生活中美好的人、事、物，丰富他们的感性经验和审美情趣，激发他们表现美、创造美的情趣。

2. 在艺术活动中面向全体幼儿，要针对他们的不同特点和需要，让每个幼儿都得到美的熏陶和培养。对有艺术天赋的幼儿要注意发展他们的艺术潜能。

3. 提供自由表现的机会，鼓励幼儿用不同艺术形式大胆地表达自己的情感、理解和想象，尊重每个幼儿的想法和创造，肯定和接纳他们独特的审美感受和表现方式，分享他们创造的快乐。

4. 在支持、鼓励幼儿积极参加各种艺术活动并大胆表现的同时，帮助他们提高表现的技能和能力。

5. 指导幼儿利用身边的物品或废旧材料制作玩具、手工艺品等来美化自己的生活或开展其他活动。

6. 为幼儿创设展示自己作品的条件，引导幼儿相互交流、相互欣赏、共同提高。

（三）指导要点

1. 艺术是实施美育的主要途径，应充分发挥艺术的情感教育功能，促进幼儿健全人格的形成。要避免仅仅重视表现技能或艺术活动的结果，而忽视幼儿在活动过程中的情感体验和态度的倾向。

2. 幼儿的创作过程和作品是他们表达自己的认识和情感的重要方式，应支持幼儿富有个性和创造性的表达，克服过分强调技能技巧和标准化要求的偏向。

3. 幼儿艺术活动的能力是在大胆表现的过程中逐渐发展起来的，教师的作用应主要在于激发幼儿感受美、表现美的情趣，丰富他们的审美经验，使之体验自由表达和创造的快乐。在此基础上，根据幼儿的发展状况和需要，对表现方式和技能技巧给予适时、适当的指导。

真题回顾

【2015年下·单项选择题】《幼儿园教育指导纲要（试行）》中的教育目标较多使用"体验""感受""喜欢""乐意"等词汇，这表明幼儿园教育强调（ ）。

A. 知识取向　　　　　　　　　　B. 情感态度取向

C. 能力取向　　　　　　　　　　D. 技能取向

【答案】B

【解析】幼儿园的五大领域教学目标从不同的角度最终都是促进幼儿情感、态度、能力、知识和技能的全面发展。情感领域的目标是由兴趣、态度、价值观与正确的判断力、适应性的发展目标组成，通常较多使用"体验""感受""喜欢""乐意"等词汇，故选B。

第三部分　《纲要》组织与实施部分解读

一、幼儿园的教育是为所有在园幼儿的健康成长服务的，要为每一个儿童，包括有特殊需要的儿童提供积极的支持与帮助。

【第一条说明了幼儿园教育组织实施的根本原则。】

二、幼儿园的教育活动，是教师以多种形式有目的、有计划地引导幼儿生动、活泼、主动活动的教育过程。

【第二条说明了幼儿园教育活动的含义。】

三、教育活动的组织与实施过程是教师创造性地开展工作的过程。教师要根据本《纲要》，从本地、本园的条件出发，结合本班幼儿的实际情况，制订切实可行的工作计划并灵活地执行。

四、教育活动目标要以《幼儿园工作规程》和本《纲要》所提出的各领域目标为指导，结合本班幼儿的发展水平、经验和需要来确定。

五、教育活动内容的选择应遵照本《纲要》第二部分的有关条款进行，同时体现以下原则：

（一）既适合幼儿的现有水平，又有一定的挑战性。

（二）既符合幼儿的现实需要，又有利于其长远发展。

（三）既贴近幼儿的生活来选择幼儿感兴趣的事物和问题，又有助于拓展幼儿的经验和视野。

六、教育活动内容的组织应充分考虑幼儿的学习特点和认识规律，各领域的内容要有机联系，相互渗透，注重综合性、趣味性、活动性，寓教育于生活、游戏之中。

【第三、四、五、六条说明了幼儿园教育活动的组织与实施的基本原则。】

七、教育活动的组织形式应根据需要合理安排，因时、因地、因内容、因材料灵活地运用。

【第七条说明了幼儿园教育活动的组织形式。】

八、环境是重要的教育资源，应通过环境的创设和利用，有效地促进幼儿的发展。

（一）幼儿园的空间、设施、活动材料和常规要求等应有利于引发、支持幼儿的游戏和各种探索活动，有利于引发、支持幼儿与周围环境之间积极的相互作用。

（二）幼儿同伴群体及幼儿园教师集体是宝贵的教育资源，应充分发挥这一资源的作用。

（三）教师的态度和管理方式应有助于形成安全、温馨的心理环境；言行举止应成为幼儿学习的良好榜样。

（四）家庭是幼儿园重要的合作伙伴。应本着尊重、平等、合作的原则，争取家长的理解、支持和主动参与，并积极支持、帮助家长提高教育能力。

（五）充分利用自然环境和社区的教育资源，扩展幼儿生活和学习的空间。幼儿园同时应为社区的早期教育提供服务。

【第八条说明了幼儿园环境是重要的教育资源。】

九、科学、合理地安排和组织一日生活。

（一）时间安排应有相对的稳定性与灵活性，既有利于形成秩序，又能满足幼儿的合理需要，照顾到个体差异。

（二）教师直接指导的活动和间接指导的活动相结合，保证幼儿每天有适当的自主选择和自由活动时间。教师直接指导的集体活动要能保证幼儿的积极参与，避免时间的隐性浪费。

（三）尽量减少不必要的集体行动和过渡环节，减少和消除消极等待现象。

（四）建立良好的常规，避免不必要的管理行为，逐步引导幼儿学习自我管理。

【第九条说明了幼儿园要科学合理地安排和组织一日生活。】

真题回顾

【2016年下·单项选择题】活动区活动结束了，可是曼曼的"游乐园"还没搭完，他跟教师说："老师，我还差一点儿就完成了，再给我 5 分钟，好吗？"老师说："行，我等你"，一边说，一边指导其他幼儿收拾玩具，该教师的做法体现了幼儿园一日生活安排应该（ ）。

A．与幼儿积极互动　　　　　　　　B．根据幼儿的活动需要灵活调整

C．按照作息时间按部就班地进行　　D．随时关注幼儿的活动

【答案】B

【解析】活动中教师根据曼曼的活动可以灵活地调整一日生活安排的时间，体现了《幼儿园教育指导纲要（试行）》提出的：科学合理地安排和组织一日生活，其中时间安排应有相对的稳定性与灵活性，既有利于形成秩序，又能满足幼儿的合理需要，照顾到个别差异。故选 B。

十、教师应成为幼儿学习活动的支持者、合作者、引导者。

（一）以关怀、接纳、尊重的态度和幼儿交往。耐心倾听，努力理解幼儿的想法与感受，支持、鼓励他们大胆探索与表达。

（二）善于发现幼儿感兴趣的事物、游戏和偶发事件中所隐含的教育价值，把握时机，积极引导。

（三）关注幼儿在活动中的表现和反应，敏感地觉察他们的需要，及时以适当的方式应答，形成合作探究式的师生互动。

（四）尊重幼儿在发展水平、能力、经验、学习方式等方面的个体差异，因人施教，努力使每一个幼儿都能获得满足和成功。

（五）关注幼儿的特殊需要，包括各种发展潜能和不同发展障碍，与家庭密切配合，共同促进幼儿健康成长。

【第十条说明了教师在活动的组织与实施中的角色和作用。】

十一、幼儿园教育要与 0～3 岁儿童的保育教育以及小学教育相互衔接。

《纲要》的第三部分是组织与实施。其十一个条目中贯穿着尊重幼儿的权利，尊重教师的创造，尊重幼儿在学习特点、发展水平、个性特征等方面的差异，尊重幼儿身心发展的客观规律，尊重教育、教学的客观规律等理念与观点，突出了幼儿园教育组织实施中的教育性、主动性、开放性、针对性、灵活性等原则。

1.【2018年下·单项选择题】幼儿园教师应该是（　　）。

A. 幼儿学习的引导者、决策者和管理者

B. 幼儿学习的支持者、合作者和引导者

C. 幼儿学习的引导者、传授者和控制者

D. 幼儿学习的管理者、决策者和传授者

【答案】B

【解析】《幼儿园教育指导纲要（试行）》中指出："教师应成为幼儿学习活动的支持者、合作者、引导者。"故选B。

2.【2019年上·单项选择题】幼儿园教师要能接住幼儿抛来的"球"，并用恰当的方式把"球"抛回给幼儿，让活动能持续下去，这里所体现的教师角色是（　　）。

A. 幼儿学习活动的指导者　　　　　　　B. 幼儿学习活动的管理者

C. 幼儿学习活动的设计者　　　　　　　D. 幼儿学习活动的合作者

【答案】D

【解析】题干中要求教师关注幼儿在活动中的表现与反应，敏感地觉察他们的需要，及时以适当的方式应答，形成合作探究式的师生互动，这符合教师作为合作者的定位。故选D。

第四部分　《纲要》教育评价部分解读

一、教育评价是幼儿园教育工作的重要组成部分，是了解教育的适宜性、有效性，调整和改进工作，促进每一个幼儿发展，提高教育质量的必要手段。

【第一条说明了幼儿园教育评价的功能是"促进幼儿发展，提高教育质量"。】

二、管理人员、教师、幼儿及其家长均是幼儿园教育评价工作的参与者。评价过程是各方共同参与、相互支持和合作的过程。

【第二条说明了幼儿园教育评价的主体。这一点可以看出，幼儿园的评价体系应该是一种多层次、多主体参与的评价体系，它一改以往管理者为主的单一评价主体的现象，这也是教育过程逐步民主化、人性化发展进程的体现，将评价变成主动参与、自我反思、自我教育、自我发展的过程。】

三、评价的过程，是教师运用专业知识审视教育实践，发现、分析、研究、解决问题的过程，也是其自我成长的重要途径。

四、幼儿园教育工作评价实行以教师自评为主，园长以及有关管理人员、其他教师和家长等参与评价的制度。

五、评价应自然地伴随着整个教育过程进行，综合采用观察、谈话、作品分析等多种方法。

【总结：评价过程与方法（一）评价教师发现、分析、研究和解决问题的过程；（二）教师自评为主，其他人员参与；（三）综合采用多种方法，自然贯穿教育过程。】

六、幼儿的行为表现和发展变化具有重要的评价意义，教师应视之为重要的评价信息和改进工作的依据。

七、教育工作评价宜重点考察以下方面：

（一）教育计划和教育活动的目标是否建立在了解本班幼儿现状的基础上。

（二）教育的内容、方式、策略、环境条件是否能调动幼儿学习的积极性。

（三）教育过程是否能为幼儿提供有益的学习经验，并符合其发展需要。

（四）教育内容、要求能否兼顾群体需要和个体差异，使每个幼儿都能得到发展，都有成功感。

（五）教师的指导是否有利于幼儿主动、有效地学习。

【第七条说明了教育评价的主要内容，包括：（一）教育计划与活动目标是否基于儿童现状；（二）教育内容、方式、策略、环境能否调动儿童积极性；（三）教育过程能否提供有益经验、满足需要；（四）教育内容和要求能否兼顾群体需要和个体差异；（五）教师指导是否有利于幼儿主

动、有效学习。】

八、对幼儿发展状况的评估，要注意：

（一）明确评价的目的是了解幼儿的发展需要，以便提供更加适宜的帮助和指导。

（二）全面了解幼儿的发展状况，防止片面性，尤其要避免只重知识和技能，忽略情感、社会性和实际能力的倾向。

（三）在日常活动与教育教学过程中采用自然的方法进行。平时观察所获的具有典型意义的幼儿行为表现和所积累的各种作品等，是评价的重要依据。

（四）承认和关注幼儿的个体差异，避免用划一的标准评价不同的幼儿，在幼儿面前慎用横向的比较。

（五）以发展的眼光看待幼儿，既要了解现有水平，更要关注其发展的速度、特点和倾向等。

【第八条说明了幼儿园发展评价的原则：（一）评价要能促进儿童发展；（二）评价要能全面了解幼儿发展状况；（三）应采用自然的评价方法；（四）评价标准要多元，避免横向比较；（五）以发展的眼光看待幼儿。】

《纲要》的第四部分围绕幼儿园教育评价，提出了评价的发展性、合作性、标准的多元性，以及多角度、多立体、多方法，重视过程，重视差异，重视质性研究等原则。明确规定了评价的目的是幼儿的发展、教师的成长和提高教育质量。这就是说，幼儿园评价绝非用于筛选、排队，不是用于给幼儿贴标签，伤害他们的自尊和信心，给他们的成长蒙上阴影。《纲要》在这一基点上分别明确指出了评价教育工作和评价幼儿发展状况的具体原则和注意事项。

第二节　《3～6岁儿童学习与发展指南》

《3～6岁儿童学习与发展指南》原文内容如下。

一、为深入贯彻《国家中长期教育改革和发展规划纲要（2010—2020年）》和《国务院关于当前发展学前教育的若干意见》（国发〔2010〕41号），指导幼儿园和家庭实施科学的保育和教育，促进幼儿身心全面和谐发展，制定《3～6岁儿童学习与发展指南》（以下简称《指南》）。

二、《指南》以为幼儿后继学习和终身发展奠定良好素质基础为目标，以促进幼儿体、智、德、美各方面的协调发展为核心，通过提出3～6岁各年龄段儿童学习与发展目标和相应的教育建议，帮助幼儿园教师和家长了解3～6岁幼儿学习与发展的基本规律和特点，建立对幼儿发展的合理期望，实施科学的保育和教育，让幼儿度过快乐而有意义的童年。

三、《指南》从健康、语言、社会、科学、艺术五个领域描述幼儿的学习与发展。每个领域按照幼儿学习与发展最基本、最重要的内容划分为若干方面。每个方面由学习与发展目标和教育建议两部分组成。

目标部分分别对3～4岁、4～5岁、5～6岁三个年龄段末期幼儿应该知道什么、能做什么，大致可以达到什么发展水平提出了合理期望，指明了幼儿学习与发展的具体方向；教育建议部分列举了一些能够有效帮助和促进幼儿学习与发展的教育途径与方法。

四、实施《指南》应把握以下几个方面。

1. 关注幼儿学习与发展的整体性。儿童的发展是一个整体，要注重领域之间、目标之间的相互渗透和整合，促进幼儿身心全面协调发展，而不应片面追求某一方面或几方面的发展。

2. 尊重幼儿发展的个体差异。幼儿的发展是一个持续、渐进的过程，同时也表现出一定的阶段性特征。每个幼儿在沿着相似进程发展的过程中，各自的发展速度和到达某一水平的时间不完全相同。要充分理解和尊重幼儿发展进程中的个别差异，支持和引导他们从原有水平向更高水平发展，按照自身的速度和方式到达《指南》所呈现的发展"阶梯"，切忌用一把"尺子"衡量所有幼儿。

3. 理解幼儿的学习方式和特点。幼儿的学习是以直接经验为基础，在游戏和日常生活中进行的。要珍视游戏和生活的独特价值，创设丰富的教育环境，合理安排一日生活，最大限度地支持和满足幼儿通过直接感知、实际操作和亲身体验获取经验的需要，严禁"拔苗助长"式的超前教育和强化训练。

4. 重视幼儿的学习品质。幼儿在活动过程中表现出的积极态度和良好行为倾向是终身学习与发展所必需的宝贵品质。要充分尊重和保护幼儿的好奇心和学习兴趣，帮助幼儿逐步养成积极主动、认真专注、不怕困难、敢于探究和尝试、乐于想象和创造等良好学习品质。忽视幼儿学习品质培养，单纯追求知识技能学习的做法是短视而有害的。

一、健康

健康是指人在身体、心理和社会适应方面的良好状态。幼儿阶段是儿童身体发育和机能发展极为迅速的时期，也是形成安全感和乐观态度的重要阶段。发育良好的身体、愉快的情绪、强健的体质、协调的动作、良好的生活习惯和基本生活能力是幼儿身心健康的重要标志，也是其他领域学习与发展的基础。

为有效促进幼儿身心健康发展，成人应为幼儿提供合理均衡的营养，保证充足的睡眠和适宜的锻炼，满足幼儿生长发育的需要；创设温馨的人际环境，让幼儿充分感受到亲情和关爱，形成积极稳定的情绪情感；帮助幼儿养成良好的生活与卫生习惯，提高自我保护能力，形成使其终身受益的生活能力和文明生活方式。

幼儿身心发育尚未成熟，需要成人的精心呵护和照顾，但不宜过度保护和包办代替，以免剥夺幼儿自主学习的机会，养成过于依赖的不良习惯，影响其主动性、独立性的发展。

（一）身心状况

目标1　具有健康的体态

3~4岁	4~5岁	5~6岁
1. 身高和体重适宜。 参考标准： 男孩： 身高：94.9~111.7厘米 体重：12.7~212千克	1. 身高和体重适宜。 参考标准： 男孩： 身高：100.7~119.2厘米 体重：14.1~24.2千克	1. 身高和体重适宜。 参考标准： 男孩： 身高：106.1~125.8厘米 体重：15.9~27.1千克
女孩： 身高：94.1~111.3厘米 体重：12.3~21.5千克 2. 在提醒下能自然坐直、站直	女孩： 身高：99.9~118.9厘米 体重：13.7~24.9千克 2. 在提醒下能保持正确的站、坐和行走姿势	女孩： 身高：104.9~125.4厘米 体重：15.3~27.8千克 2. 经常保持正确的站、坐和行走姿势

注：身高和体重数据来源于《2006年世界卫生组织儿童生长标准》4、5、6周岁儿童身高和体重的参考数据。

教育建议：

1. 为幼儿提供营养丰富、健康的饮食。如：

● 参照《中国孕期、哺乳期妇女和0~6岁儿童膳食指南》，为幼儿提供谷物、蔬菜、水果、肉、奶、蛋、豆制品等多样化的食物，均衡搭配。

● 烹调方式要科学，尽量少煎炸、烧烤、腌制。

2. 保证幼儿每天睡11~12小时，其中午睡一般应达到2小时左右。午睡时间可根据幼儿的年龄、季节的变化和个体差异适当减少。

3. 注意幼儿的体态，帮助他们形成正确的姿势。如：

● 提醒幼儿要保持正确的站、坐、走姿势；发现有八字脚、罗圈腿、驼背等骨骼发育异常的情况，应及时就医矫治。

● 桌、椅和床要合适。椅子的高度以幼儿写画时双脚能自然着地、大腿基本保持水平状为宜；桌子的高度以写画时身体能坐直，不驼背，不耸肩为宜；床不宜过软。

4. 每年为幼儿进行健康检查。

目标 2　情绪安定愉快

3～4岁	4～5岁	5～6岁
1. 情绪比较稳定，很少因一点小事哭闹不止。 2. 有比较强烈的情绪反应时，能在成人的安抚下逐渐平静下来	1. 经常保持愉快的情绪，不高兴时能较快缓解。 2. 有比较强烈的情绪反应时，能在成人的提醒下逐渐平静下来。 3. 愿意把自己的情绪告诉亲近的人，一起分享快乐或求得安慰	1. 经常保持愉快的情绪。知道引起自己某种情绪的原因，并努力缓解。 2. 表达情绪的方式比较适度，不乱发脾气。 3. 能随着活动的需要转换情绪和注意

教育建议：

1. 营造温暖、轻松的心理环境，让幼儿形成安全感和信赖感。如：

● 保持良好的情绪状态，以积极、愉快的情绪影响幼儿。

● 以欣赏的态度对待幼儿。注意发现幼儿的优点，接纳他们的个体差异，不简单与同伴做横向比较。

● 幼儿做错事时要冷静处理，不厉声斥责，更不能打骂。

2. 帮助幼儿学会恰当表达和调控情绪。如：

● 成人用恰当的方式表达情绪，为幼儿做出榜样。如生气时不乱发脾气，不迁怒于人。

● 成人和幼儿一起谈论自己高兴或生气的事，鼓励幼儿与人分享自己的情绪。

● 允许幼儿表达自己的情绪，并给予适当的引导。如幼儿发脾气时不硬性压制，等其平静后告诉他什么行为是可以接受的。

● 发现幼儿不高兴时，主动询问情况，帮助他们化解消极情绪。

目标 3　具有一定的适应能力

3～4岁	4～5岁	5～6岁
1. 能在较热或较冷的户外环境中活动。 2. 换新环境时情绪能较快稳定，睡眠、饮食基本正常。 3. 在帮助下能较快适应集体生活	1. 能在较热或较冷的户外环境中连续活动半小时左右。 2. 换新环境时较少出现身体不适。 3. 能较快适应人际环境中发生的变化。 如换了新老师能较快适应	1. 能在较热或较冷的户外环境中连续活动半小时以上。 2. 天气变化时较少感冒，能适应车、船等交通工具造成的轻微颠簸。 3. 能较快融入新的人际关系环境。如换了新的幼儿园或班级能较快适应

教育建议：

1. 保证幼儿的户外活动时间，提高幼儿适应季节变化的能力。

● 幼儿每天的户外活动时间一般不少于 2 小时，其中体育活动时间不少于 1 小时，季节交替时要坚持。

● 气温过热或过冷的季节或地区应因地制宜，选择温度适当的时间段开展户外活动，也可根据气温的变化和幼儿的个体差异，适当减少活动的时间。

2. 经常与幼儿玩拉手转圈、秋千、转椅等游戏活动，让幼儿适应轻微的摆动、颠簸、旋转，促进其平衡机能的发展。

3. 锻炼幼儿适应生活环境变化的能力。如：

● 注意观察幼儿在新环境中的饮食、睡眠、游戏等方面的情况，采取相应的措施帮助他们尽快适应新环境。

● 经常带幼儿接触不同的人际环境，如参加亲戚朋友聚会，多和不熟悉的小朋友玩，使幼儿较快适应新的人际关系。

（二）动作发展

目标 1　具有一定的平衡能力，动作协调、灵敏

3～4岁	4～5岁	5～6岁
1. 能沿地面直线或在较窄的低矮物体上走一段距离。 2. 能双脚灵活交替上下楼梯。 3. 能身体平稳地双脚连续向前跳。 4. 分散跑时能躲避他人的碰撞。 5. 能双手向上抛球	1. 能在较窄的低矮物体上平稳地走一段距离。 2. 能以匍匐、膝盖悬空等多种方式钻爬。 3. 能助跑跨跳过一定距离，或助跑跨跳过一定高度的物体。 4. 能与他人玩追逐、躲闪跑的游戏。 5. 能连续自抛自接球	1. 能在斜坡、荡桥和有一定间隔的物体上较平稳地行走。 2. 能以手脚并用的方式安全地爬攀登架、网等。 3. 能连续跳绳。 4. 能躲避他人滚过来的球或扔过来的沙包。 5. 能连续拍球

教育建议：

1. 利用多种活动发展身体平衡和协调能力。如：

● 走平衡木，或沿着地面直线、田埂行走。

● 玩跳房子、踢毽子、蒙眼走路、踩小高跷等游戏活动。

2. 发展幼儿动作的协调性和灵活性。如：

● 鼓励幼儿进行跑跳、钻爬、攀登、投掷、拍球等活动。

● 玩跳竹竿、滚铁环等传统体育游戏。

3. 对于拍球、跳绳等技能性活动，不要过于要求数量，更不能机械训练。

4. 结合活动内容对幼儿进行安全教育，注重在活动中培养幼儿的自我保护能力。

目标 2　具有一定的力量和耐力

3～4岁	4～5岁	5～6岁
1. 能双手抓杠悬空吊起10秒左右。 2. 能单手将沙包向前投掷2米左右。 3. 能单脚连续向前跳2米左右。 4. 能快跑15米左右。 5. 能行走1千米左右（途中可适当停歇）	1. 能双手抓杠悬空吊起15秒左右。 2. 能单手将沙包向前投掷4米左右。 3. 能单脚连续向前跳5米左右。 4. 能快跑20米左右。 5. 能连续行走1.5千米左右（途中可适当停歇）	1. 能双手抓杠悬空吊起20秒左右。 2. 能单手将沙包向前投掷5米左右。 3. 能单脚连续向前跳8米左右。 4. 能快跑25米左右。 5. 能连续行走1.5千米以上（途中可适当停歇）

教育建议：

1. 开展丰富多样、适合幼儿年龄特点的各种身体活动，如走、跑、跳、攀、爬等，鼓励幼儿坚持下来，不怕累。

2. 日常生活中鼓励幼儿多走路、少坐车；自己上下楼梯，自己背包。

目标 3　手的动作灵活协调

3～4岁	4～5岁	5～6岁
1. 能用笔涂涂画画。 2. 能熟练地用勺子吃饭。 3. 能用剪刀沿直线剪，边线基本吻合	1. 能沿边线较直地画出简单图形，或能边线基本对齐地折纸。 2. 会用筷子吃饭。 3. 能沿轮廓线剪出由直线构成的简单图形，边线吻合	1. 能根据需要画出图形，线条基本平滑。 2. 能熟练使用筷子。 3. 能沿轮廓线剪出由曲线构成的简单图形，边线吻合且平滑。 4. 能使用简单的劳动工具或用具

教育建议:

1. 创造条件和机会，促进幼儿手的动作灵活协调。如:

● 提供画笔、剪刀、纸张、泥团等工具和材料，或充分利用各种自然、废旧材料和常见物品，让幼儿进行画、剪、折、粘等美工活动。

● 引导幼儿生活自理或参与家务劳动，发展其手的动作。如练习自己用筷子吃饭、扣扣子，帮助家人择菜叶、做面食等。

● 幼儿园在布置娃娃家、商店等活动区时，多提供原材料和半成品，让幼儿有更多机会参与制作活动。

2. 引导幼儿注意活动安全。如:

● 为幼儿提供的塑料粒、珠子等活动材料要足够大，材质要安全，以免造成异物进入气管、铅中毒等伤害。提供幼儿用安全剪刀。

● 为幼儿示范拿筷子、握笔的正确姿势以及使用剪刀、锤子等工具的方法。

● 提醒幼儿不要拿剪刀等锋利工具玩耍，用完后要放回原处。

（三）生活习惯与生活能力

目标1　具有良好的生活与卫生习惯

3~4岁	4~5岁	5~6岁
1. 在提醒下，按时睡觉和起床，并能坚持午睡。	1. 每天按时睡觉和起床，并能坚持午睡。	1. 养成每天按时睡觉和起床的习惯。
2. 喜欢参加体育活动。	2. 喜欢参加体育活动。	2. 能主动参加体育活动。
3. 在引导下，不偏食、挑食。喜欢吃瓜果、蔬菜等新鲜食品。	3. 不偏食，挑食，不暴饮暴食。喜欢吃瓜果、蔬菜等新鲜食品。	3. 吃东西时细嚼慢咽。
4. 愿意饮用白开水，不贪喝饮料。	4. 常喝白开水，不贪喝饮料。	4. 主动饮用白开水，不贪喝饮料。
5. 不用脏手揉眼睛，连续看电视等不超过15分钟。	5. 知道保护眼睛，不在光线过强或过暗的地方看书，连续看电视等不超过20分钟。	5. 主动保护眼睛，不在光线过强或过暗的地方看书，连续看电视等不超过30分钟。
6. 在提醒下，每天早晚刷牙、饭前便后洗手	6. 每天早晚刷牙、饭前便后洗手，方法基本正确	6. 每天早晚主动刷牙，饭前便后主动洗手，方法正确

教育建议:

1. 让幼儿保持有规律的生活，养成良好的作息习惯。如:早睡早起、每天午睡、按时进餐、吃好早餐等。

2. 帮助幼儿养成良好的饮食习惯。如:

● 合理安排餐点，帮助幼儿养成定点、定时、定量进餐的习惯。

● 帮助幼儿了解食物的营养价值，引导他们不偏食、不挑食，少吃或不吃不利于健康的食品;多喝白开水，少喝饮料。

● 吃饭时不过分催促，提醒幼儿细嚼慢咽，不要边吃边玩。

3. 帮助幼儿养成良好的个人卫生习惯。如:

● 早晚刷牙、饭后漱口。

● 勤为幼儿洗澡、换衣服、剪指甲。

● 提醒幼儿保护五官，如不乱挖耳朵、鼻孔，看电视时保持3米左右的距离等。

4. 激发幼儿参加体育活动的兴趣，养成锻炼的习惯。如:

● 为幼儿准备多种体育活动材料，鼓励他选择自己喜欢的材料开展活动。

● 经常和幼儿一起在户外运动和游戏，鼓励幼儿和同伴一起开展体育活动。

● 和幼儿一起观看体育比赛或有关体育赛事的电视节目，培养他对体育活动的兴趣。

目标 2　具有基本的生活自理能力

3～4 岁	4～5 岁	5～6 岁
1.在帮助下能穿脱衣服或鞋袜。 2.能将玩具和图书放回原处	1.能自己穿脱衣服、鞋袜、扣纽扣。 2.能整理自己的物品	1.能知道根据冷热增减衣服。 2.会自己系鞋带。 3.能按类别整理好自己的物品

教育建议:

1. 鼓励幼儿做力所能及的事情,对幼儿的尝试与努力给予肯定,不因做不好或做得慢而包办代替。

2. 指导幼儿学习和掌握生活自理的基本方法,如穿脱衣服和鞋袜、洗手洗脸、擦鼻涕、擦屁股的正确方法。

3. 提供有利于幼儿生活自理的条件。如:

● 提供一些纸箱、盒子,供幼儿收拾和存放自己的玩具、图书或生活用品等。

● 幼儿的衣服、鞋子等要简单实用,便于自己穿脱。

目标 3　具备基本的安全知识和自我保护能力

3～4 岁	4～5 岁	5～6 岁
1. 不吃陌生人给的东西,不跟陌生人走。 2. 在提醒下能注意安全,不做危险的事。 3. 在公共场所走失时,能向警察或有关人员说出自己和家长的名字、电话号码等简单信息	1. 知道在公共场合不远离成人的视线单独活动。 2. 认识常见的安全标志,能遵守安全规则。 3. 运动时能主动躲避危险。 4. 知道简单的求助方式	1. 未经大人允许不给陌生人开门。 2. 能自觉遵守基本的安全规则和交通规则。 3. 运动时能注意安全,不给他人造成危险。 4. 知道一些基本的防灾知识

教育建议:

1. 创设安全的生活环境,提供必要的保护措施。如:

● 要把热水瓶、药品、火柴、刀具等物品放到幼儿够不到的地方;阳台或窗台要有安全保护措施;要使用安全的电源插座等。

● 在公共场所要注意照看好幼儿;幼儿乘车、乘电梯时要有成人陪伴;不把幼儿单独留在家里或汽车里等。

2. 结合生活实际对幼儿进行安全教育。如:

● 外出时,提醒幼儿要紧跟成人,不远离成人的视线,不跟陌生人走,不吃陌生人给的东西;不在河边和马路边玩耍;要遵守交通规则等。

● 帮助幼儿了解周围环境中不安全的事物,不做危险的事。如不动热水壶,不玩火柴或打火机,不摸电源插座,不攀爬窗户或阳台等。

● 帮助幼儿认识常见的安全标志,如:小心触电、小心有毒、禁止下河游泳、紧急出口等。

● 告诉幼儿不允许别人触摸自己的隐私部位。

3. 教给幼儿简单的自救和求救的方法。如:

● 记住自己家庭的住址、电话号码、父母的姓名和单位,一旦走失时知道向成人求助,并能提供必要信息。

● 遇到火灾或其他紧急情况时,知道要拨打 110、120、119 等求救电话。

● 可利用图书、音像等材料对幼儿进行逃生和求救方面的教育,并运用游戏方式模拟练习。

● 幼儿园应定期进行火灾、地震等自然灾害的逃生演习。

二、语言

语言是交流和思维的工具。幼儿期是语言发展,特别是口语发展的重要时期。幼儿语言的发展贯穿于各个领域，也对其他领域的学习与发展有着重要的影响：幼儿在运用语言进行交流的同时，也在发展着人际交往能力、理解他人和判断交往情境的能力、组织自己思想的能力。通过语言获取信息，幼儿的学习逐步超越个体的直接感知。

幼儿的语言能力是在交流和运用的过程中发展起来的。应为幼儿创设自由、宽松的语言交往环境，鼓励和支持幼儿与成人、同伴交流，让幼儿想说、敢说、喜欢说并能得到积极回应。为幼儿提供丰富、适宜的低幼读物，经常和幼儿一起看图书、讲故事，丰富其语言表达能力，培养阅读兴趣和良好的阅读习惯，进一步拓展学习经验。

幼儿的语言学习需要相应的社会经验支持，应通过多种活动扩展幼儿的生活经验，丰富语言的内容，增强理解和表达能力。应在生活情境和阅读活动中引导幼儿自然而然地产生对文字的兴趣，用机械记忆和强化训练的方式让幼儿过早识字不符合其学习特点和接受能力。

（一）倾听与表达

目标1　认真听并能听懂常用语言

3~4岁	4~5岁	5~6岁
1. 别人对自己说话时能注意听并做出回应。 2. 能听懂日常会话	1. 在群体中能有意识地听与自己有关的信息。 2. 能结合情境感受到不同语气、语调所表达的不同意思。 3. 方言地区和少数民族幼儿能基本听懂普通话	1. 在集体中能注意听老师或其他人讲话。 2. 听不懂或有疑问时能主动提问。 3. 能结合情境理解一些表示因果、假设等相对复杂的句子

教育建议：

1. 多给幼儿提供倾听和交谈的机会。如：经常和幼儿一起谈论他感兴趣的话题，或一起看图书、讲故事。

2. 引导幼儿学会认真倾听。如：

● 成人要耐心倾听别人（包括幼儿）的讲话，等别人讲完再表达自己的观点。

● 与幼儿交谈时，要用幼儿能听得懂的语言。

● 对幼儿提要求和布置任务时要求他注意听，鼓励他主动提问。

3. 对幼儿讲话时，注意结合情境使用丰富的语言，以便于幼儿理解。如：

● 说话时注意语气、语调，让幼儿感受语气、语调的作用。如对幼儿的不合理要求以比较坚定的语气表示不同意；讲故事时，尽量把故事人物高兴、悲伤的心情用不同的语气、语调表现出来。

● 根据幼儿的理解水平有意识地使用一些反映因果、假设、条件等关系的句子。

目标2　愿意讲话并能清楚地表达

3~4岁	4~5岁	5~6岁
1. 愿意在熟悉的人面前说话，能大方地与人打招呼。 2. 基本会说本民族或本地区的语言。 3. 愿意表达自己的需要和想法，必要时能配以手势动作。 4. 能口齿清楚地说儿歌、童谣或复述简短的故事	1. 愿意与他人交谈，喜欢谈论自己感兴趣的话题。 2. 会说本民族或本地区的语言，基本会说普通话。少数民族聚居地区幼儿会用普通话进行日常会话。 3. 能基本完整地讲述自己的所见所闻和经历的事情。 4. 讲述比较连贯	1. 愿意与他人讨论问题，敢在众人面前说话。 2. 会说本民族或本地区的语言和普通话，发音正确清晰。少数民族聚居地区幼儿基本会说普通话。 3. 能有序、连贯、清楚地讲述一件事情。 4. 讲述时能使用常见的形容词、同义词等，语言比较生动

教育建议：

1. 为幼儿创造说话的机会并体验语言交往的乐趣。

● 每天有足够的时间与幼儿交谈。如谈论他感兴趣的话题，询问和听取他对自己事情的意见等。

● 尊重和接纳幼儿的说话方式，无论幼儿的表达水平如何，都应认真地倾听并给予积极的回应。

● 鼓励和支持幼儿与同伴一起玩耍、交谈，相互讲述见闻、趣事或看过的图书、动画片等。

● 方言和少数民族地区应积极为幼儿创设用普通话交流的语言环境。

2. 引导幼儿清楚地表达。如：

● 和幼儿讲话时，成人自身的语言要清楚、简洁。

● 当幼儿因为急于表达而说不清楚的时候，提醒他不要着急，慢慢说；同时要耐心倾听，给予必要的补充，帮助他理清思路并清晰地说出来。

目标3　具有文明的语言习惯

3~4岁	4~5岁	5~6岁
1. 与别人讲话时知道眼睛要看着对方。 2. 说话自然，声音大小适中。 3. 能在成人的提醒下使用恰当的礼貌用语	1. 别人对自己讲话时能回应。 2. 能根据场合调节自己说话声音的大小。 3. 能主动使用礼貌用语，不说脏话、粗话	1. 别人讲话时能积极主动地回应。 2. 能根据谈话对象和需要，调整说话的语气。 3. 懂得按次序轮流讲话，不随意打断别人。 4. 能依据所处情境使用恰当的语言。如在别人难过时会用恰当的语言表示安慰

教育建议：

1. 成人注意语言文明，为幼儿做出表率。如：

● 与他人交谈时，认真倾听，使用礼貌用语。

● 在公共场合不大声说话，不说脏话、粗话。

● 幼儿表达意见时，成人可蹲下来，眼睛平视幼儿，耐心听他把话说完。

2. 帮助幼儿养成良好的语言行为习惯。如：

● 结合情境提醒幼儿一些必要的交流礼节。如对长辈说话要有礼貌，客人来访时要打招呼，得到帮助时要说谢谢等。

● 提醒幼儿遵守集体生活的语言规则，如轮流发言，不随意打断别人讲话等。

● 提醒幼儿注意公共场所的语言文明，如不大声喧哗。

（二）阅读与书写准备

目标1　喜欢听故事，看图书

3~4岁	4~5岁	5~6岁
1. 主动要求成人讲故事、读图书。 2. 喜欢跟读韵律感强的儿歌、童谣。 3. 爱护图书，不乱撕、乱扔	1. 反复看自己喜欢的图书。 2. 喜欢把听过的故事或看过的图书讲给别人听。 3. 对生活中常见的标识、符号感兴趣，知道它们表示一定的意义	1. 专注地阅读图书。 2. 喜欢与他人一起谈论图书和故事的有关内容。 3. 对图书和生活情境中的文字符号感兴趣，知道文字表示一定的意义

教育建议：

1. 为幼儿提供良好的阅读环境和条件。如：

● 提供一定数量、符合幼儿年龄特点、富有童趣的图画书。

● 提供相对安静的地方，尽量减少干扰，保证幼儿自主阅读。

2. 激发幼儿的阅读兴趣，培养阅读习惯。如：

● 经常抽时间与幼儿一起看图书、讲故事。

● 提供童谣、故事和诗歌等不同体裁的儿童文学作品，让幼儿自主选择和阅读。

● 当幼儿遇到感兴趣的事物或问题时，和他一起查阅图书资料，让他感受图书的作用，体会通过阅读获取信息的乐趣。

3. 引导幼儿体会标识、文字符号的用途。如：

● 向幼儿介绍医院、公用电话等生活中的常见标识，让他知道标识可以代表具体事物。

● 结合生活实际，帮助幼儿体会文字的用途。如买来新玩具时，把说明书上的文字念给幼儿听，了解玩具的玩法。

目标2 具有初步的阅读理解能力

3~4 岁	4~5 岁	5~6 岁
1. 能听懂短小的儿歌或故事。 2. 会看画面，能根据画面说出图中有什么，发生了什么事等。 3. 能理解图书上的文字是和画面对应的，是用来表达画面意义的	1. 能大体讲出所听故事的主要内容。 2. 能根据连续画面提供的信息，大致说出故事的情节。 3. 能随着作品的展开产生喜悦、担忧等相应的情绪反应，体会作品所表达的情绪情感	1. 能说出所阅读的幼儿文学作品的主要内容。 2. 能根据故事的部分情节或图书画面的线索猜想故事情节的发展，或续编、创编故事。 3. 对看过的图书、听过的故事能说出自己的看法。 4. 能初步感受文学语言的美

教育建议：

1. 经常和幼儿一起阅读，引导他以自己的经验为基础理解图书的内容。如：

● 引导幼儿仔细观察画面，结合画面讨论故事内容，学习建立画面与故事内容的联系。

● 和幼儿一起讨论或回忆书中的故事情节，引导他有条理地说出故事的大致内容。

● 在给幼儿读书或讲故事时，可先不告诉名字，让幼儿听完后自己命名，并说出这样命名的理由。

● 鼓励幼儿自主阅读，并与他人讨论自己在阅读中的发现、体会和想法。

2. 在阅读中发展幼儿的想象和创造能力。如：

● 鼓励幼儿依据画面线索讲述故事，大胆推测、想象故事情节的发展，改编故事部分情节或续编故事结尾。

● 鼓励幼儿用故事表演、绘画等不同的方式表达自己对图书和故事的理解。

● 鼓励和支持幼儿自编故事，并为自编的故事配上图画，制成图画书。

3. 引导幼儿感受文学作品的美。如：

● 有意识地引导幼儿欣赏或模仿文学作品的语言节奏和韵律。

● 给幼儿读书时，通过表情、动作和抑扬顿挫的声音传达书中的情绪情感，让幼儿体会作品的感染力和表现力。

目标3 具有书面表达的愿望和初步技能

3~4 岁	4~5 岁	5~6 岁
喜欢用涂涂画画表达一定的意思	1. 愿意用图画和符号表达自己的愿望和想法。 2. 在成人提醒下，写写画画时姿势正确	1. 愿意用图画和符号表现事物或故事。 2. 会正确书写自己的名字。 3. 写画时姿势正确

教育建议：

1. 让幼儿在写写画画的过程中体验文字符号的功能，培养书写兴趣。如：

● 准备供幼儿随时取放的纸、笔等材料，也可利用沙地、树枝等自然材料，满足幼儿自由涂画的需要。

● 鼓励幼儿将自己感兴趣的事情或故事画下来并讲给别人听，让幼儿体会写写画画的方式可以表达自己的想法和情感。

● 把幼儿讲过的事情用文字记录下来，并念给他听，使幼儿知道说的话可以用文字记录下来，从中体会文字的用途。

2. 在绘画和游戏中做必要的书写准备，如：

● 通过把虚线画出的图形轮廓连成实线等游戏，促进手眼协调，同时帮助幼儿学习由上至下、由左至右的运笔技能。

● 鼓励幼儿学习书写自己的名字。

● 提醒幼儿写画时保持正确姿势。

三、社会

幼儿社会领域的学习与发展过程是其社会性不断完善并奠定健全人格基础的过程。人际交往和社会适应是幼儿社会学习的主要内容，也是其社会性发展的基本途径。幼儿在与成人和同伴交往的过程中，不仅学习如何与人友好相处，也在学习如何看待自己、对待他人，不断发展适应社会生活的能力。良好的社会性发展对幼儿身心健康和其他各方面的发展都具有重要影响。

家庭、幼儿园和社会应共同努力，为幼儿创设温暖、关爱、平等的家庭和集体生活氛围，建立良好的亲子关系、师生关系和同伴关系，让幼儿在积极健康的人际关系中获得安全感和信任感，发展自信和自尊，在良好的社会环境及文化的熏陶中学会遵守规则，形成基本的认同感和归属感。

幼儿的社会性主要是在日常生活和游戏中通过观察和模仿潜移默化地发展起来的。成人应注重自己言行的榜样作用，避免简单生硬的说教。

（一）人际交往

目标1 愿意与人交往

3~4岁	4~5岁	5~6岁
1.愿意和小朋友一起游戏。 2.愿意与熟悉的长辈一起活动	1.喜欢和小朋友一起游戏，有经常一起玩的小伙伴。 2.喜欢和长辈交谈，有事愿意告诉长辈	1.有自己的好朋友，也喜欢结交新朋友。 2.有问题愿意向别人请教。 3.有高兴的或有趣的事愿意与大家分享

教育建议：

1. 主动亲近和关心幼儿，经常和他一起游戏或活动，让幼儿感受到与成人交往的快乐，建立亲密的亲子关系和师生关系。

2. 创造交往的机会，让幼儿体会交往的乐趣。如：

● 利用走亲戚、到朋友家做客或有客人来访的时机，鼓励幼儿与他人接触和交谈。

● 鼓励幼儿参加小朋友的游戏，邀请小朋友到家里玩，感受有朋友一起玩得快乐。

● 幼儿园应多为幼儿提供自由交往和游戏的机会，鼓励他们自主选择、自由结伴开展活动。

目标 2　能与同伴友好相处

3~4岁	4~5岁	5~6岁
1. 想加入同伴的游戏时，能友好地提出请求。 2. 在成人指导下，不争抢、不独霸玩具。 3. 与同伴发生冲突时，能听从成人的劝解	1. 会运用介绍自己、交换玩具等简单技巧加入同伴游戏。 2. 对大家都喜欢的东西能轮流、分享。 3. 与同伴发生冲突时，能在他人帮助下和平解决。 4. 活动时愿意接受同伴的意见和建议。 5. 不欺负弱小	1. 能想办法吸引同伴和自己一起游戏。 2. 活动时能与同伴分工合作，遇到困难能一起克服。 3. 与同伴发生冲突时能自己协商解决。 4. 知道别人的想法有时和自己不一样，能倾听和接受别人的意见，不能接受时会说明理由。 5. 不欺负别人，也不允许别人欺负自己

教育建议：

1. 结合具体情境，指导幼儿学习交往的基本规则和技能。如：

● 当幼儿不知怎样加入同伴游戏，或提出请求不被接受时，建议他拿出玩具邀请大家一起玩；或者扮成某个角色加入同伴的游戏。

● 对幼儿与别人分享玩具、图书等行为给予肯定，让他对自己的表现感到高兴和满足。

● 当幼儿与同伴发生矛盾或冲突时，指导他尝试用协商、交换、轮流玩、合作等方式解决冲突。

● 利用相关的图书、故事，结合幼儿的交往经验，和他讨论什么样的行为受大家欢迎，想要得到别人的接纳应该怎样做。

● 幼儿园应多为幼儿提供需要大家齐心协力才能完成的活动，让幼儿在具体活动中体会合作的重要性，学习分工合作。

2. 结合具体情境，引导幼儿换位思考，学习理解别人。如：

● 幼儿有争抢玩具等不友好的行为时，引导他们想想："假如你是那个小朋友，你有什么感受？"让幼儿学习理解别人的想法和感受。

3. 和幼儿一起谈谈他的好朋友，说说喜欢这个朋友的原因，引导他多发现同伴的优点、长处。

目标 3　具有自尊、自信、自主的表现

3~4岁	4~5岁	5~6岁
1. 能根据自己的兴趣选择游戏或其他活动。 2. 为自己的好行为或活动成果感到高兴。 3. 自己能做的事情愿意自己做。 4. 喜欢承担一些小任务	1. 能按自己的想法进行游戏或其他活动。 2. 知道自己的一些优点和长处，并对此感到满意。 3. 自己的事情尽量自己做，不愿意依赖别人。 4. 敢于尝试有一定难度的活动和任务	1. 能主动发起活动或在活动中出主意、想办法。 2. 做了好事或取得了成功后还想做得更好。 3. 自己的事情自己做，不会的愿意学。 4. 主动承担任务，遇到困难能够坚持而不轻易求助。 5. 与别人的看法不同时，敢于坚持自己的意见并说出理由

教育建议：

1. 关注幼儿的感受，保护其自尊心和自信心。如：

● 能以平等的态度对待幼儿，使幼儿切实感受到自己被尊重。

● 对幼儿好的行为表现多给予具体、有针对性的肯定和表扬，让他对自己的优点和长处有所认识并感到满足和自豪。

● 不要拿幼儿的不足与其他幼儿的优点作比较。

2. 鼓励幼儿自主决定，独立做事，增强其自尊心和自信心。如：

● 与幼儿有关的事情要征求他的意见，即使他的意见与成人不同，也要认真倾听，接受他的合理要求。

● 在保证安全的情况下，支持幼儿按自己的想法做事；或提供必要的条件，帮助他实现自己的想法。

● 幼儿自己的事情尽量放手让他自己做，即使做得不够好，也应鼓励并给予一定的指导，让他在做事中树立自尊和自信。

● 鼓励幼儿尝试有一定难度的任务，并注意调整难度，让他感受经过努力获得的成就感。

目标4 关心尊重他人

3~4岁	4~5岁	5~6岁
1. 长辈讲话时能认真听，并能听从长辈的要求。 2. 身边的人生病或不开心时表示同情。 3. 在提醒下能做到不打扰别人	1. 会用礼貌的方式向长辈表达自己的要求和想法。 2. 能注意到别人的情绪，并有关心、体贴的表现。 3. 知道父母的职业，能体会到父母为养育自己所付出的辛劳	1. 能有礼貌地与人交往。 2. 能关注别人的情绪和需要，并能给予力所能及的帮助。 3. 尊重为大家提供服务的人，珍惜他们的劳动成果。 4. 接纳、尊重与自己的生活方式或习惯不同的人

教育建议：

1. 成人以身作则，以尊重、关心的态度对待自己的父母、长辈和其他人。如：

● 经常问候父母，主动做家务。

● 礼貌地对待老年人，如坐车时主动为老人让座。

● 看到别人有困难能主动关心并给予一定的帮助。

2. 引导幼儿尊重、关心长辈和身边的人，尊重他人劳动及成果。如：

● 提醒幼儿关心身边的人，如妈妈累了，知道让她安静地休息一会儿。

● 借助故事、图书等给幼儿讲讲父母抚育孩子成长的经历，让幼儿理解和体会父爱与母爱。

● 结合实际情境，提醒幼儿注意别人的情绪，了解他们的需要，给予适当的关心和帮助。

● 利用生活机会和角色游戏，帮助幼儿了解与自己关系密切的社会服务机构及其工作，如商场、邮局、医院等，体会这些机构给大家提供的便利和服务，懂得尊重工作人员的劳动，珍惜劳动成果。

3. 引导幼儿学习用平等、接纳和尊重的态度对待差异。如：

● 了解每个人都有自己的兴趣、爱好和特长，可以相互学习。

● 利用民间游戏、传统节日等，适当向幼儿介绍我国主要民族和世界其他国家和民族的文化，帮助幼儿感知文化的多样性和差异性，理解人们之间是平等的，应该互相尊重，友好相处。

（二）社会适应

目标1 喜欢并适应群体生活

3~4岁	4~5岁	5~6岁
1. 对群体活动有兴趣。 2. 对幼儿园的生活好奇，喜欢上幼儿园	1. 愿意并主动参加群体活动。 2. 愿意与家长一起参加社区的一些群体活动	1. 在群体活动中积极、快乐。 2. 对小学生活有好奇和向往

教育建议：

1. 经常和幼儿一起参加一些群体性的活动，让幼儿体会群体活动的乐趣。如：参加亲戚、朋友和同事间的聚会以及适合幼儿参加的社区活动等，支持幼儿和不同群体的同伴一起游戏，丰富其群体活动的经验。

2. 幼儿园组织活动时，可以经常打破班级的界限，让幼儿有更多机会参加不同群体的活动。

3. 带领大班幼儿参观小学，讲讲小学有趣的活动，唤起他们对小学生活的好奇和向往，为入学做好心理准备。

目标2　遵守基本的行为规范

3~4岁	4~5岁	5~6岁
1. 在提醒下，能遵守游戏和公共场所的规则。 2. 知道不经允许不能拿别的东西，借别人的东西要归还。 3. 在成人提醒下，爱护玩具和其他物品	1. 感受规则的意义，并能基本遵守规则。 2. 不私自拿不属于自己的东西。 3. 知道说谎是不对的。 4. 知道接受了的任务要努力完成。 5. 在提醒下，能节约粮食、水电等	1. 理解规则的意义，能与同伴协商制定游戏和活动规则。 2. 爱惜物品，用别人的东西时也知道爱护。 3. 做了错事敢于承认，不说谎。 4. 能认真负责地完成自己所接受的任务。 5. 爱护身边的环境，注意节约资源

教育建议：

1. 成人要遵守社会行为规则，为幼儿树立良好的榜样。如：答应幼儿的事一定要做到，尊老爱幼，爱护公共环境，节约水电等。

2. 结合社会生活实际，帮助幼儿了解基本行为规则或其他游戏规则，体会规则的重要性，学习自觉遵守规则。如：

● 经常和幼儿玩带有规则的游戏，遵守共同约定的游戏规则。

● 利用实际生活情境和图书故事，向幼儿介绍一些必要的社会行为规则，以及为什么要遵守这些规则。

● 在幼儿园的区域活动中，创设情境，让幼儿体会没有规则的不方便，鼓励他们讨论制定规则并自觉遵守。

● 对幼儿表现出的遵守规则的行为要及时肯定，对违规行为给予纠正。如：幼儿主动为老人让座时要表扬；幼儿损害别人的物品或公共物品时要及时制止并主动赔偿。

3. 教育幼儿要诚实守信。如：

● 对幼儿诚实守信的行为要及时肯定。

● 允许幼儿犯错误，告诉他改了就好。不要打骂幼儿，以免他因害怕惩罚而说谎。

● 小年龄幼儿经常分不清想象和现实，成人不要误认为他是在说谎。

● 发现幼儿说谎时，要反思是否是因自己对幼儿的要求过高过严造成的。如果是，要及时调整自己的行为，同时要严肃地告诉幼儿说谎是不对的。

● 经常给幼儿分配一些力所能及的任务，要求他完成并及时给予表扬，培养他的责任感和认真负责的态度。

目标3　具有初步的归属感

3~4岁	4~5岁	5~6岁
1. 知道和自己一起生活的家庭成员及与自己的关系，体会到自己是家庭的一员。 2. 能感受到家庭生活的温暖，爱父母，亲近与信赖长辈。 3. 能说出自己家所在街道、小区（乡镇、村）的名称。 4. 认识国旗，知道国歌	1. 喜欢自己所在的幼儿园和班级，积极参加集体活动。 2. 能说出自己家所在地的省、市、县（区）名称，知道当地有代表性的物产或景观。 3. 知道自己是中国人。 4. 奏国歌、升国旗时能自动站好	1. 愿意为集体做事，为集体的成绩感到高兴。 2. 能感受到家乡的发展变化并为此感到高兴。 3. 知道自己的民族，知道中国是一个多民族的大家庭，各民族之间要互相尊重，团结友好。 4. 知道国家一些重大成就，爱祖国，为自己是中国人感到自豪

教育建议：

1. 亲切地对待幼儿，关心幼儿，让他感到长辈是可亲、可近、可信赖的，家庭和幼儿园是温暖的。如：

● 多和孩子一起游戏、谈笑，尽量在家庭和班级中营造温馨的氛围。

● 通过和幼儿一起翻阅照片、讲幼儿成长的故事等，让幼儿感受到家庭和幼儿园的温暖，老师的和蔼可亲，对养育自己的人产生感激之情。

2. 吸引和鼓励幼儿参加集体活动，萌发集体意识。如：

● 幼儿园和班级里的重大事情和计划，请幼儿集体讨论决定。

● 幼儿园应经常组织多种形式的集体活动，萌发幼儿的集体荣誉感。

3. 运用幼儿喜闻乐见和能够理解的方式激发幼儿爱家乡、爱祖国的情感。如：

● 和幼儿说一说或在地图上找一找自己家所在的省、市、县（区）名称。

● 和幼儿一起外出游玩，一起看有关的电视节目或画报等；和他们一起收集有关家乡、祖国各地的风景名胜、著名的建筑、独特物产的图片等，在观看和欣赏的过程中激发幼儿的自豪感和热爱之情。

● 利用电视节目或参加升旗等活动，向幼儿介绍国旗、国歌以及观看升旗、奏国歌的礼仪。

● 向幼儿介绍反映中国人聪明才智的发明和创造，激发幼儿的民族自豪感。

四、科学

幼儿的科学学习是在探究具体事物和解决实际问题中，尝试发现事物间的异同和联系的过程。幼儿在对自然事物的探究和运用数学解决实际生活问题的过程中，不仅获得丰富的感性经验，充分发展形象思维，而且初步尝试归类、排序、判断、推理，逐步发展逻辑思维能力，为其他领域的深入学习奠定基础。

幼儿科学学习的核心是激发探究兴趣，体验探究过程，发展初步的探究能力。成人要善于发现和保护幼儿的好奇心，充分利用自然和实际生活机会，引导幼儿通过观察、比较、操作、实验等方法，学习发现问题、分析问题和解决问题；帮助幼儿不断积累经验，并运用于新的学习活动，形成受益终身的学习态度和能力。

幼儿的思维特点是以具体形象思维为主，应注重引导幼儿通过直接感知、亲身体验和实际操作进行科学学习，不应为追求知识和技能的掌握，对幼儿进行灌输和强化训练。

（一）科学探究

目标1 亲近自然，喜欢探究

3～4岁	4～5岁	5～6岁
1. 喜欢接触大自然，对周围的很多事物和现象感兴趣。 2. 经常问各种问题，或好奇地摆弄物品	1. 喜欢接触新事物，经常问一些与新事物有关的问题。 2. 常常动手动脑探索物体和材料，并乐在其中	1. 对自己感兴趣的问题总是刨根问底。 2. 能经常动手动脑寻找问题的答案。 3. 探索中有所发现时感到兴奋和满足

教育建议：

1. 经常带幼儿接触大自然，激发其好奇心与探究欲望。如：

● 为幼儿提供一些有趣的探究工具，用自己的好奇心和探究积极性感染和带动幼儿。

● 和幼儿一起发现并分享周围新奇、有趣的事物或现象，一起寻找问题的答案。

● 通过拍照和画图等方式保留和积累有趣的探索与发现。

2. 真诚地接纳、多方面支持和鼓励幼儿的探索行为。如:

● 认真对待幼儿的问题,引导他们猜一猜、想一想,有条件时和幼儿一起做一些简易的调查或有趣的小实验。

● 容忍幼儿因探究而弄脏、弄乱、甚至破坏物品的行为,引导他们活动后做好收拾整理。

● 多为幼儿选择一些能操作、多变化、多功能的玩具材料或废旧材料,在保证安全的前提下,鼓励幼儿拆装或动手自制玩具。

目标2　具有初步的探究能力

3~4岁	4~5岁	5~6岁
1. 对感兴趣的事物能仔细观察,发现其明显特征。 2. 能用多种感官或动作去探索物体,关注动作所产生的结果	1. 能对事物或现象进行观察比较,发现其相同与不同。 2. 能根据观察结果提出问题,并大胆猜测答案。 3. 能通过简单的调查收集信息。 4. 能用图画或其他符号进行记录	1. 能通过观察、比较与分析,发现并描述不同种类物体的特征或某个事物前后的变化。 2. 能用一定的方法验证自己的猜测。 3. 在成人的帮助下能制订简单的调查计划并执行。 4. 能用数字、图画、图表或其他符号记录。 5. 探究中能与他人合作与交流

教育建议:

1. 有意识地引导幼儿观察周围事物,学习观察的基本方法,培养观察与分类能力。如:

● 支持幼儿自发的观察活动,对其发现表示赞赏。

● 通过提问等方式引导幼儿思考并对事物进行比较观察和连续观察。

● 引导幼儿在观察和探索的基础上,尝试进行简单的分类、概括。如:根据运动方式给动物分类,根据生长环境给植物分类,根据外部特征给物体分类,等等。

2. 支持和鼓励幼儿在探究的过程中积极动手动脑寻找答案或解决问题。如:

● 鼓励幼儿根据观察或发现提出值得继续探究的问题,或成人提出有探究意义且能激发幼儿兴趣的问题。如:皮球、轮胎、竹筒等物体滚动时都走直线吗?怎样让橡皮泥球浮在水面上?

● 支持和鼓励幼儿大胆联想、猜测问题的答案,并设法验证。如:玩风车时,鼓励幼儿猜测风车转动方向及速度快慢的原因和条件,并实际去验证。

● 支持、引导幼儿学习用适宜的方法探究和解决问题,或为自己的想法收集证据。如:想知道院子里有多少种植物,可以进行实地调查;想知道球在平地上还是在斜坡上滚得快,可以动手试一试;想证明影子的方向与太阳的位置有关,可以做个小实验进行验证等。

3. 鼓励和引导幼儿学习做简单的计划和记录,并与他人交流分享。如:

● 和幼儿共同制订调查计划,讨论调查对象、步骤和方法等,也可以和幼儿一起设法用图画、箭头等标识呈现计划。

● 鼓励幼儿用绘画、照相、做标本等办法记录观察和探究的过程与结果,注意要让记录有意义,通过记录帮助幼儿丰富观察经验、建立事物之间的联系和分享发现。

● 支持幼儿与同伴合作探究与分享交流,引导他们在交流中尝试整理、概括自己探究的成果,体验合作探究和发现的乐趣。如一起讨论和分享自己的问题与发现,一起想办法收集资料和验证猜测。

4. 帮助幼儿回顾自己的探究过程,讨论自己做了什么,怎么做的,结果与计划目标是否一致,分析一下原因以及下一步要怎样做等。

目标3　在探究中认识周围事物和现象

3～4岁	4～5岁	5～6岁
1. 认识常见的动植物，能注意并发现周围的动植物是多种多样的。 2. 能感知和发现物体和材料的软硬、光滑和粗糙等特性。 3. 能感知和体验天气对自己生活和活动的影响。 4. 初步了解和体会动植物和人们生活的关系	1. 能感知和发现动植物的生长变化及其基本条件。 2. 能感知和发现常见材料的溶解、传热等性质或用途。 3. 能感知和发现简单物理现象，如物体形态或位置变化等。 4. 能感知和发现不同季节的特点，体验季节对动植物和人的影响。 5. 初步感知常用科技产品与自己生活的关系，知道科技产品有利也有弊	1. 能察觉到动植物的外形特征、习性与生存环境的适应关系。 2. 能发现常见物体的结构与功能之间的关系。 3. 能探索并发现常见的物理现象产生的条件或影响因素，如影子、沉浮等。 4. 感知并了解季节变化的周期性，知道变化的顺序。 5. 初步了解人们的生活与自然环境的密切关系，知道尊重和珍惜生命，保护环境

教育建议：

1. 支持幼儿在接触自然、生活事物和现象中积累有益的直接经验和感性认识。如：

● 和幼儿一起通过户外活动、参观考察、种植和饲养活动，感知生物的多样性和独特性，以及生长发育、繁殖和死亡的过程。

● 给幼儿提供丰富的材料和适宜的工具，支持幼儿在游戏过程中探索并感知常见物质、材料的特性和物体的结构特点。

2. 引导幼儿在探究中思考，尝试进行简单的推理和分析，发现事物之间明显的关联。如：

● 引导5岁以上幼儿关注和思考动植物的外部特征、习性与生活环境对动植物生存的意义。如兔子的长耳朵具有自我保护的作用；植物种子的形状有助于其传播等。

● 引导幼儿根据常见物质、材料的特性和物体的结构特点，推测和证实它们的用途。如：带轮子的物体方便移动；不同用途的车辆有不同的结构；等等。

3. 引导幼儿关注和了解自然、科技产品与人们生活的密切关系，逐渐懂得热爱、尊重、保护自然。如：

● 结合幼儿的生活需要，引导他们体会人与自然、动植物的依赖关系。如：动植物、季节变化与人们生活的关系、常见灾害性天气给人们生产和生活带来的影响等。

● 和幼儿一起讨论常见科技产品的用途和弊端，如：汽车等交通工具给生活带来的方便和对环境的污染等。

（二）数学认知

目标1　初步感知生活中数学的有用和有趣

3～4岁	4～5岁	5～6岁
1. 感知和发现周围物体的形状是多种多样的，对不同的形状感兴趣。 2. 体验和发现生活中很多地方都用到数	1. 在指导下，感知和体会有些事物可以用形状来描述。 2. 在指导下，感知和体会有些事物可以用数来描述，对环境中各种数字的含义有进一步探究的兴趣	1. 能发现事物简单的排列规律，并尝试创造新的排列规律。 2. 能发现生活中许多问题都可以用数学的方法来解决，体验解决问题的乐趣

教育建议：

1. 引导幼儿注意事物的形状特征，尝试用表示形状的词来描述事物，体会描述的生动形象性和趣味性。如：

● 参观游览后，和幼儿一起谈论所看到的事物的形状，鼓励幼儿产生联想，并用自己的语言进行描述。如:熊猫的身体圆圆的，全身好像是一个个的圆形组成的。

● 和幼儿交谈或读书、讲故事时，适当地运用一些有关形状的词汇来描述事物，如看图片时，和幼儿讨论奥运会场馆的形状，体会为什么有的场馆叫"水立方"，有的叫"鸟巢"。

2. 引导幼儿感知和体会生活中很多地方都用到数，关注周围与自己生活密切相关的数的信息，体会数可以代表不同的意义。如:

● 和幼儿一起寻找发现生活中用数字作标识的事物，如电话号码、时钟、日历和商品的价签等。

● 引导幼儿了解和感受数用在不同的地方，表示的意义是不一样的。如天气预报中表示气温的数代表冷热状况；钟表上的数表明时间的早晚等。

● 鼓励幼儿尝试使用数的信息进行一些简单的推理。如知道今天是星期五，能推断明天是星期六，爸爸妈妈休息。

3. 引导幼儿观察发现按照一定规律排列的事物，体会其中的排列特点与规律，并尝试自己创造出新的排列规律。如:

● 和幼儿一起发现和体会按一定顺序排列的队形整齐有序。

● 提供具有重复性旋律和词语的音乐、儿歌和故事，或利用环境中有序排列的图案（如按颜色间隔排列的瓷砖、按形状间隔排列的珠帘等），鼓励幼儿发现和感受其中的规律。

● 鼓励幼儿尝试自己设计有规律的花边图案，创编有一定规律的动作，或者按某种规律进行搭建活动。

● 引导幼儿体会生活中很多事情都是有一定顺序和规律的，如一周七天的顺序是从周一到周日，一年四季按照春夏秋冬轮回等。

4. 鼓励和支持幼儿发现、尝试解决日常生活中需要用到数学的问题，体会数学的用处。如:

● 拍球、跳绳、跳远或投沙包时，可通过数数、测量的方法确定名次。

● 讨论春游去哪里玩时，让幼儿商量想去哪里玩?每个想去的地方有多少人?根据统计结果做出决定。

● 滑滑梯时，按照"先来先玩"的规则有序地排队玩。

目标 2　感知和理解数、量及数量关系

3～4 岁	4～5 岁	5～6 岁
1. 能感知和区分物体的大小、多少、高矮长短等量方面的特点，并能用相应的词表示。 2.能通过一一对应的方法比较两组物体的多少。 3. 能手口一致地点数 5 个以内的物体，并能说出总数。能按数取物。 4. 能用数词描述事物或动物。如我有 4 本图书	1.能感知和区分物体的粗细、厚薄、轻重等量方面的特点，并能用相应的词语描述。 2. 能通过数数比较两组物体的多少。 3.能通过实际操作理解数与数之间的关系，如 5 比 4 多 1，2 和 3 合在一起是 5。 4.会用数词描述事物的排列顺序和位置	1. 初步理解量的相对性。 2. 借助实际情境和操作（如合并或拿取）理解"加"和"减"的实际意义。 3. 能通过实物操作或其他方法进行 10 以内的加减运算。 4. 能用简单的记录表、统计图等表示简单的数量关系

教育建议:

1. 引导幼儿感知和理解事物"量"的特征。如:

● 感知常见事物的大小、多少、高矮、粗细等量的特征，学习使用相应的词汇描述这些特征。

● 结合具体事物让幼儿通过多次比较逐渐理解"量"是相对的。如小亮比小明高，但比小强矮。

● 收拾物品时，根据情况，鼓励幼儿按照物体量的特征分类整理。如整理图书时按照大小摆放。

2. 结合日常生活，指导幼儿学习通过对应或数数的方式比较物体的多少。如:

● 鼓励幼儿在一对一配对的过程中发现两组物体的多少。如，在给桌子上的每个碗配上勺子时，发现碗和勺多少的不同。

● 鼓励幼儿通过数数比较两样东西的多少。如数一数有多少个苹果，多少个梨，判断苹果和梨哪个多，哪个少。

3. 利用生活和游戏中的实际情境，引导幼儿理解数概念。如：

● 结合生活需要，和幼儿一起手口一致地点数物体，得出物体的总数。

● 通过点数的方式让幼儿体会物体的数量不会因排列形式、空间位置的不同而发生变化。如鼓励幼儿将一定数量的扣子以不同的形式摆放，体会扣子的数量是不变的。

● 结合日常生活，为幼儿提供"按数取物"的机会，如游戏时，请幼儿按要求拿出几个球。

4. 通过实物操作引导幼儿理解数与数之间的关系，并用"加"或"减"的办法来解决问题。如：

● 游戏中遇到让 4 个小动物住进两间房子的问题，或生活中遇到将 5 块饼干分给两个小朋友的问题时，让幼儿尝试不同的分法。

● 鼓励幼儿尝试自己解决生活中的数学问题。如家里来了 5 位客人，桌子上只有 3 个杯子，还需要几个杯子等。

● 购少量物品时，有意识地鼓励幼儿参与计算和付款的过程等。

目标3　感知形状与空间关系

3～4岁	4～5岁	5～6岁
1. 能注意物体较明显的形状特征，并能用自己的语言描述。 2. 能感知物体基本的空间位置与方位，理解上下、前后、里外等方位词	1. 能感知物体的形体结构特征，画出或拼搭出该物体的造型。 2. 能感知和发现常见几何图形的基本特征，并能进行分类。 3. 能使用上下、前后、里外、中间、旁边等方位词描述物体的位置和运动方向	1. 能用常见的几何形体有创意地拼搭和画出物体的造型。 2. 能按语言指示或根据简单示意图正确取放物品。 3. 能辨别自己的左右

教育建议：

1. 用多种方法帮助幼儿在物体与几何形之间建立联系。如：

● 引导幼儿感受生活中各种物品的形状特征，并尝试识别和描述。如感受和识别盘子、桌子、车轮、地砖等物品的形状特征。

● 鼓励和支持幼儿用积木、纸盒、拼板等各种形状材料进行建构游戏或制作活动。如用长方形的纸盒加两个圆形瓶盖制作"汽车"。

● 收拾整理积木时，引导幼儿体验图形之间的转换。如两个三角形可组合成一个正方形，两个正方形可组合成一个长方形。

● 引导幼儿注意观察生活物品的图形特征，鼓励他们按形状分类整理物品。

2. 丰富幼儿空间方位识别的经验，引导幼儿运用空间方位经验解决问题。如：

● 请幼儿取放物体时，使用他们能够理解的方位词，如把桌子下面的东西放到窗台上，把花盆放在大树旁边等。

● 和幼儿一起识别熟悉场所的位置。如超市在家的旁边，邮局在幼儿园的前面。

● 在体育、音乐和舞蹈活动中，引导幼儿感受空间方位和运动方向。

● 和幼儿玩按指令找宝的游戏。对年龄小的幼儿要求他们按语言指令寻找，对年龄大些的幼儿可要求按照简单的示意图寻找。

五、艺术

艺术是人类感受美、表现美和创造美的重要形式，也是表达自己对周围世界的认识和情绪态度的独特方式。

每个幼儿心里都有一颗美的种子。幼儿艺术领域学习的关键在于充分创造条件和机会，在大自然和社会文化生活中萌发幼儿对美的感受和体验，丰富其想象力和创造力，引导幼儿学会用心灵去感受和发现美，用自己的方式去表现和创造美。

幼儿对事物的感受和理解不同于成人，他们表达自己认识和情感的方式也有别于成人。幼儿独特的笔触、动作和语言往往蕴含着丰富的想象和情感，成人应对幼儿的艺术表现给予充分的理解和尊重，不能用自己的审美标准去评判幼儿，更不能为追求结果的"完美"而对幼儿进行千篇一律的训练，以免扼杀其想象与创造的萌芽。

（一）感受与欣赏

目标1　喜欢自然界与生活中美的事物

3～4岁	4～5岁	5～6岁
1. 喜欢观看花草树木、日月星空等大自然中美的事物。 2. 容易被自然界中的鸟鸣、风声、雨声等好听的声音所吸引	1. 在欣赏自然界和生活环境中美的事物时，关注其色彩、形态等特征。 2. 喜欢倾听各种好听的声音，感知声音的高低、长短、强弱等变化	1. 乐于收集美的物品或向别人介绍所发现的美的事物。 2. 乐于模仿自然界和生活环境中有特点的声音，并产生相应的联想

教育建议：

1. 和幼儿一起感受、发现和欣赏自然环境和人文景观中美的事物。如：

● 让幼儿多接触大自然，感受和欣赏美丽的景色和好听的声音。

● 经常带幼儿参观园林、名胜古迹等人文景观，讲讲有关的历史故事、传说，与幼儿一起讨论和交流对美的感受。

2. 和幼儿一起发现美的事物的特征，感受和欣赏美。如：

● 让幼儿观察常见动植物以及其他物体，引导幼儿用自己的语言、动作等描述它们美的方面，如颜色、形状、形态等。

● 让幼儿倾听和分辨各种声响，引导幼儿用自己的方式来表达他对音色、强弱、快慢的感受。

● 支持幼儿收集喜欢的物品并和他一起欣赏。

目标2　喜欢欣赏多种多样的艺术形式和作品

3～4岁	4～5岁	5～6岁
1. 喜欢听音乐或观看舞蹈、戏剧等表演。 2. 乐于观看绘画、泥塑或其他艺术形式的作品	1. 能够专心地观看自己喜欢的文艺演出或艺术品，有模仿和参与的愿望。 2. 欣赏艺术作品时会产生相应的联想和情绪反应	1. 艺术欣赏时常常用表情、动作、语言等方式表达自己的理解。 2. 愿意和别人分享、交流自己喜爱的艺术作品和美感体验

教育建议：

1. 创造条件让幼儿接触多种艺术形式和作品。如：

● 经常让幼儿接触适宜的、各种形式的音乐作品，丰富幼儿对音乐的感受和体验。

● 和幼儿一起用图画、手工制品等装饰和美化环境。

● 带幼儿观看或共同参与传统民间艺术和地方民俗文化活动，如皮影戏、剪纸和捏面人等。

● 有条件的情况下，带幼儿去剧院、美术馆、博物馆等欣赏文艺表演和艺术作品。

2. 尊重幼儿的兴趣和独特感受，理解他们欣赏时的行为。如：

● 理解和尊重幼儿在欣赏艺术作品时的手舞足蹈、即兴模仿等行为。

● 当幼儿主动介绍自己喜爱的舞蹈、戏曲、绘画或工艺品时，要耐心倾听并给予积极回应和鼓励。

（二）表现与创造

目标1　喜欢进行艺术活动并大胆表现

3~4岁	4~5岁	5~6岁
1. 经常自哼自唱或模仿有趣的动作、表情和声调。 2. 经常涂涂画画、粘粘贴贴并乐在其中	1. 经常唱唱跳跳，愿意参加歌唱、律动、舞蹈、表演等活动。 2. 经常用绘画、捏泥、手工制作等多种方式表现自己的所见所想	1. 积极参与艺术活动，有自己比较喜欢的活动形式。 2. 能用多种工具、材料或不同的表现手法表达自己的感受和想象。 3. 艺术活动中能与他人相互配合，也能独立表现

教育建议：

1. 创造机会和条件，支持幼儿自发的艺术表现和创造。

● 提供丰富的便于幼儿取放的材料、工具或物品，支持幼儿进行自主绘画、手工、歌唱、表演等艺术活动。

● 经常和幼儿一起唱歌、表演、绘画、制作，共同分享艺术活动的乐趣。

2. 营造安全的心理氛围，让幼儿敢于并乐于表达表现。如：

● 欣赏和回应幼儿的哼哼唱唱、模仿表演等自发的艺术活动，赞赏他独特的表现方式。

● 在幼儿自主表达创作的过程中，不做过多干预或把自己的意愿强加给幼儿，在幼儿需要时再给予具体的帮助。

● 了解并倾听幼儿艺术表现的想法或感受，领会并尊重幼儿的创作意图，不简单用"像不像""好不好"等成人标准来评价。

● 展示幼儿的作品，鼓励幼儿用自己的作品或艺术品布置环境。

目标2　具有初步的艺术表现与创造能力

3~4岁	4~5岁	5~6岁
1. 能模仿学唱短小歌曲。 2. 能跟随熟悉的音乐做身体动作。 3. 能用声音、动作、姿态模拟自然界的事物和生活情景。 4. 能用简单的线条和色彩大体画出自己想画的人或事物	1. 能用自然的、音量适中的声音基本准确地唱歌。 2. 能通过即兴哼唱、即兴表演或给熟悉的歌曲编词来表达自己的心情。 3. 能用拍手、踏脚等身体动作或可敲击的物品敲打节拍和基本节奏。 4. 能运用绘画、手工制作等表现自己观察到或想象的事物	1. 能用基本准确的节奏和音调唱歌。 2. 能用律动或简单的舞蹈动作表现自己的情绪或自然界的情景。 3. 能自编自演故事，并为表演选择和搭配简单的服饰、道具或布景。 4. 能用自己制作的美术作品布置环境、美化生活

教育建议：

尊重幼儿自发的表现和创造，并给予适当的指导。如：

● 鼓励幼儿在生活中细心观察、体验，为艺术活动积累经验与素材。如，观察不同树种的形态、色彩等。

● 提供丰富的材料，如图书、照片、绘画或音乐作品等，让幼儿自主选择，用自己喜欢的方式去模仿或创作，成人不做过多要求。

● 根据幼儿的生活经验，与幼儿共同确定艺术表达、表现的主题，引导幼儿围绕主题展开想象，进行艺术表现。

● 幼儿绘画时，不宜提供范画，特别不应要求幼儿完全按照范画来画。

● 肯定幼儿作品的优点，用表达自己感受的方式引导其提高。如，"你的画用了这么多红颜色，感觉就像过年一样喜庆""你扮演的大灰狼声音真像，要是表情再凶一点就更好了"等。

第三节 《幼儿园教师专业标准（试行）》 ▶

幼儿园教师专业标准（试行）原文内容如下。

为促进幼儿园教师专业发展，建设高素质幼儿园教师队伍，根据《中华人民共和国教师法》，特制定《幼儿园教师专业标准（试行）》（以下简称《专业标准》）。

幼儿园教师是履行幼儿园教育工作职责的专业人员，需要经过严格的培养与培训，具有良好的职业道德，掌握系统的专业知识和专业技能。《专业标准》是国家对合格幼儿园教师专业素质的基本要求，是幼儿园教师开展保教活动的基本规范，是引领幼儿园教师专业发展的基本准则，是幼儿园教师培养、准入、培训、考核等工作的重要依据。

一、基本理念

（一）幼儿为本

尊重幼儿权益，以幼儿为主体，充分调动和发挥幼儿的主动性；遵循幼儿身心发展特点和保教活动规律，提供适合的教育，保障幼儿快乐健康成长。

（二）师德为先

热爱学前教育事业，具有职业理想，践行社会主义核心价值体系，履行教师职业道德规范。关爱幼儿，尊重幼儿人格，富有爱心、责任心、耐心和细心；为人师表，教书育人，自尊自律，做幼儿健康成长的启蒙者和引路人。

（三）能力为重

把学前教育理论与保教实践相结合，突出保教实践能力；研究幼儿，遵循幼儿成长规律，提升保教工作专业化水平；坚持实践、反思、再实践、再反思，不断提高专业能力。

（四）终身学习

学习先进学前教育理论，了解国内外学前教育改革与发展的经验和做法；优化知识结构，提高文化素养；具有终身学习与持续发展的意识和能力，做终身学习的典范。

二、基本内容

维度	领域	基本要求
专业理念与师德	（一）职业理解与认识	1. 贯彻党和国家教育方针政策，遵守教育法律法规。 2. 理解幼儿保教工作的意义，热爱学前教育事业，具有职业理想和敬业精神。 3. 认同幼儿园教师的专业性和独特性，注重自身专业发展。 4. 具有良好职业道德修养，为人师表。 5. 具有团队合作精神，积极开展协作与交流
	（二）对幼儿的态度与行为	6. 关爱幼儿，重视幼儿身心健康，将保护幼儿生命安全放在首位。 7. 尊重幼儿人格，维护幼儿合法权益，平等对待每一个幼儿。不讽刺、挖苦、歧视幼儿，不体罚或变相体罚幼儿。 8. 信任幼儿，尊重个体差异，主动了解和满足有益于幼儿身心发展的不同需求。 9. 重视生活对幼儿健康成长的重要价值，积极创造条件，让幼儿拥有快乐的幼儿园生活

维度	领域	基本要求
专业理念与师德	（三）幼儿保育和教育的态度与行为	10. 注重保教结合，培育幼儿良好的意志品质，帮助幼儿形成良好的行为习惯。 11. 注重保护幼儿的好奇心，培养幼儿的想象力，发掘幼儿的兴趣爱好。 12. 重视环境和游戏对幼儿发展的独特作用，创设富有教育意义的环境氛围，将游戏作为幼儿的主要活动。 13. 重视丰富幼儿多方面的直接经验，将探索、交往等实践活动作为幼儿最重要的学习方式。 14. 重视自身日常态度言行对幼儿发展的重要影响与作用。 15. 重视幼儿园、家庭和社区的合作，综合利用各种资源
	（四）个人修养与行为	16. 富有爱心、责任心、耐心和细心。 17. 乐观向上、热情开朗，有亲和力。 18. 善于自我调节情绪，保持平和心态。 19. 勤于学习,不断进取。 20. 衣着整洁得体，语言规范健康，举止文明礼貌
专业知识	（五）幼儿发展知识	21. 了解关于幼儿生存、发展和保护的有关法律法规及政策规定。 22. 掌握不同年龄幼儿身心发展特点、规律和促进幼儿全面发展的策略与方法。 23. 了解幼儿在发展水平、速度与优势领域等方面的个体差异，掌握对应的策略与方法。 24. 了解幼儿发展中容易出现的问题与适宜的对策。 25. 了解有特殊需要幼儿的身心发展特点及教育策略与方法
	（六）幼儿保育和教育知识	26. 熟悉幼儿园教育的目标、任务、内容、要求和基本原则。 27. 掌握幼儿园环境创设、一日生活安排、游戏与教育活动、保育和班级管理的知识与方法。 28. 熟知幼儿园的安全应急预案，掌握意外事故和危险情况下幼儿安全防护与救助的基本方法。 29. 掌握观察、谈话、记录等了解幼儿的基本方法。 30. 了解 0～3 岁婴幼儿保教和幼小衔接的有关知识与基本方法
	（七）通识性知识	31. 具有一定的自然科学和人文社会科学知识。 32. 了解中国教育基本情况。 33. 掌握幼儿园各领域教育的特点与基本知识。 34. 具有相应的艺术欣赏与表现知识。 35. 具有一定的现代信息技术知识
专业能力	（八）环境的创设与利用	36. 建立良好的师幼关系，帮助幼儿建立良好的同伴关系，让幼儿感到温暖和愉悦。 37. 建立班级秩序与规则，营造良好的班级氛围，让幼儿感受到安全、舒适。 38. 创设有助于促进幼儿成长、学习、游戏的教育环境。 39. 合理利用资源，为幼儿提供和制作适合的玩教具和学习材料，引发和支持幼儿的主动活动
	（九）一日生活的组织与保育	40. 合理安排和组织一日生活的各个环节，将教育灵活地渗透到一日生活中。 41. 科学照料幼儿日常生活，指导和协助保育员做好班级常规保育和卫生工作。 42. 充分利用各种教育契机，对幼儿进行随机教育。 43. 有效保护幼儿,及时处理幼儿的常见事故,危险情况优先救护幼儿

维度	领域	基本要求
专业能力	（十）游戏活动的支持与引导	44. 提供符合幼儿兴趣需要、年龄特点和发展目标的游戏条件。 45. 充分利用与合理设计游戏活动空间，提供丰富、适宜的游戏材料，支持、引发和促进幼儿的游戏。 46. 鼓励幼儿自主选择游戏内容、伙伴和材料，支持幼儿主动地、创造性地开展游戏，充分体验游戏的快乐和满足。 47. 引导幼儿在游戏活动中获得身体、认知、语言和社会性等多方面的发展
	（十一）教育活动的计划与实施	48. 制定阶段性的教育活动计划和具体活动方案。 49. 在教育活动中观察幼儿，根据幼儿的表现和需要，调整活动，给予适宜的指导。 50. 在教育活动的设计和实施中体现趣味性、综合性和生活化，灵活运用各种组织形式和适宜的教育方式。 51. 提供更多的操作探索、交流合作、表达表现的机会，支持和促进幼儿主动学习
	（十二）激励与评价	52. 关注幼儿日常表现，及时发现和赏识每个幼儿的点滴进步，注重激发和保护幼儿的积极性、自信心。 53. 有效运用观察、谈话、家园联系、作品分析等多种方法，客观地、全面地了解和评价幼儿。 54. 有效运用评价结果，指导下一步教育活动的开展
	（十三）沟通与合作	55. 使用符合幼儿年龄特点的语言进行保教工作。 56. 善于倾听，和蔼可亲，与幼儿进行有效沟通。 57. 与同事合作交流，分享经验和资源，共同发展。 58. 与家长进行有效沟通合作，共同促进幼儿发展。 59. 协助幼儿园与社区建立合作互助的良好关系
	（十四）反思与发展	60. 主动收集分析相关信息，不断进行反思，改进保教工作。 61. 针对保教工作中的现实需要与问题，进行探索和研究。 62. 制定专业发展规划，不断提高自身专业素质

三、实施建议

（一）各级教育行政部门要将《专业标准》作为幼儿园教师队伍建设的基本依据。根据学前教育改革发展的需要，充分发挥《专业标准》引领和导向作用，深化教师教育改革，建立教师教育质量保障体系，不断提高幼儿园教师培养培训质量。制定幼儿园教师准入标准，严把幼儿园教师入口关；制定幼儿园教师聘任（聘用）、考核、退出等管理制度，保障教师合法权益，形成科学有效的幼儿园教师队伍管理和督导机制。

（二）开展幼儿园教师教育的院校要将《专业标准》作为幼儿园教师培养培训的主要依据。重视幼儿园教师职业特点，加强学前教育学科和专业建设。完善幼儿园教师培养培训方案，科学设置教师教育课程，改革教育教学方式；重视幼儿园教师职业道德教育，重视社会实践和教育实习；加强从事幼儿园教师教育的师资队伍建设，建立科学的质量评价制度。

（三）幼儿园要将《专业标准》作为教师管理的重要依据。制定幼儿园教师专业发展规划，注重教师职业理想与职业道德教育，增强教师育人的责任感与使命感；开展园本研修，促进教师专业发展；完善教师岗位职责和考核评价制度，健全幼儿园绩效管理机制。

（四）幼儿园教师要将《专业标准》作为自身专业发展的基本依据。制定自我专业发展规划，爱岗敬业，增强专业发展自觉性；大胆开展保教实践，不断创新；积极进行自我评价，主动参加教师培训和自主研修，逐步提升专业发展水平。

第十一章　我国幼儿教育的改革

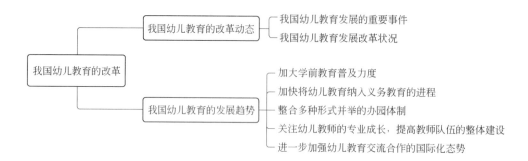

第一节　我国幼儿教育的改革动态

一、我国幼儿教育发展的重要事件

1987年在第一次全国幼教工作会议上,明确提出幼儿教育是社会主义教育事业的重要组成部分。

1989年《幼儿园管理条例》,宏观上调控了幼儿园的管理与发展。

1996年《幼儿园工作规程》,明确规定了幼儿园的工作任务。

2001年《幼儿园教育指导纲要(试行)》把幼儿教育划为五大领域。

2003年《关于幼儿教育改革与发展的指导意见》,就幼儿教育改革与发展目标、幼儿教育管理体制以及幼儿教师师资队伍建设等方面提出了指导性意见。

2010年《国家中长期教育改革和发展规划纲要》中提出未来十年学前教育的发展目标。

二、我国幼儿教育发展改革状况

幼儿教育是基础教育的重要组成部分,发展幼儿教育对于促进儿童身心全面健康发展,提高国民整体素质,实现全面建成小康社会的奋斗目标具有重要意义。回顾我国幼儿教育改革发展的这些年,总结为以下几个方面。

1. 园所办园模式的转变

(1)以公办幼儿园为骨干和示范,以社会力量兴办幼儿园为主体,公办与民办、正规与非正规教育相结合的发展格局。

(2)根据城乡不同特点,逐步建立以社区为基础,以示范性幼儿园为中心,灵活多样的幼儿教育形式相结合的幼儿教育服务网络。

2. 幼儿教育理念的变革

随着对外交流的不断加强,幼儿教育改革的逐渐深入,幼儿教育的理念也在潜移默化地发生着变化。

(1)**儿童观、儿童学习观和教育观的转变**　以往儿童被看作是被动的学习者,《纲要》充分体现了幼儿教育"以人为本"的思想,倡导的是"快乐学习",在玩中学,学中玩,使学习成为一种乐趣。

(2)**教师角色定位的转变**　《纲要》中指出教师是幼儿学习活动的支持者、合作者、引导者。

3. 幼儿教育课程模式的变革

受国外先进幼儿教育思想影响,我国幼儿园课程模式呈现多元化特点和百家齐放趋势。

(1)单元教育课程,在陈鹤琴实验单元教学的基础上发展而来的一种教育结构。单元教育在五大领域的基础上，将课程的教育内容扩大到幼儿生活的多种环境，每个单元都以社会为中心，每一个方面选择若干有代表性的活动，将幼儿一日生活的全部要素都能包含其中。

（2）综合教育课程，是根据幼儿身体、心理发展的需要，顺应各种教育要素之间的相互联系，把尊重幼儿发展规律与发挥教师主导作用相结合，以"主题"的形式建构每一阶段的生活经验，使幼儿园三年生活成为有利于促进幼儿持续发展的连续教育过程。

4．重视幼儿教育的国际化

近十年来，我国幼儿教育工作者赴外学习、观摩、交流的机会日益增多。另外，各级国内外的学前教育研讨会也在频频召开，这些都极大地拓宽了教育视野，为了解世界幼儿教育理论和实践的发展提供了有力的平台。

第二节　我国幼儿教育的发展趋势 ▲

一、加大学前教育普及力度

1．基本普及学前教育

到 2020 年，普及学前一年教育，基本普及学前两年教育，有条件的地区普及学前三年教育。重视 0～3 岁婴幼儿教育。

2．重点发展农村学前教育

（1）努力提高农村学前教育普及程度。着力保证留守儿童入园。

（2）采取多种形式扩大农村学前教育资源。改扩建、新建幼儿园，充分利用中小学布局调整富余的校舍和教师举办幼儿园（班）。

（3）大力发展好乡镇中心幼儿园和村幼儿园。支持贫困地区发展学前教育。推进农村学前教育。支持办好现有的乡镇和村幼儿园；重点支持中西部贫困地区充分利用中小学富余校舍和社会资源，改扩建或新建乡镇和村幼儿园。

（4）对农村幼儿园园长和骨干教师进行培训。

二、加快将幼儿教育纳入义务教育的进程

国家加大了对学前教育的投入，从 2011 年 9 月份开始，我国部分城市开始试点在园的适龄幼儿都可以享受国家的助学券补助政策。另外，在党的十六届四中全会中提出了"构建社会主义和谐社会"的目标。建立和谐社会，社会公平是基础，教育公平是起点，幼儿教育则是起点的起点，更应受到重视。

三、整合多种形式并举的办园体制

大力发展公办幼儿园，积极扶持民办幼儿园。加大政府投入，完善成本合理分担机制，对家庭经济困难幼儿入园给予补助。

加强学前教育管理，规范办园行为。办园主体十分多元，需要规范管理。

四、关注幼儿教师的专业成长，提高教师队伍的整体建设

（1）建立职前教育、入职教育和职后教育相衔接的教师专业成长体系。

（2）提高幼儿师范院校办学水平。

（3）制定师资培养培训规划。

（4）实行幼儿园园长、教师资格证准入制度。

（5）实行教师聘任制。

（6）保证幼儿教师待遇。

五、进一步加强幼儿教育交流合作的国际化态势

支持中外合作办学机构；开展幼儿园骨干教师海外研修；扩大公派出国留学；以高校为主举办学前教育国际学术交流论坛。

课后思考

一、单项选择题

1. 被称为"教育史上的哥白尼"和"现代教育之父"的教育家是（　　）。

　　A. 杜威　　　　　　　B. 蒙台梭利　　　　　C. 福禄贝尔　　　　　D. 夸美纽斯

2. 陈鹤琴提出的五指活动指的是（　　）。

　　A. 健康活动、社会活动、科学活动、艺术活动、文学活动

　　B. 语言活动、社会活动、科学活动、美术活动、音乐活动

　　C. 常识活动、社会活动、科学活动、艺术活动、文学活动

　　D. 体育活动、语言活动、科学活动、艺术活动、文学活动

3. 到2020年，我国学前教育学前一年毛入学率和学前三年毛入学率应分别达到（　　）。

　　A. 74%，50.9%　　　B. 95%，70%　　　　C. 85%，60%　　　　D. 95%，60%

4. 幼儿园的（　　）双重任务是我国幼儿园的一大特色，也是我国幼儿园的社会使命。

　　A. 发挥一日活动整体教育功能　　　　　B. 以游戏为基本活动

　　C. 教育的活动性和活动的多样性　　　　D. 保育和教育

5. 下列原则不是幼儿园教育的特殊原则的是（　　）。

　　A. 安全保育　　　　　　　　　　　　　B. 保教结合

　　C. 以游戏为基本活动　　　　　　　　　D. 教育的活动性和活动的多样性

6. 著名生态学家、生物学家洛伦兹发现，刚出生的小鸭子会发生"印刻"，即模仿第一眼看到的动物进行学习。这一观点支持了教育的（　　）。

　　A. 神话起源说　　　　　　　　　　　　B. 生物起源说

　　C. 劳动起源说　　　　　　　　　　　　D. 心理起源说

7. （　　）是教育活动的依据和评判标准、出发点和归宿，也是教育工作的核心。

　　A. 教育目的　　　　　B. 教育内容　　　　　C. 教育方针　　　　　D. 教育目标

8. 科学技术是第一生产力，促使科学技术再生产的最主要途径是（　　）。

　　A. 学校教育　　　　　　　　　　　　　B. 高新技术的应用

　　C. 科学理论的产生　　　　　　　　　　D. 完善的社会制度

9. 幼儿园教师从教师系列中分化出来，源自（　　）。

　　A. 福禄贝尔创设幼儿园后

　　B. 现代家庭教育的兴起

　　C. 英美幼儿教育兴起

　　D. 中国蒙养院建立之时

10. 认为清末民初中国幼儿教育机构存在三大弊病——"外国病""花钱病""富贵病"，提出幼儿教育应面向大众的教育家是（　　）。

　　A. 陈鹤琴　　　　　B. 陶行知　　　　　C. 张宗麟　　　　　D. 张雪门

11. 李老师认为幼儿进餐、睡眠等是保育，只有上课才是传授知识、发展智力的唯一途径，不注意利用各环节的教育价值。这违反了（　　）。

　　A. 发挥一日生活的整体功能原则

　　B. 重视年龄特点和个体差异原则

C．尊重儿童原则

D．实践性原则

12．以下说法正确的是（　　）。

    A．保育者的工作是帮助教师做好一些教学辅助工作

    B．保育者的工作是搞好卫生

    C．保育者的工作是保证在园幼儿吃好、穿好

    D．保中有教，教中有保，保教一体化

13．与幼儿园保育和教育目标表述不符的是（　　）。

    A．培养正确运用感官和运用语言交往的基本能力

    B．培养幼儿初步感受美和表现美的情趣和能力

    C．训练幼儿的体育运动技能

    D．促进幼儿身体正常发育和机能的协调发展

14．根据《幼儿园教育指导纲要（试行）》规定，幼儿园体育的重要目标是（　　）。

    A．获得比赛奖项　　　　　　　　　　B．培养运动人才

    C．培养幼儿对体育的兴趣　　　　　　D．训练技能

15．新中国成立以来，经国务院批准颁布的第一部幼儿教育法规是（　　）。

    A．《关于幼儿教育改革与发展的指导意见》

    B．《幼儿园教育指导纲要（试行）》

    C．《幼儿园工作规程》

    D．《幼儿园管理条例》

二、简答题

1．幼儿园教育的基本特点是什么？

2．简述我国幼儿教育的发展趋势。

三、论述题

陈鹤琴的"活教育"理论对我们今天的幼儿教育改革发展有何启示？

【参考答案】

一、单项选择题

1．D	2．A	3．B	4．D	5．A
6．B	7．A	8．A	9．A	10．B
11．A	12．D	13．C	14．C	15．D

二、简答题

1．幼儿园教育的特点：启蒙性、生活化、游戏性、活动性、潜在性。

2．一是注重普及学前教育；二是学前教育将会被纳入义务教育的范畴；三是建立政府主导、社会参与、公办民办并举的办园体制；四是关注幼儿教师的专业成长，提高教师队伍的整体建设；五是幼儿教育交流合作的国际化态势将保持并进一步加强。

三、论述题

答案要点："活教育"理论对当今幼儿教育改革发展的启示可以从教育目的、课程论（包括具体的课程方案）、教育方法和原则等主要方面进行阐述。

答：1．树立正确的儿童观

儿童作为社会的个体，有其自身的发展特点和规律，违背这些特点便不利于儿童健康地成长。儿童具有巨大的发展潜能，教师应提供适当的环境和教育的条件，应最大限度地发展儿童的潜能，这些潜能必须在适当的环境和教育的条件下才能挖掘出来，才能得到充分的发展。因此，教师的作用显得尤为重要。

2．充分发掘与儿童生活密切相关的课程内容

要让儿童所学习的内容和生活实际相联系，教师在课堂上应该时刻不忘联系生活实际，及时地设计与

幼儿生活息息相关的活动，激发儿童学习兴趣。

3．培养儿童动手能力，促进幼儿主体性发展

对幼儿园课程的选择，必须适应儿童身心发展，充分调动儿童的主体性，使儿童成为活动的主体。发展幼儿的主体性，必须确立幼儿在活动中的主体地位。保证其自主地参与、主动地探索、积极地创造、愉快地表达，引导儿童树立自尊心、自信心、自豪感，幼儿教育应该尊重幼儿主体性的发挥。

命题聚焦

　　幼儿的生活指导具有重要的教育意义，是幼儿园教育的重要内容。这部分知识点繁多，要求考生花费精力去熟悉概念，并能结合所学知识对材料及案例进行分析。本模块历年考题较多，考查形式多样。幼儿园一日生活，幼儿的安全、卫生、营养保健及其突发事件的应急处理，在复习时需特别注意。

考纲透视

　　1. 熟悉幼儿园一日生活的主要环节，理解一日生活的教育意义。
　　2. 了解幼儿生活常规教育的要求与培养幼儿良好生活、卫生习惯的方法。
　　3. 了解幼儿卫生保健常规、疾病预防、营养等方面的基本知识。
　　4. 了解幼儿园常见的安全问题和处理方法，了解突发事件如火灾、地震等的应急处理方法。

第十二章　幼儿园一日生活

第一节　幼儿园一日生活概述和教育意义

一、幼儿园一日生活的概念

幼儿园一日生活是指幼儿园满足幼儿一天基本生活需要的活动，主要包括餐饮活动、睡眠活动、盥洗活动、如厕活动、整理活动、散步、自由活动等。教师要充分重视幼儿的一日生活，了解幼儿卫生保健常规、疾病预防、营养等方面的基础知识，做到保育和教育相结合。

二、幼儿园一日生活的教育意义

幼儿园的教育更多地体现、渗透在幼儿一日生活中，教师必须将幼儿所要学习的知识、技能、情感、态度等融入幼儿日常生活各个环节中，方能有效促进幼儿身心的健康成长。

1. 能促进幼儿的身心健康

幼儿园合理安排幼儿的一日生活，科学地组织游戏、教育教学活动、户外活动、进餐、如厕、睡眠和各项娱乐活动等生活环节，动静交替，有张有弛，劳逸结合，能减少孩子的等待时间和大脑的负担，是幼儿园最基本的保健方法。

2. 有助于幼儿形成良好的生活习惯

幼儿期是最容易养成固定习惯的时期，而从小形成某些好习惯，将会终身受益。如睡觉起床后会自己整理被子；手脏了要及时洗；上下楼梯有规矩；玩大型活动器械排队不争抢等，使幼儿能按一定的规律和要求，积极自觉、有条不紊地完成每天应该做的事情，周而复始，形成良好的生活、卫生习惯。

3. 是全面完成幼儿园教育任务的保证

组织好幼儿的一日生活，能帮助幼儿尽快适应幼儿园的集体环境，与老师、同伴建立良好的互动关系，学习如何在集体中生活。有利于保教人员主动、有效地组织班集体活动，完成幼儿园的各项教育教学任务。

第二节　主要环节和良好生活、卫生习惯的培养

一、幼儿园一日生活的主要环节

1. 晨间接待

（1）由保健老师在入园处对幼儿进行晨检。

一问：向家长询问幼儿在家中的身心健康情况。

二摸：额头、手心、颈部是否发烫，腮腺及淋巴结是否肿大。

三看：神态、口腔、眼、皮肤等有无异常。

四查：书包、口袋中有无不安全的东西。

（2）在幼儿入园前做好活动室内外清洁工作及开窗通风。

（3）以热情、亲切的态度接待幼儿，语言轻松、自然，用拉拉手、摸摸头或抱一抱等肢体语言感染幼儿的情绪。与家长简短交谈，主动询问幼儿在家的情况，听取家长的意见和要求。做好个别幼儿的衣物、药物的存放和交接工作。

（4）要求幼儿衣着整洁，愉快入园，有礼貌地和老师、小朋友见面，和家长告别。

2．晨间锻炼

（1）早操　早操是以体操为主并配以跑步、体育游戏、器械活动等，按年龄组织团体活动，以锻炼幼儿身体、培养团体精神和对体育活动的兴趣为主要目的的一种晨间游戏。

（2）晨间活动　将事先准备好的户外活动玩具、体育活动器械等材料摆放在操场上，组织幼儿自己选择玩具，愉快参与各种活动，教师密切关注，防止发生意外事故。

3．如厕

（1）能够大小便自理，出现异常情况会及时报告老师，对个别自理有困难的，应给予协助。

（2）培养幼儿便后洗手的良好卫生习惯。

4．盥洗

（1）根据幼儿园盥洗的用具设备，组织幼儿有序进行盥洗，避免盥洗时拥挤或因地面潮湿而滑倒造成意外事故。

（2）学习掌握洗手的方法。

①卷好袖口，小班幼儿由教师协助，中班幼儿互相帮助，大班幼儿会独立操作。

②按"七步洗手法"正确洗手。

5．进餐

（1）两餐间隔时间不少于 3.5 小时。

（2）做好餐前清洁、摆放碗筷等准备工作。定时定量为幼儿提供营养丰富的食物。

（3）教会幼儿正确使用餐具，小班会使用勺进餐，中、大班会使用筷子进餐。细嚼慢咽，不洒饭菜，不剩饭菜，保持桌面、地面的清洁。安静、专心地进餐，不大声讲话。

（4）餐后漱口，擦嘴，值日生帮助收拾碗筷，清洁桌面。

6．午睡

（1）睡前准备　组织、提醒幼儿如厕，安静进入卧室，自己脱衣服，把衣物和鞋整齐叠放在指定地方。

（2）睡眠过程　睡姿正确，不玩东西，不吃手指。

（3）睡眠结束　安静起床，迅速穿好衣服、鞋袜。

7．户外活动与体育锻炼

（1）全日制每天不少于 2 小时，寄宿制每天不少于 3 小时。

（2）为幼儿创设良好的环境，做好活动前的准备工作。

（3）在教师指定的场地内活动，愉快地参加自己喜爱的游戏活动和体育活动。

（4）幼儿活动应在教师视线范围之内，注意安全。活动密度适中。

（5）活动结束时能主动地收拾玩具、材料。

8．游戏

（1）各种游戏活动要面向全体幼儿，注意个别差异。在游戏过程中，要仔细地观察幼儿的表现，深入了解幼儿，有针对性地加以引导，但不宜干扰幼儿的游戏活动。

（2）幼儿自主选择游戏种类，遵守游戏规则，积极开动脑筋，充分发挥自主性和创造性。

（3）在游戏中对同伴友爱、谦让，能合作，互相帮助。会正确使用、爱护和收放玩具。

9．教学活动

（1）室内地面清洁不起尘，光线充足，空气新鲜。定期交换幼儿座位，保护视力。

（2）培养幼儿正确的坐、立、行姿势和握笔姿势，保护幼儿的视力和嗓子。

（3）要根据各班幼儿的年龄特点安排活动时间和内容。虽然有统一要求，但又要注意幼儿个体差异，不强求一律。

（4）以幼儿为主体，面向全体幼儿，让幼儿充分运用感官，动脑、动口、动手，启发幼儿学习的积极性、主动性和创造性。逐渐养成动脑、动手和手脑并用的习惯。

（5）教态亲切自然，情感真挚。语言清晰、简练、准确、规范、生动形象。

10．离园

（1）离园前检查幼儿仪表是否整洁，提醒幼儿带好回家的用品。

（2）教师主动向家长介绍幼儿在园情况，幼儿愉快地离园回家，有礼貌地同老师、小朋友告别。

（3）组织好未能及时被接走的孩子，防止幼儿走失或被陌生人带走。

（4）待幼儿全部离园后，做好活动室的清洁卫生，关好门窗。

二、幼儿良好生活、卫生习惯的培养

1．培养幼儿良好生活、卫生习惯的原则

（1）依据幼儿身心发育特点，合理负担。

（2）促进幼儿体、智、德、美的全面发展。

（3）根据幼儿的年龄差异和个别差异，区别对待。

（4）有利于幼儿自主性和独立性的培养，为幼儿充分的、自由的活动创设条件。

（5）要循序渐进，持之以恒，逐步形成。

（6）尊重幼儿的人格，满足幼儿的愿望和需要，多采用积极鼓励的方法，充分发挥幼儿在活动中的主体地位。

2．培养幼儿良好生活、卫生习惯的方法

（1）榜样示范法

①充分利用幼儿好模仿的心理特点，通过树立榜样，为幼儿示范良好的卫生习惯。成人的言行被幼儿看在眼里，记在心里，落实在行动上，教师要提高个人修养，为幼儿树立好榜样。

②同伴间的影响力对孩子的发展也具有不可估量的作用。善于抓住日常生活中的点滴小事，把握好教育时机，让孩子向孩子学习。

③文艺作品中的人物形象鲜明，易于给幼儿留下深刻的影响，成为他们模仿的对象。

（2）渗透教育法　培养幼儿形成良好的生活习惯，不会一蹴而就，教师不可抱有"教你做，等你做太烦太慢，不如自己做来得快，省事"的想法，不自觉地剥夺孩子们学习生活的机会。要有足够的耐心引导幼儿在一日生活各环节中，在参与课堂管理，为集体服务的活动中，在担任值日生、小组长、老师小帮手等角色中，逐渐形成良好的生活习惯。

（3）评价激励法　定期对幼儿的生活行为进行检查和评比，对达到要求的幼儿要及时给予肯定的评价，巩固其良好生活行为。一颗五角星、一面小红旗、一朵小红花都会让孩子们体验到成功的喜悦。

（4）成果欣赏法　这一方法是指组织幼儿进行生活方面的自我服务活动，并且组织幼儿观赏和评价自我服务的劳动成果，从中获得整洁的美感以及由此带来的情绪体验。

（5）图示观察法　以简洁、形象、连续的图示替代传统的示范、讲解等指导方式，引导幼儿在"反复观察—思考—尝试"的过程中，完成新技能、新方法的学习。图示直观、形象、生动、有趣，符合幼儿的年龄特点和认识水平，容易引起幼儿注意，便于幼儿领会，利于幼儿记住，从而能够更好地落实生活活动目标，帮助幼儿养成良好的生活习惯。

（6）游戏练习法（操作法）　游戏练习法是让幼儿在生动有趣的活动中接受教育，快乐地学习，这样既符合幼儿的心理特点，又能取得良好的效果。可利用看图片、听故事、念故事和做游戏等形式来帮助幼儿掌握生活常规的要领，培养幼儿的生活自理能力。

（7）家园共育法　幼儿园每一项活动的开展都离不开家庭，幼儿的良好习惯的形成需要得到家长的支持与配合。教师应与家长多沟通，并定期召开家长会，向家长宣传良好习惯养成的重要性，帮助家长建立正确的教养观念，要求家长密切配合幼儿园，达成共识，使幼儿在幼儿园形成的行为习惯在家里得以延续和巩固。

真题回顾

【2018年下·论述题】

1. 什么是幼儿园一日生活常规。

2. 试述培养幼儿一日生活常规意义和方法。

【答案】1. 幼儿园一日生活常规指的是幼儿园为了培养幼儿良好的生活习惯和生活基本能力，确保幼儿健康成长而制定的幼儿园生活各环节的基本规则与要求。幼儿园一日生活常规是多方面的，具体包括:卫生常规、行为习惯常规、学习活动常规等。

【答案】2. （1）培养幼儿一日生活常规的意义:

①一日生活常规可以培养幼儿的生活规律,养成良好的行为习惯。

幼儿园里的幼儿来自不同背景的家庭，有些幼儿由于各种原因生活作息没有规律，而幼儿园则是按照幼儿生理和心理的需要作出符合科学的合理安排。因此幼儿生活在其中，能逐渐养成有规律的生活习惯、时间观念和有组织、有条理的做事能力，并逐步适应幼儿园的环境。如:喝水要排队、上厕所不推挤等良好的行为习惯。

②一日生活常规可以帮助幼儿适应幼儿园环境，学习在集体中生活。

幼儿园一日活动是为满足幼儿自身需要进行的，在活动过程中需要幼儿具备一定的知识技能以适应集体生活，可以促进幼儿在自身需要和客观要求的交互作用下，逐步获得适应幼儿园环境的能力并且不断学习在集体中生活的方法。

③一日生活常规可以培养幼儿的自律能力，维持班级的秩序。

幼儿能够通过遵守一日生活中的常规而逐渐培养自律能力，同时有助于班级秩序得以维护、幼儿园正常的游戏活动和教育活动得以正常进行。

④一日生活常规能够增强幼儿的安全感，有助于幼儿健康成长。

幼儿在有规律的环境里生活才会感到安全，合理的常规有助于为孩子创造一种有序的、和谐的生活环境，使他们在心情愉快的情境中自然地形成一种符合其身心发展水平的规则意识和规范行为，同时促进幼儿身心健康发展。

（2）培养幼儿一日生活常规的方法有：①榜样示范法；②渗透教育法；③评价激励法；④成果欣赏法；⑤图示观察法；⑥游戏练习法（操作法）；⑦家园共育法。

第十三章　保健常规和疾病的预防

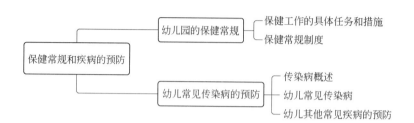

第一节　幼儿园的保健常规

一、保健工作的具体任务和措施

1．保健工作的具体任务

（1）建立合理的生活制度，加强生活护理及教养，促进幼儿的身心健康。

（2）重视营养管理，为幼儿提供合理的膳食，满足幼儿生长发育的需要，防止发生各种营养缺乏性疾病。

（3）建立健康检查制度，并对儿童进行生长发育检测，对发现的问题及时进行医学矫治。

（4）贯彻"预防为主"的方针，做好预防接种、消毒隔离等项工作，控制及降低传染病的发病率。

2．保健工作的具体措施

（1）开展体格锻炼，增强儿童体质及抗病能力。

（2）开展安全教育，采取相应的安全措施，防止意外事故的发生。

（3）创设良好的生活环境，园舍、场地、设施等应符合安全、卫生和教育的要求。

（4）培养儿童，使之具有良好卫生、生活习惯以及健康的适应性行为和良好的道德品质。

二、保健常规制度

1．建立常规制度

（1）按月、学期和学年等不同时间段制订卫生保健工作计划。

（2）健全卫生保健制度。包括生活制度、饮食制度、体格锻炼制度、健康检查制度、卫生消毒及隔离制度、预防疾病制度、安全制度、卫生保健登记统计制度和家长联系制度。

（3）各种资料齐全，记录完整、清楚、准确。

（4）定期对资料进行统计，科学分析，并以此为依据做好卫生保健工作。

2．卫生消毒常规

（1）通风换气常规　活动室应在每天早晨幼儿入园前15分钟开窗通风（视天气情况灵活掌握），冬季定时开窗通风换气，保持室内空气清新；寝室每天紫外线灯消毒半小时；启用空调时应注意室内空气的新鲜、湿度和温度。

（2）环境卫生常规　保持环境清洁卫生，每天一小扫，每周一大扫，每月彻底清扫一次。

（3）个人卫生常规

①幼儿个人卫生习惯　日常生活用品专人专用，做好消毒工作。幼儿饭前便后洗手，早晚用流动水洗手和脸。饭后要漱口，大、中班幼儿每日要刷牙。定期洗头和洗澡。每天洗脚，洗屁股，毛巾要每天消毒。每周剪指甲一次，每两周剪趾甲一次。保持幼儿服装整洁，衣服、被褥、床单要勤洗勤晒。保护幼儿视力。活动室采光好，阅读、书写、绘画活动有良好的照明。

②工作人员个人卫生常规　仪表整洁，勤洗澡，勤剪指甲。饭前便后和给幼儿开饭前用肥皂和流动水洗手。不得在幼儿寝室、活动室和其他幼儿集中活动的室内吸烟。

（4）炊事卫生常规

①厨房经常打扫，保持内外环境清洁，物品摆放有序，用后及时归位。台面、墙（窗）面、地面清洁无污物、积水、蜘蛛网。消除老鼠、蟑螂、苍蝇和其他有害昆虫及其滋生条件。

②严格执行《食品卫生法》，特别要防止食物中毒。厨房用具包括刀、墩、板、桶、盆、筐、抹布以及其他工具、容器必须标示明显，做到生熟分开，定位存放，用后洗净，保持清洁。食具一餐一消毒（若用水煮则需在水开后 15～20 分钟，若用笼屉蒸则水开后至少要蒸 30 分钟），符合国家有关卫生标准。

③采购食品，要按照国家有关规定进行索证，不买、不加工或使用腐烂变质和感官性状异常的食物及其原料，买来的熟食要加热处理后再吃，预防食物中毒及肠道传染病的发生。

④食品贮存应当分类、分架、隔墙、离地存放，定期检查、及时处理变质或超过保质期限的食品。

⑤炊事员应穿戴清洁的工作衣、帽，并把头发置于帽内；不留长指甲、涂染指甲、戴戒指加工食品；坚持上灶前用肥皂和流动清水洗手，入厕所前脱工作服，在操作间不抽烟，分饭菜时戴口罩。

（5）清洗消毒常规

①玩具、图书要保持清洁，一周一消毒。

②餐具、餐桌一餐一消毒。餐具要先按规范清洗消毒，做到洗后无污物。

③小毛巾、水杯专人专用，一日一消毒。

④床单半月一换，被褥一月一晒。

⑤为保证幼儿随时饮水，下午水杯不宜过早消毒，最好在下班前消毒；消毒时应将所有水杯（包括未出勤幼儿的水杯）、点心盘和点心夹放入消毒柜消毒。

⑥每天下班前应将饮水器（或保温桶）中的余水倒干净，以免积水垢；每周应清洗一次饮水器（或保温桶）。

⑦盥洗室内所有盆、桶、壶应洗净晾干放入橱柜，以免柜内产生潮气、霉变。

3．健康检查常规

（1）新生入园体检制度　所有新生或转学生必须持当地妇幼保健机构入园体检表按项目进行健康检查，体检合格后方可入园。按照《托儿所幼儿园卫生保健工作规范》要求，离园三个月以上的幼儿必须重新体检。

（2）幼儿定期体检制度　每位幼儿均建立健康档案（包括体检表、预防接种证）。每学期测量体重两次，测身高和视力各一次。及时对幼儿体格发育情况进行分析评价，并将检查结果和评价情况向家长反馈，同时督促家长对患有龋齿、视力不良、贫血、沙眼等疾病的幼儿进行矫治。

（3）坚持晨检和全日观察制度

①每天按要求对幼儿进行晨间检查。严禁患不宜入园疾病（如传染病）的幼儿入园。

②做好服药幼儿的登记工作，在保健医生的指导下按时服用。

③对晨检时情绪不好的幼儿，或在家有不适情况、近日患病的幼儿，重点记录观察其精神、食欲、睡眠等情况，全天予以特别的关注，对有异常的幼儿应及时与家长联系，立即采取措施。

（4）工作人员体检制度　工作人员每年按要求进行体检，包括胸部 X 线透视，肝功能、粪便常规检查，以及阴道霉菌、滴虫检查，体检合格者方可上岗。

真题回顾

【2015 年上·单项选择题】《托儿所幼儿园卫生保健工作规范》规定托幼园所工作人员接受健康检查的频率是（　　）。

　　A．每月一次　　　　B．半年一次　　　　C．每年一次　　　　D．三年一次

【答案】C

【解析】根据《托儿所幼儿园卫生保健工作规范》规定，托幼机构在岗工作人员必须按照《管理办法》规定的项目每年进行 1 次健康检查。故选 C。

4. 生活管理常规

（1）饮水常规

①早晨幼儿入园时，水杯应及时从消毒柜中取出放在水杯架上，防止尘土落入。

②饮水器（或保温桶）应有温热适宜、数量足够的开水，保证开水供应。

③提醒幼儿及时饮水，保证每个幼儿足够的饮水量。不得限制幼儿饮水的次数。

（2）进餐常规

①教师开饭要求　餐前首先规范擦洗和消毒餐桌，分发完餐具后组织幼儿分组洗手。中大班可指导值日生摆餐具。整个开饭过程尽量保证教师与保育员都参与。幼儿进餐时，除及时帮助幼儿添饭外，还要督促、观察幼儿进餐情况。进餐时保持安静，不催促，硬塞；哭闹、咳嗽时不能强迫幼儿进食。准备好饭后用的餐巾和漱口杯。掌握幼儿的食量，不能以多为幼儿添饭作为表扬鼓励幼儿的手段，更不能以禁止幼儿吃饭作为体罚幼儿的手段。按时开饭，每餐进餐时间不少于 20～30 分钟，幼儿进餐期间教师或保育员不得处理与进餐无关的事情。餐后，按要求清洁餐桌和地面。

②幼儿进餐要求　幼儿洗手后直接取饭入座就餐。不挑食，不洒饭菜，不剩饭菜，吃完自己的一份饭菜。餐后正确使用餐巾擦嘴，用温开水漱口。餐后散步，不做剧烈活动。中班下学期开始可用筷子就餐。

（3）伙食常规

①建立伙委会，定期研究幼儿伙食问题。

②制定代量食谱，每周更换一次。

③定期计算幼儿进食量和营养量。

④每月向家长公布一次伙食账目。

（4）如厕常规

①培养幼儿良好的大小便习惯，如会按需要大小便、大便后自己擦净，整理好衣裤，便后用肥皂洗手等。不得限制幼儿便溺次数。

②帮助年龄小和自理能力差的幼儿。对遗尿和遗屎的幼儿，耐心地为他们更换、清洗衣物。

③将卫生纸裁好放在固定位置上，并教会幼儿正确使用。

④观察幼儿大小便情况，发现异常，及时处理。

真题回顾

【2017 年下·单项选择题】对幼儿如厕，教师最合理的做法是（　　）。

A．允许幼儿按需自由如厕

B．要求排队如厕

C．控制幼儿如厕次数

D．控制幼儿如厕的间隔时间

【答案】A

【解析】幼儿园一日生活中的如厕常规指出，幼儿园应当培养幼儿良好的大小便习惯，不得限制幼儿便溺的次数时间等。故选 A。

（5）洗手常规　幼儿集中洗手时，盥洗室一定要有教师或保育员；幼儿饭前便后以及使用蜡笔、油画棒、橡皮泥或玩沙等户外活动后应洗手。

（6）睡眠常规

①做好幼儿午睡前寝室环境的准备工作，做到空气清新，温度适宜，光线柔和。根据季节掌握通风及寝室气温。

②幼儿被褥厚薄、大小适宜。

③组织幼儿如厕后安静入寝室。

④幼儿午睡必须脱外衣裤。脱下的衣物放在固定的地方并叠放整齐，不能放在枕头下。

⑤值班人员应加强幼儿午睡巡视，根据室温随时给幼儿盖好被子，及时发现异常情况，并妥善处理。

⑥起床时及时检查幼儿衣服和鞋袜，防止穿错和不穿。

⑦指导中大班幼儿叠被子。检查床上、褥子下面是否有异物，被里、被头是否开线。

5．疾病防治常规

（1）预防传染病

①配合卫生防疫部门完成预防接种工作。接种前须了解幼儿的身体状况，接种后注意观察幼儿的身体反应，有异常者及时向医生报告。凡是禁忌证者不应接种或暂缓接种。

②传染病流行季节，应加强晨间检查，严禁患有传染病的幼儿入园。

③发现有传染病儿，应立即隔离治疗，对患儿班级各种物品（包括空气、玩具、水杯、毛巾、被褥等）进行严格彻底的消毒。患者待隔离期满痊愈后，经医生证明方可回园所或班。对患儿班级的其他幼儿按各种传染病规定的检疫期进行检疫，检疫期不串班、不混班，不办理入园、转园手续，控制传染病的续发和蔓延。

（2）防治常见病和多发病

①对新生的家长进行病史询问，了解新生有无高热惊厥、癫痫、过敏性疾病（包括哮喘、食物过敏）、习惯性脱臼、先天性心脏病等病史，以便保健员和班级教师、保育员在园内有目的地进行观察和护理。

②对幼儿在园内突发性的发烧、腹痛、腹泻及损伤等应及时送往医院，同时通知家长。

③加强幼儿体格锻炼，增强体质，提高幼儿对疾病的抵抗能力。在正常天气下，要有充足的户外活动时间，每天坚持2～3小时的户外活动。充分利用日光、空气、水等自然因素，有计划地锻炼幼儿体格。锻炼要做到经常和循序渐进，运动项目和活动量适合各年龄班的特点。对个别体弱儿要给以特殊照顾。

第二节　幼儿常见传染病的预防

一、传染病概述

疾病可分为传染性疾病和非传染性疾病两种。传染病是由各种病原体引起的能在人与人、动物与动物或人与动物之间相互传播的一类疾病。

（一）发生流行的三个环节

1．传染源
传染源是指体内有病原体生长、繁殖并能排出病原体的人或动物。
（1）病人。
（2）病源携带者。健康、潜伏期和病后携带者。
（3）受感染的动物。动物性传染疾病，如禽流感。

2．传播途径
病原体由传染源侵入易感者体内，所经过的途径叫传播途径。常见的传播途径有：①空气飞沫传播；②饮食传播；③日常生活接触传播；④虫媒传播；⑤医源性传播；⑥母婴传播。

3．易感者
易感者是指对某种传染病缺乏免疫力，被传染后易发病的人。儿童自身免疫系统发育不成熟，成为易受感染且发病的特殊人群。

（二）传染病的预防方法

传染病的预防应针对传染病发生和流行的三个环节，采取综合性措施。主要的预防方法如下。

1．控制传染源
（1）做好幼儿入园健康检查工作　幼儿园的工作人员来园工作必须做好全面健康检查。孩子入园后，做好幼儿晨检工作，班级教师要做好幼儿一日活动的健康检查工作。

（2）早发现、早隔离　尽早发现病原，尽早隔离，是防止传染病流行的重要措施。各幼儿园要设立隔离室，对可疑传染者进行隔离，并把患有不同传染病的幼儿进行分别隔离，避免交叉感染。情节严重的告知家长送至医院，建议不送幼儿园。

（3）对传染病的接触者进行检疫　对于曾接触过传染患者的幼儿进行检疫，实施观察。在检疫过程中密切观察幼儿是否出现异常情况。

2．切断传播途径

（1）经常性预防措施　托幼机构应保持环境的清洁、卫生，室内要定时通风，保持空气清新。同时，要注意饮水卫生和培养学前儿童良好的个人卫生习惯，尤其是餐前便后一定要洗手。此外，做好经常性的消毒工作十分重要。消毒的目的是消除或杀灭环境中可能存在的病原体，这是切断传播途径的重要措施。常用的消毒方法有物理消毒法和化学消毒法。

（2）发现传染病患者后应采取的措施

①立即隔离病人　一旦发现传染病人或可疑病人，应立即利用隔离室给予隔离，并有专人负责，以切断传染给其他儿童的途径。

②进行终末消毒　对传染源隔离前待过的场所或用过的物品有重点地进行一次彻底的消毒。

3．保护易感者

保护易感者最主要的措施是积极采用预防接种的方法，提高儿童的免疫力。预防接种又叫人工免疫，指将特定的疫苗通过适当的途径种到人体内，使人体产生对该传染病的抵抗力，从而达到预防改种传染病的目的。

二、幼儿常见传染病

幼儿由于年龄较小，身体的免疫功能发育尚不成熟，与外界环境接触的范围也不同于成人，故其在传染病发病的病种、临床表现等方面有许多不同于成人的地方。例如：因病原体侵入脐带导致的新生儿破伤风仅见于新生儿期，水痘、手足口病、流行性腮腺炎、麻疹、风疹等主要见于学前儿童。

1．水痘

由水痘—带状疱疹病毒引起的小儿最常见急性传染病，皮疹呈向心性分布，传染性很强。

（1）流行特点　病毒存在于病人呼吸道分泌物及水痘疱疹的浆液中，从病人发病之日起到皮疹全部干燥结痂，都有传染性。多发于冬春季。以6个月～3岁的小儿发病率最高。

（2）传播途径　病初主要经飞沫传播，皮肤疱疹破溃后可经衣物、用具传播。

（3）临床表现　病初1～2天有低热，以后出皮疹。皮疹先见于头皮、面部，逐渐延于躯干、四肢。最初为红色斑疹或丘疹，一天左右变为大小不等的水疱，1～3天后水泡开始干缩，迅速结成痂皮。干痂脱落后，皮肤不留瘢痕。在患病一周内，由于新的皮疹陆续出现，而陈旧的皮疹逐渐结痂，病人皮肤上可同时见到丘疹、大小不等的水疱和结痂的多种形态的皮疹。病程中常有这样的现象：在同一时期四种不同形态的皮疹可能会同时出现：即斑疹、丘疹、疱疹、结痂，此现象我们称为"四世同堂"。在疱疹期病人会有皮肤刺痒的现象。

（4）治疗原则和护理要点　一般抗病毒治疗，护理较重要。保持皮肤清洁，内衣床单要勤换洗。修剪指甲，以免因痒而挠伤皮肤，继发化脓性皮肤感染。局部可用炉甘石擦剂止痒。

（5）预防　早发现、早隔离。病人接触过的房间开窗通风3小时。病人隔离至皮疹全部干燥结痂。对密切接触者应有3周的检疫期。

真题回顾

【2017年下・单项选择题】皮疹是向心性分布（即躯干多，面部，四肢较少，手掌，脚掌更少）的疾病是（　）。

A．麻疹　　　B．水痘　　　C．手足口病　　　D．猩红热

2．流行性腮腺炎

该病是由腮腺炎病毒引起的呼吸道传染病。其特征为腮腺肿胀、疼痛。

（1）流行特点　自腮腺肿大前 6 天至腮腺肿大整个过程中，病人腮腺中均有病毒存在。一年四季均可流行，病后可获终身免疫。

（2）传播途径　空气传播，飞沫的吸入是主要的传播途径。

（3）临床表现　病初可有发热、食欲不振等。1～2 天后腮腺肿大，以耳垂为中心，边缘不清楚，有轻度压痛。咀嚼时腮腺部位有肿痛感，尤其进食硬性或是酸性食物时明显。极少数病人可并发脑膜炎、胰腺炎等。

（4）治疗原则和护理要点　一般抗病毒治疗。保持口腔清洁，饮食以流质、软食为宜，避免酸辣食物。注意观察有无并发症症状。

（5）预防　应隔离病人至腮腺肿胀完全消失后 3 天。接触者可服板蓝根冲剂预防。

3．手足口病

手足口病是一种由肠道病毒引起的常见传染病。可引起发热、手足、口腔等部位的皮疹和溃疡。

（1）流行特点　四季均可发病，春夏和秋季是流行的高峰期。该病传播途径复杂，流行速度快，影响范围广泛。

（2）传播途径　接触传播和空气飞沫传播。

（3）临床表现

①发病起初出现发热、咽痛、咳嗽、全身不适等症状。

②发热 1～2 天内，手、足和口腔内出现疱疹，疱疹破溃后形成溃疡，因疼痛影响进食。

（4）治疗原则和护理要点

①卧床休息，供给营养丰富、易于消化的流质、半流质食物，饮食宜清淡，忌冷、辛辣和过咸的刺激性食物，多喝水。

②保持口腔清洁，勤漱口。被褥、衣服要清洁，衣着要宽大、柔软、透气。

③慎服退烧药。

（5）预防

①及早发现，加强消毒工作，隔离病毒。

②培养幼儿养成勤洗手、餐具专人专用等卫生生活习惯。

③室内空气新鲜，病毒流行期间少去公共场所。

4．麻疹

该病是由麻疹病毒引起的急性呼吸道传染病。过去常有流行，接种麻疹疫苗可有效预防。

（1）流行特点　麻疹患者是唯一传染源。病毒存在于前驱期和出疹期的口、鼻及眼结膜分泌物中。病毒离开人体后，生存力不强，在流通的空气中或日光下经半小时即可杀死。由于来自母体抗体的免疫保护作用，小婴儿不易患麻疹。随着来自母体的抗体逐渐消失，6 个月龄后容易患病，以 6 个月～5 岁的小儿发病率最高。实行计划免疫以来，偶有散发，主要见于冬春季。

（2）传播途径　空气传播，主要经飞沫传播。

（3）临床表现

前驱期为 3～4 天，可有发热、咳嗽、流涕、眼结膜充血，流泪等症状。绝大多数病人在发热后 2～3 天，在口腔两侧的颊黏膜上出现灰白色的小点，外周有红晕，逐渐增大，此称为"麻疹黏膜斑"，是早期诊断麻疹的最可靠依据。

疹期始于发热后 3～4 天，先见于耳后、颈部、渐至额面部，然后自上而下累及躯干、四肢。为红色斑丘疹，大小不等，略高出皮面，压不退色。皮疹由稀疏逐渐密集。皮疹之间可见到正常的皮肤。出疹期 3～5 天，此期全身症状加重，高热，可有咳嗽及呕吐、腹泻。

皮疹一般持续 3～4 天，按出疹顺序先后消退。退疹时体温渐下降，全身症状逐渐好转。极少数病例可有喉炎、肺炎等并发症。

（4）治疗原则和护理要点　无特效治疗。护理比较重要。住室应保持空气清新，注意保护皮肤和口鼻、眼部黏膜的清洁，因高热应给予足够水分，还应观察有无并发症。

（5）预防

①按照计划免疫要求接种麻疹减毒活疫苗。

②早发现早隔离病人，病人停留过的房间要开窗通风3小时。

③对接触者要隔离观察21天。

④2岁以下或有慢性病的小儿，接触麻疹病人后，可进行人工被动免疫，尽早注射丙种球蛋白。通常情况下，接触麻疹病人后5天内足量注射可制止发病；接触5～9天内注射可减轻症状。

5．猩红热

该病为由乙型溶血性链球菌引起的急性发疹性传染病。其特征为发热、咽峡炎、全身鲜红色皮疹和疹退后皮肤脱屑。

（1）流行特点　急性病人容易引起重视，不典型病例和带菌者为主要传染源。夏季较少发病，发病高峰为冬春季。

（2）传播途径　空气传播、接触传播、饮食传播。

（3）临床表现　前驱期较短，从发病到出疹一般不超过24小时，少数病例为3天。起病急，通常有发热、咽痛，可有恶心、呕吐等。出疹期多始于发病后1～2天，皮疹从耳后、颈部、胸部上部及腋下开始，迅速波及躯干、四肢。皮疹特点为：①全身皮肤呈弥漫性猩红色；②帕氏线，即在肘弯腋窝等皮肤皱褶处，因皮疹过于密集，呈条条红线状；③"杨梅舌"，即舌部由病初的舌质红、上附白苔、舌刺突起，演变为2～3天后的白苔消退，舌面深红，舌刺更显突出于舌面上，状似成熟之杨梅。皮疹于3～4天后颜色转暗，逐渐消退，并按出疹先后顺序脱屑。

（4）治疗原则和护理要点　特效治疗药物为青霉素。应保持口腔清洁，注意皮肤护理。

（5）预防　病人停留过的房间，可用食醋熏蒸消毒，半小时后开窗通风。观察接触者的咽部和体温，在检疫期间出现咽炎、扁桃体炎，应尽早应用抗生素治疗。

6．百日咳

该病为由百日咳嗜血杆菌引起的呼吸道传染病。本病特有现象为在阵发的痉挛性咳嗽之后，紧接着发出深长的吸气性吼鸣。

（1）流行特点　多见于5岁以下小儿。一般为散发，在托幼机构中可造成流行。目前，传染源多为成年人。因其幼年时接种百日咳疫苗所产生的免疫力下降，可患百日咳，但症状不典型而难以明确诊断。自潜伏期末至发病后6周均有传染性，人群对其普遍易感。

（2）传播途径　经飞沫传播、空气传播。

（3）临床表现　病初症状类似一般上呼吸道感染，数日后咳嗽加重，尤其夜间为甚。经1～2周发展进入痉咳期。该期较长，持续时间可达2～10周。典型表现为特有的阵发性痉咳，成串连咳数十声，通常面部憋红，咳后紧接着深长吸气，因较大气流快速通过痉挛的声门而发出鸡鸣样吼声。痉咳一次比一次紧促，直至咳出呼吸道内积储的黏稠分泌物为止，严重时往往伴有胃内容物的呕出。数周后，发作次数减少，转入恢复期。

（4）治疗原则和护理要点　红霉素为有效治疗药物。住室应空气清新，注意保证饮水供应以防痰液黏稠不易咳出。

（5）预防　按照计划免疫要求接种百日咳疫苗。做好患者的隔离工作。对密切接触者应进行检疫，可口服红霉素3～5日，在检疫期间出现咳嗽症状即应隔离观察至确诊或排除。

7．流行性脑脊髓膜炎（简称流脑）

该病为由脑膜炎双球菌引起的急性传染病，暴发型流脑病情凶险，需紧急抢救。

（1）流行特点　细菌存在于带菌者和病人的鼻咽部，前者为主要传染源，好发于冬春季。任何年龄都可发生，一般15岁以下发病率高。

（2）传播途径　空气传播，主要经飞沫传播。

（3）临床表现　病初症状类似上呼吸道感染。菌血症期突发高热，多数病人精神较差，常伴头痛、恶心、呕吐。瘀斑是此期主要特征。发病后皮肤可迅速出现瘀点、瘀斑，一般多见于躯干部，呈星状或圆形，大小不等，分布不均，不高出皮面，压不退色，初为淡红，后转为暗紫红色，严重时为片状紫黑色。不经治疗或治疗不当很快进入脑膜炎期，出现脑膜刺激征甚至颅内压升高的临床表现。高热寒战，烦躁不安，头痛，呕吐，嗜睡或神志恍惚，颈部有抵抗感甚至强直。1 岁内小儿前囟门紧张、隆起，2 岁以下小儿可表现为拒乳、双眼目光呆滞，不明原因受惊吓、尖叫等。

（4）治疗原则和护理要点　磺胺类药物为首选，疗效不佳或过敏者可用青霉素、氯霉素。

（5）预防　按照计划免疫要求接种流行性脑脊髓膜炎菌苗，室内经常开窗通风，保持空气清新。在冬春季尽量要少组织小儿去人多的公共场所。对因发热给予观察的小儿，应重点观察其精神状况和检查有无皮肤出血点。对密切接触者可服用磺胺类药物 3 天，一旦出现上呼吸道症状，特点是发现出血点，应按流脑处理。

8．病毒性肝炎

该病由感染不同类型的肝炎病毒引起，目前至少分为甲、乙、丙、丁、戊 5 个类型。常见并已为公众所熟悉的为甲型病毒性肝炎和乙型病毒性肝炎。近几年来，丙型病毒性肝炎正在逐渐引起全社会的重视。据调查，我国一般人群丙型肝炎病毒抗体的检出率高达 3.2%，丙型肝炎病毒感染者 4000 多万人，由于整个社会对其认知度低并且缺乏特异预防措施，感染率正在逐年升高，已成为我国严重的社会和公共卫生问题。上述各型的传播途径，临床表现和预防措施均不相同。

（1）流行特点

①甲型病毒性肝炎的病原体为甲型肝炎病毒（HAV）。传染源为甲肝病人，其大便自潜伏末期到发病后 2～3 周均有传染性。病毒存在于病人的粪便中，直接或间接污染食物、饮水，经消化道造成传播。

②乙型病毒性肝炎的病原体为乙型病毒（HBV）。传染源为乙肝病人和慢性病毒携带者，尤其是后者，因不易被发现而作为传染源的意义更大。乙肝主要为血源性传播和生活密切接触传播。含有病毒的极微量血液就能造成传染。例如，输血和应用血制品不当，药物依赖者共用注射器等途径均可造成血源性传播。由于病人和慢性病毒携带者的体液和黏膜分泌物中可能存在病毒，日常生活中密切接触，如共用牙刷、食具，接吻和性行为，也可造成传播。此外，尚存在母婴传播。

③丙型病毒性肝炎的病原体为丙型肝炎病毒（HCV）。传染源为丙肝病人和慢性病毒携带者。其传播途径与乙肝病毒的传播途径极为相似。

（2）传播途径　通过饮食传播，血液、体液、母婴传播以及性传播。

（3）临床表现　病毒性肝炎通常表现为食欲减退，恶心，乏力。肝脏肿大和肝功能受损，部分病例可出现黄疸。通常甲肝的临床表现较为典型，而乙肝和丙肝常为隐袭发病，具有典型症状者少，多为临床检验乙肝或丙肝血清特异标志物所发现。

甲肝病程约 1 个月，通常不存在慢性病毒携带者。乙肝的情况较为复杂，大部分痊愈，部分病人转为慢性肝炎，部分成为病毒携带者。

小儿病毒性肝炎有其一定特点：一是与成人比较，甲型肝炎的发生远比成人多见，并且发病急者多，具有黄疸者多，秋冬季发病者多，病程短者多，预后好彻底痊愈者多；二是因小儿消化功能较弱，罹患肝炎时消化道症状如呕吐、腹泻等常较成人明显；三是甲、乙两型肝炎之间比较，甲型肝炎发病以 3～7 岁的学前儿童为主，有季节性，多为黄疸型，而乙肝发病无明显年龄特点，多呈散发而无季节性，多为无黄疸型，并且常呈家族集聚现象。

（4）治疗原则和护理要点　无特效治疗，对症治疗和护理较重要。

（5）预防

甲肝的预防主要采取以下措施：隔离病人至少 30 天。要注意饮食饮水卫生，切断手—口传播途径。对密切接触者尽早注射免疫球蛋白，并应检疫 40 天。

乙肝和丙肝的预防较为复杂，主要包括以下几点。

①按规定进行预防乙肝的计划免疫，提高整个人群的免疫力。而由于丙肝病毒非常不稳定，目前尚未研制出有效的丙肝疫苗，因此其他方面的预防措施就更为重要。

②严格控制血源性传播，加强输血和血制品应用管理，注意医疗器械的严格消毒以杜绝医源性感染。

③指导病毒携带者在日常生活中积极预防密切接触造成他人的感染。

④合理管理病毒携带者，定期检查了解情况。

9．细菌性痢疾

该病为由痢疾杆菌引起的肠道传染病。

（1）流行特点　病菌存在于病人的肠道中，随粪便排出体外。食品、物品被污染后，经口造成传染。多发于夏秋季节。

（2）传播途径　饮食传播。

（3）临床表现　通常发病较急，发热、腹痛、腹泻。一日腹泻多次、十多次。主要特征为脓血便和有明显的里急后重（总有便意和排不净的感觉）。极少数病人可有高热、面色灰白、四肢冷、惊厥等，为细菌内毒素导致的中毒性痢疾。有的病例起病急骤，中毒症状严重，肠道症状出现之前发生惊厥，病情凶险。

（4）治疗原则和护理要点　可选用针对格兰阴性细菌的抗生素，如氨基糖苷类、喹诺酮类。注意饮食，处理好发热和病人排泄物以及被污染的衣物。注意观察病情，及早发现中毒性痢疾。按疗程用药，治疗彻底以防演变为慢性痢疾。

（5）预防　早期发现、隔离病人。托幼机构的工作人员应定期体检，发现、治疗慢性带菌者。加强托幼机构的环境卫生管理、饮食卫生管理、个人卫生管理。让学前儿童养成饭前便后洗手、不随便用口含或咬杂物的良好卫生习惯，阻断手—口传播途径。

10．流行性乙型脑炎（简称乙脑）

该病为由乙脑病毒引起的急性中枢神经系统传染病。

（1）流行特点　家畜为本病的重要传染源。蚊虫对家畜叮咬吸血后则携带上了乙脑病毒，再叮咬健康人时，就会把乙脑病毒注入人体。本病流行于夏秋季，多发生于儿童。

（2）传播途径　通过蚊虫叮咬传播，故称为虫媒传播。

（3）临床表现　通常起病急，发热、头痛、嗜睡、喷射性呕吐等，重症可迅速出现惊厥、昏迷。因病变部位在大脑，许多病人可留下后遗症，如失语、肢体瘫痪、智力减退等。

（4）治疗原则和护理要点　无特效治疗，对症治疗和护理很重要。

（5）预防　应在流行期前1～2个月接种乙脑疫苗。搞好环境卫生，消灭蚊虫滋生地。在流行季节应充分利用蚊帐、驱蚊剂或驱蚊器等保护措施，以防蚊驱蚊。

三、幼儿其他常见疾病的预防

1．腹泻

（1）病因　腹泻是由多种因素、多种病原引起的以大便次数增多和大便性状改变为特点的消化道综合征。

（2）症状

①轻型　大便次数增多，可呈蛋花汤样，体温、食欲尚正常。

②重型　常急性发作，一日腹泻10余次或更多，大便中水分过多，机体因丢失大量水分和无机盐易发生脱水，酸中毒。

（3）护理要点

①注意腹部保暖。排便后用温水洗净臀部。

②调整、减少饮食，防止脱水，按医嘱服药，及时治疗。

（4）预防　膳食选配符合幼儿消化器官发育特点，搞好饮食卫生，培养幼儿形成良好的卫生习惯，做好日常消毒工作。

2．上呼吸道感染

（1）病因　由各种细菌或病毒引起，包括鼻炎、咽炎和扁桃体炎等上呼吸道炎症，是幼儿最常见的疾病。

（2）症状　一般有鼻塞、打喷嚏、流鼻涕、咳嗽、发热等症状，因年龄大小、体质强弱及病变部位的不同，病情的缓急、轻重程度不同。

（3）护理要点

①注意休息，保持良好的生活环境，适当多饮水。

②防止影响相邻的器官，引起并发症。

③可用物理降温法，慎服退烧药。

（4）预防　加强锻炼，注重营养，增强体质，提高抵抗力。保持室内空气流通，少去人多的公共场所，在季节变换之时，应及时增减衣物。

3．肺炎

（1）病因　肺炎可由病毒或细菌引起，多发生于冬春寒冷季节及气候骤变时。通风不畅，营养不良，佝偻病患儿均易发生肺炎。

（2）症状　一般有发热、咳嗽、气喘等症状。重者可面色发灰，鼻翼扇动，呼吸困难，精神差。

（3）护理要点

①室内空气要新鲜，温湿度适宜。

②食物应选择营养丰富，易于消化的流质、半流质。

（4）预防

①同上呼吸道感染。

②对上呼吸道感染患儿，要防止因病情向下蔓延而导致的继发性肺炎。

4．龋齿

（1）病因　残留在牙齿上的食物，在口腔内细菌的作用下产生酸，使牙釉质脱钙，形成龋洞。

（2）危害　牙齿的正常结构受到破坏，对幼儿来说，不仅使牙齿的咀嚼功能无法正常发挥，影响牙周围组织，引起身体其他部位的疾病，还会造成恒牙萌出异常。

（3）预防

①注意口腔保健，养成良好的口腔卫生习惯。

②合理营养，促进牙齿咀嚼能力的发展。

③定期检查，及时治疗。

5．痱子

（1）病因　夏季天气炎热，汗液浸软表皮，堵塞汗腺口，形成痱子。

（2）症状　痱子多发生在头皮、前额、颈部、胸部、腋窝等多汗或容易受摩擦的部位。皮肤先出现红斑，后形成针尖大小的小疹或水疱，感到刺痒或灼痛感。

（3）护理要点

①室内空气通风，降温。

②幼儿的衣服宽大，透气，柔软，吸水性强。

③常洗澡，擦身，保持皮肤的清洁、干燥。

第十四章　幼儿营养知识

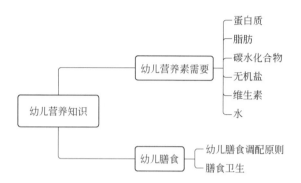

第一节　幼儿营养素需要

营养素是指各种食物所包含的维持和促进人体生长发育和健康所需要的营养成分，主要包括蛋白质、脂肪、碳水化合物、无机盐、维生素、水等六大营养素。六大营养素中的蛋白质、脂肪和碳水化合物是机体热能的来源，被称为"三大供热营养素"。

一、蛋白质

1．组成

蛋白质是构成人体组织的重要物质，由20多种氨基酸组成。其中在体内能够合成的氨基酸，称为非必需氨基酸；体内不能合成，必须从食物中获取的氨基酸，称为必需氨基酸。

2．生理功能

（1）新生和修补机体组织　蛋白质是构成一切细胞的基本物质，是体液的主要成分。

（2）调节生理功能　蛋白质是构成酶、激素等的基本原料。

（3）防御功能　蛋白质是人体内免疫物质的重要组成部分。

（4）供给热能　蛋白质是三大供热营养素之一，能够供给热能。

3．营养价值和食物来源

蛋白质的营养价值，取决于所含必需氨基酸的种类和比例。

蛋白质中所含必需氨基酸的种类丰富，其食物来源主要有动物性食物，如：肉类、鱼虾水产类、乳类、蛋类、动物内脏，以及豆类及其制品等植物性食物。

4．需要量

幼儿需要蛋白质较成人多。若长期缺乏可导致生长发育迟缓、体重过轻、贫血、抵抗力降低及智力障碍等；过多易产生便秘及食欲减退，大量蛋白质的代谢产物会增加肾脏的负担。

二、脂肪

1．组成

脂肪是由甘油和脂肪酸组成，可提供机体能量。是油、脂肪、类脂的总称。可分为动物脂肪和植物脂肪。

2．生理功能

（1）构成人体细胞的主要成分　构成细胞膜、细胞质，脑组织是含脂肪最多的物质。

（2）具有保护功能　减少体热散发和固定内脏器官，使之免受撞击、震动的损伤。

（3）促进脂溶性维生素 A、D、E、K 的吸收。

（4）增进食欲　脂肪能够改善食物的滋味，增加食物的美味和饱腹感，延缓胃的排空。

（5）供给热能　脂肪是产热量最多的物质。

3．食物来源

主要来源于各种动植物油及肉类食物。

4．需要量

长期缺乏易致营养不良、生长迟缓、各种脂溶性维生素缺乏；摄入超过消耗可导致肥胖。

三、碳水化合物

1．组成

碳水化合物又称糖类，是由碳、氢、氧三种元素组合成的一大类化合物。

2．生理功能

（1）构成体内组织的重要成分　它是糖蛋白、黏蛋白和糖脂不可缺少的成分。

（2）解毒功能　合成肝糖原，增强机体的解毒能力。

（3）维持神经系统的生理功能　葡萄糖能供给神经系统活动所需的热能。

（4）供给热能　是热能的主要来源。

3．食物来源

主要来源于植物性食物，如谷类、根茎类、豆类等。

4．需要量

碳水化合物摄入量不足，会使体内蛋白质消耗增加，体重减轻，导致生长发育迟缓；摄入过多，发酵过盛，会刺激肠蠕动引起腹泻。

四、无机盐

无机盐是构成人体的重要成分之一，它在人体中的含量种类繁多，主要有钙、铁、碘、锌等。

1．钙

（1）生理功能　构成骨骼和牙齿的主要成分。

（2）食物来源　含钙丰富的食物有奶类、鱼、虾、豆类和绿叶蔬菜等。

（3）影响钙吸收的因素：①维生素 D 能够帮助机体吸收钙；②谷类和豆类的外皮中含有的植酸，一些蔬菜如菠菜、苋菜中含有的草酸，均可与钙结合成不溶性钙盐、植酸钙和草酸钙，降低钙的吸收率。

（4）缺钙危害　机体缺钙，易患佝偻病。

2．铁

（1）生理功能　是合成血红蛋白的重要原料之一，参与体内氧的运输和利用。

（2）食物来源　动物性食物中，如肝、血、蛋黄、瘦肉等含铁量较多，吸收率高。植物性食物中，如豆类、绿叶蔬菜虽然含铁量不低，但吸收率较低。

（3）影响铁吸收的因素：①维生素 C 可以促进三价铁还原成二价铁，利于铁的吸收；②乳类中含铁极少，以牛奶喂养的孩子要及时添加含铁量丰富的食物。谷物中含有的植酸，某些蔬菜中含有的草酸，均会影响铁的吸收。

（4）缺铁危害　机体缺铁，易患缺铁性贫血。

3．碘

（1）生理功能　是构成甲状腺素的原料。

（2）食物来源　含碘最丰富的是海产品，如海带、紫菜、淡菜、海鱼、海虾、贝类等。

（3）缺碘危害　如果因为水土缺碘，造成孕妇孕期摄取碘不足，胎儿会患上严重的碘缺乏症，叫"克汀病"，也叫"呆小症"。

4．锌

（1）生理功能　多种酶的组成成分，参与蛋白质和核酸的代谢。锌对于促进儿童生长，保持正常味觉，促进创口愈合以及提高机体免疫功能均有重要作用。

（2）食物来源　动物性食物如肉类、奶类、鱼类中含锌量较高。

（3）缺锌危害　若儿童长期缺锌，会食欲减退，生长发育迟缓，味觉异常，可有异食癖。

五、维生素

维生素是维持人体正常生理功能所不可缺少的一类有机化合物。根据维生素的溶解性可分为：维生素 A、维生素 B、维生素 C、维生素 D 等。

1．维生素 A

（1）生理功能　维持上皮组织正常功能，促进机体的生长发育，与正常视觉有密切关系。

（2）食物来源　主要来源于动物性食品中，如肝脏、蛋黄、乳类等。某些植物性食品如菠菜、豌豆苗、红心甜薯、胡萝卜中含有胡萝卜素，在肠道内可转变为维生素 A。

（3）缺乏症状　易得夜盲症、干眼病；出现"毕脱氏斑"；皮肤干燥、粗糙等。

2．维生素 B_2

（1）生理功能　是构成许多辅酶的重要成分，促进细胞氧化，促进碳水化合物的中间代谢，促进生长发育，保护眼睛和皮肤健康等。

（2）食物来源　乳类、肝脏、肉类、禽蛋、鱼虾、绿叶蔬菜、豆类、粗粮等食物含较丰富的维生素 B_2。

（3）缺乏症状　引起物质和能量代谢紊乱，出现口角炎、脂溢性皮炎等症状。

3．维生素 C

（1）生理功能　维生素 C 是维持骨骼、牙齿、血管、肌肉正常功能，促进伤口愈合的必需物质，具有解毒作用，能增强机体的抵抗力。

（2）食物来源　广泛存在于新鲜的蔬菜和水果中，尤其是深色蔬菜，如韭菜、菠菜、青椒等，柑橘、山楂、鲜枣、猕猴桃、刺梨等水果中含量较高。

维生素 C 为水溶性，怕热怕碱，因而在贮存和烹调过程中极易被破坏，现切现洗，急火快炒可以减少维生素 C 的消耗。

（3）缺乏症状　维生素 C 缺乏又称坏血病，是一种以多处出血为特征的疾病。坏血病除可引起皮下出血（出现瘀斑）、牙龈出血等多处出血外，还可引起骨膜下出血，以致肢体在出血局部疼痛、肿胀。

4．维生素 D

（1）生理功能　维生素 D 能够促进小肠吸收钙和磷，具有抗佝偻病的作用。

（2）食物来源　主要来源于含脂肪较多的海鱼、动物肝脏、蛋黄、奶油等食物。在日光紫外线的照射下，人体皮肤里的 7-脱氢胆固醇可以转变成维生素 D。

（3）缺乏症状　缺乏维生素 D 易得佝偻病；骨质软化症；骨质疏松症；手足痉挛。

真题回顾

【2014 年上·单项选择题】婴幼儿应多吃蛋奶等食物，保证维生素 D 的摄入，以防止因维生素 D 缺乏而引起（　　）。

　　A．呆小症　　　B．异食癖　　　C．佝偻病　　　D．坏血病

【答案】C

【解析】呆小症往往由于缺碘而引起；异食癖是由于人体缺乏锌而引起；坏血病是由于人体缺乏维生素 C 所引起的疾病，佝偻病往往是由于缺乏维生素 D 而引起的。故选 C。

六、水

1．生理功能

（1）细胞的主要成分 儿童体内的水分占体重的 70%～75%。

（2）运输作用 是血液和尿液的主要成分，具有运输营养物质和排泄的功能。

（3）调节体温 机体通过汗腺分泌和血液循环散发热量，以保持体温的相对恒定。

（4）润滑作用 水是体腔、关节、眼球等器官的润滑剂。

（5）代谢的媒介 是机体物质代谢所必不可少的溶液媒介。

2．来源

主要是日常生活中摄取的食物和饮用水，其中以白开水最好。

3．需要量

儿童对水的需要量比成人多，年龄越小，单位体积需水量越多。此外，儿童对水的需要量还与天气的温度、活动量的大小和食物的种类等因素有关。

第二节　幼儿膳食

一、幼儿膳食调配原则

1．膳食多样化

膳食中含有人体所需要的一切营养素和充足的热量，每种食物的营养价值都不同，单一的营养价值不能满足人体的需要。为了让幼儿更健康成长，应给幼儿提供多样化的膳食，达到合理膳食的目的。

2．膳食搭配合理

在摄取多种食物的同时，应该注意食物之间的搭配，做到平衡膳食。三餐之间的搭配应遵循早餐高质量，中餐高质量、高热量，晚餐清淡易消化的膳食原则。

3．烹调方法适宜

幼儿园食物的烹饪方式应适合幼儿的年龄特点与喜好。烹调时在尽可能地保存各种食物营养素的同时，应做到细、烂、软、嫩，便于消化。同时，还应做到味美、色香、花样多，以增进幼儿的食欲。

4．讲究饮食卫生

幼儿园应保证食物原料、膳食制作过程、餐具等均合乎卫生标准。

二、膳食卫生

1．食品卫生

严格遵守食品卫生要求，杜绝食品污染，预防食物中毒。

2．炊事人员个人卫生

炊事人员上岗前必须进行专业体检，合格后方能上岗，以后每年定期进行健康检查。患病时，不要坚持上岗。搞好个人卫生，上班要穿工作服，不使用幼儿餐具。

3．设备卫生

生熟分开，严格执行消毒制度，日常性消毒，定期进行大扫除。

第十五章　意外事故的预防和急救

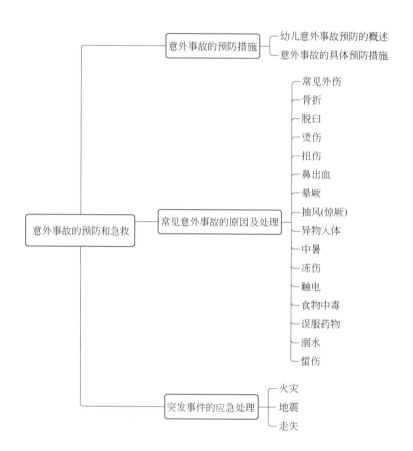

第一节　意外事故的预防措施

一、幼儿意外事故预防的概述

《幼儿园教育指导纲要（试行）》中指出："幼儿园应把保护幼儿的生命和促进幼儿的健康放在工作的首位"。幼儿身心发展的特点是幼儿易受意外伤害的重要原因：自主推理、判断、辨识能力差，社会经验缺乏，对危险的预知能力弱，生理发育不成熟，机体抵抗力弱。

二、意外事故的具体预防措施

1. 提高教师的安全意识

真正认识儿童身心发展的特点，了解常见意外事故的种类，提高防范能力，全面掌握安全教育及意外事故处理的专业知识和技能。

2. 加强幼儿的安全教育

（1）与教学活动相结合，丰富安全知识　把安全教育作为一项重要的教学内容，有意识地渗透到各门学科的教学中。

（2）融于一日生活，提高自我保护意识　安全问题伴随着幼儿生活的方方面面，教师在组织幼儿一日生活时，要随时抓住契机，对幼儿进行安全教育。

（3）演习训练，提高自我保护能力　定期举行全园安全演习，教会幼儿防触电、防火、防走失、防拐骗等自我保护的技能，从而强化幼儿的自我防护意识，提高幼儿的自护能力。

3．强化管理，消除安全隐患

幼儿园安全管理制度的建立和健全，是幼儿园实行依法制园的主要内容之一，是幼儿园管理的基本依据。因此我们应不断制定和完善安全工作的各项规章制度，通过各种制度的建立和执行，使安全工作纳入幼儿园工作的各个环节，使教职工的行为"有章可循，有制可依"。

第二节　常见意外事故的原因及处理　▲

一、常见外伤

1．刺伤

（1）原因和症状　常见于玻璃、竹刺、铁钉、木刺、花刺等尖锐利物刺入皮肤，有时有一部分露出皮肤，有刺痛感。

（2）处理　将伤口用自来水或生理盐水清洗；检查伤口是否留有异物，如果有，再用消过毒的针或镊子顺着刺的方向把刺全部挑、拔出来，不应有残留；挤出淤血随后再用酒精消毒伤口，在伤口处涂红药水；如果刺扎在指甲里或难以拔除，应送医院处理。如果是玻璃器皿扎伤，先直接用压迫止血法，再用清水清理伤口，用镊子清除碎玻璃片，消毒后进行包扎。

2．擦伤

（1）原因和症状　摔倒或其他摩擦力过大等原因导致皮肤被蹭破。

（2）处理　观察伤口的深浅，若仅蹭破了表皮，只需将伤口处的泥沙清理干净即可。如果伤口较深有出血，应该用自来水或生理盐水清洁伤口，消毒水消毒伤口，处理后无须包扎。若伤势较严重，要去医院治疗。

3．划伤

（1）原因和症状　使用剪刀、小刀等文具或触摸纸边、草叶和打碎的玻璃器具、陶器等锋利物品，都可能会发生手被划破的事故。

（2）处理　对于伤口较大，出血较多的伤口，用干净的纱布按压伤口止血，止血后，用75％的酒精由里向外消毒，敷上消毒纱布，用绷带包扎。若伤势较严重，要迅速送往医院治疗。

4．挤伤

（1）原因和症状　手指被门、抽屉挤伤，严重时会出现指甲脱落的现象，应及时发现并处理。

（2）处理　若无破损，进行冷敷。若有出血，应消毒，包扎，冷敷。若指甲掀开或脱落，应立即去医院。

5．跌伤

（1）原因和症状　因幼儿天生活泼好动，安全意识不强，或家长老师注意不到位等原因，会导致幼儿出现跌伤现象。并因身体发育特点，2～4岁幼儿头颅占整个身体比重的四分之一，跌倒后会头先着地，碰伤头部，出现破皮和淤血的症状。

（2）处理　如果没有破皮，迅速采用冷敷的方法，防止皮下继续出血，以达到止血、消肿、止痛的目的。若破皮先清创并检查伤口深度，一般浅表性破皮处理用生理盐水清创，然后敷创可贴，如果跌倒后，出现意识丧失，几秒、十几秒后才有反应，注意观察有无呕吐、嗜睡等脑震荡症状，同时送到医院检查处理。教育幼儿摔伤头部后务必及时告诉老师。

二、骨折

1．原因和症状

直接或间接的原因导致骨骼断裂，剧烈疼痛，不能正常活动，骨折的部位出现变形。

2．处理

注意观察受伤部位，不要牵拉或强行抱起幼儿。若不能站立行走，应尽量保持原样，送到医院，防止二次受伤。

三、脱臼

1．原因和症状

幼儿的关节韧带松，如果用力过猛，可能会造成关节面脱离原来的位置，局部疼痛，活动受限。

2．处理

尽可能保持原状，迅速去医院，切不可贸然试行复位。

四、烫伤

1．原因和症状

因开水、热汤或者化学物质，使皮肤受到热力损伤，出现红肿，或有水疱。

2．处理

发生烫伤，迅速进行冷却处理。轻度烫伤，涂抹烫伤药膏。不要自行挑破水疱，防止皮肤感染。重度烫伤，则去掉衣服，用干净床单包裹，迅速送医院。

注意如被生石灰烫伤，必须将其除去，才可用水冲洗。

五、扭伤

1．原因和症状

幼儿在运动或游戏过程中，动作剧烈，缺乏自我保护意识。扭伤多为关节处软组织受伤，伤处肿痛，运动不灵活，颜色发青。

2．处理

初期应停止活动减少出血，采用冷敷，以达到止血、消肿、止痛的目的。经1～2天，出血已经停止，可用热敷促进消肿和血液的吸收。

六、鼻出血

1．原因和症状

鼻部外伤　挖鼻孔损伤了鼻黏膜；发热时鼻黏膜充血肿胀，血管脆性增加；鼻腔异物等原因造成鼻子突然流血不止。

2．处理

安慰幼儿不要紧张，用口呼吸，头略低。捏住鼻翼5～10分钟，同时用湿毛巾冷敷鼻部和前额。若无法止血或幼儿经常出鼻血，应去医院诊治。

七、晕厥

1．原因和症状

因短时间大脑供血不足而失去知觉，突然晕倒在地。病儿面色苍白，四肢冰冷，冒冷汗。

2．处理

让病儿平躺，松开衣领、腰带，头部略低。病儿清醒后，可喝些热饮料。

八、抽风（惊厥）

1．原因和症状

感染性疾病，如流感、流脑、痢疾等疾病，非感染性疾病，如癫痫、脑外伤、低血糖或食物、药物中毒等均会造成惊厥。发作时，意识丧失，头向后仰，眼球凝视，突发性或痉挛性全身或局部肌肉群抽动。持续时间由1～2分钟到十几分钟甚至几十分钟不等。

2．处理

幼儿惊厥后，成人千万不可惊慌失措，不可大声呼叫或用力摇晃、拍打幼儿。

（1）让幼儿侧卧，便于及时排出分泌物，防止异物入气管。同时，松开衣领、裤带，保持血液循环的畅通。

（2）轻按幼儿抽动的上下肢，防止幼儿从床上摔下。

（3）将毛巾或手绢拧成麻花状放于上下牙之间，以免幼儿咬伤舌头。但如果病儿牙关紧闭，无法塞入毛巾，不可硬撬。

（4）重压人中穴，即唇沟的上三分之一处。

注意幼儿发烧时，切忌包裹过严过厚，否则会使体温持续上升，导致惊厥。

九、异物入体

1．眼内异物

（1）原因　小沙子、小飞虫等东西入眼后，粘在结膜的表面或角膜上，也有的进入眼睑结膜囊内。

（2）处理　沙子粘在眼结膜表面和角膜时，教师清洁双手后，用干净柔软的手绢或棉签，轻轻拭去。若嵌入眼睑结膜囊内，则需要翻开眼皮方能拭去。切不可揉搓眼睛，以免损伤角膜。

平时要注意培养幼儿形成爱护眼睛的意识，不用脏手揉眼，不互相扔沙子，眼睛不舒服时应立即告诉老师。

2．口腔异物

（1）原因和症状　以鱼刺、骨头渣、糖块、枣核等较多见，异物卡在咽部，引起疼痛，不能进食。

（2）处理　不要用吃大口饭或喝口醋等方法强行咽下，这样会划伤食道，引起其他疾患。要仔细观察，了解情况，用镊子将卡在咽部的刺或异物取出。不易取出的，则应请医生处理。

3．鼻腔异物

（1）原因和症状　幼儿玩耍中，会无意间将小物件塞入鼻孔。鼻腔异物以花生、豆子、果核为多见。幼儿鼻腔异物可能引起长时间鼻塞，鼻涕带血丝。

（2）处理

①不可用镊子去夹异物，特别是圆形的异物，否则可能使异物深陷，落入气管，非常危险。

②可让幼儿按住无异物的鼻孔，用力擤鼻，使异物排出，也可用棉花捻或纸捻刺激幼儿的鼻黏膜，使其打喷嚏，将异物排出。

③如上述方法无效，应送医院处理。

4．外耳道异物

（1）昆虫入耳的处理　可用灯光对着外耳道口，引诱昆虫爬出；或先用甘油、食用油、酒精等滴入外耳道内，将昆虫淹毙，再夹取出来。

（2）水进耳朵的处理　当水进入耳朵后，可侧身单脚跳。

十、中暑

1．原因和症状

太阳长时间照射幼儿的头部或天气过于暑热，从而出现头疼、头晕、耳鸣、眼花、口渴甚至昏迷症状。

2．处理

（1）将幼儿移至阴凉、通风处，解开其衣扣，让其躺下休息。

（2）用凉毛巾冷敷头部，用扇子扇风，帮助散热。

（3）喝些清凉饮料，或口服十滴水、人丹等。

注意：炎热的夏季幼儿户外活动时间应避开早 10 点半至下午 2 点半，因为此时阳光正处于最灼热阶段。炎热季节里幼儿可在树荫或阴凉处游戏，避免阳光直接照射。适当多喝水。

十一、冻伤

1．原因和症状
常见于耳朵、面颊、手、足等血管末梢处，为轻度冻伤，局部红肿，有痛和痒的感觉。
2．处理
（1）易冻伤的部位要多加保暖。
（2）加强运动，经常按摩手、脚、耳、鼻等处，促进血液循环。
（3）不穿挤脚的鞋子，保持鞋内干燥。

十二、触电

1．原因
玩弄电线、电源插座、家用电器而导致触电。
2．处理
用干燥的木棒、竹竿或关电源的方法，争分夺秒让幼儿脱离电源，速送医院。
注意：切不可直接拖拉接触者。

十三、食物中毒

1．原因和症状
食用被细菌、毒素污染的食物，出现恶心、呕吐、腹痛、发热等症状的腹泻，一日数次，可发生脱水、酸中毒。
2．处理
（1）立即向有关卫生部门报告。
（2）尽快送往医院进行急救。

十四、误服药物

1．原因
因药品管理不善，或没有遵照医嘱而致使误服。
2．处理
立即喝生鸡蛋、牛奶、稠米汤或豆浆之类可以附着在食道和胃黏膜上的食物，起到保护作用，立即送往医院处理。

十五、溺水

1．原因及症状
原因：缺乏安全意识，技术不熟练，在非游泳区游泳，患病期间游泳，在水里打闹嬉戏，抽筋溺水，长游造成疲劳。症状：①头离水面很近，嘴巴位于水面；②头向后倾斜，嘴巴张开；③腿不动，身体垂直于水面；④急促呼吸或喘气；⑤双眼无神，无法聚焦；⑥紧闭双眼；⑦头发盖住了额头或者眼睛。
2．处理
将溺水者从水中拖出后，应立即脱去或解开他身上的湿衣服，并用缠上清洁手帕或纱布的手指将其口、鼻内的淤泥、杂草清理干净，保持呼吸道通畅无阻。将水从呼吸道和胃中排出，须用单膝支地，取半跪姿势，将溺水者横在另一膝上，使其头部下垂，然后小心地按其后背，压迫其胸。积水排出后，要把溺水者放在暖和的铺垫上，进行人工呼吸和胸外按压，在积极抢救的同时，尽快送到医院。

十六、蜇伤

1. 黄蜂蜇伤

较轻者只是伤口红肿、疼痛，重者还有气喘、呼吸困难等症状。

黄蜂毒液呈碱性，可在伤口涂弱酸性液体，如食醋。有气喘等过敏症状，可服用氯苯那敏、苯海拉明等，并送医院治疗，若伤口有刺，应先将刺除去。

2. 蜜蜂蜇伤

蜜蜂的毒液呈酸性，伤口可涂弱碱性液体，如淡碱水、肥皂水等。

3. 蝎子蜇伤

蝎子的毒性呈酸性，可涂抹碱水。

4. 蜈蚣咬伤

蜈蚣较大，毒性较强，毒液呈酸性。被蜈蚣咬伤，应立即用淡碱水或肥皂水、石灰水冲洗伤口，然后涂上较浓的碱水或体积分数为3%的氨水。

第三节　突发事件的应急处理

一、火灾

1. 预防措施

（1）园长是幼儿园消防安全的第一责任人，要对幼儿园的消防安全工作全面负责，应根据消防法律、法规，结合实际制定幼儿园消防安全管理制度，落实幼儿园消防安全责任制。

（2）成立幼儿园义务消防队伍。按规定配备消防器材，后勤负责人应负责消防器材、设备的维护与保养，经常检查和定期更换灭火器。发现火灾隐患要及时整改。保持通道畅通，不堆放杂物。

（3）对师生员工进行消防安全教育，普及基本消防知识。定期组织师生进行模拟演练。学会正确使用灭火器材，掌握逃生方法和"三分钟"扑救。

2. 应急措施

（1）及时拨打"119"电话报警，同时报主管领导——园长、幼教科、教育局办公室。

（2）立即切断着火楼（室）的电源。

（3）按照平时消防演练逃生的路线迅速疏散幼儿。如不能撤离，应迅速带领幼儿进入相对安全的区域，如厕所、阳台、楼顶等有窗户的房间，把毛巾弄湿后折叠起来盖住幼儿口鼻，不要随便打开窗户，以防形成冷热空气对流，加重火势或烟雾。

（4）由受过训练的教职工进行三分钟火灾紧急扑救。如果三分钟不能扑灭明火，则迅速撤离。

（5）如有幼儿或工作人员受伤，要及时送往区级以上医院救治，及时通知家长或者家属。

（6）灭火后立即聘请律师，配合幼儿园进行相应的调查工作。

（7）配合消防部门调查事故，有关人员写出事故报告，追究责任，维护幼儿园的利益，协助处理善后事宜。

二、地震

1. 预防措施

（1）园长一定要高度重视，做到宁可千日无震，不可一日不防，切实把保护教职工及幼儿生命与国家财产安全放在首位。

（2）对教师和幼儿加强防震抗灾知识及自救知识的宣传教育。

（3）选择合适位置作为避险区，制定好撤离疏散路线图，定期进行模拟演练。

2．应急措施

（1）地震发生时，要沉着冷静，先看清自己所处的位置，组织幼儿有序按照平时熟悉的路线逃生，迅速撤离到安全地带。

（2）如果震后不能迅速撤离或被困于室内，最安全、最有效的办法是，及时躲到两个承重墙之间最小的房间，如洗手间等。也可以躲在桌、柜等下面及房间内侧的墙角，并注意保护好头部。千万不要去窗下躲避。

（3）如果幼儿正在睡觉，叫醒并有序地组织幼儿躲在床底下或墙角下。

（4）如被建筑物挤压，千万不要惊慌，不盲目采取措施，懂得发出报险信号，等待救援。

（5）如果在室外活动，把幼儿集中到操场中间的空旷场地或树木周围。从精神上安慰幼儿，不断鼓励幼儿，消除幼儿的恐惧心理。

三、走失

1．预防措施

（1）除接送时间开门外，幼儿园的大门应始终保持关闭状态，并有专人看守。

（2）幼儿牢记父母姓名、家庭住址、工作单位，自己所在的幼儿园。

（3）孩子无论是在教室，还是院子里活动，都应该始终在教师的视线之中。

（4）组织幼儿外出，如散步、游玩和参观等活动，要事先了解沿途的线路，目的地的环境。一位教师领头，一位教师殿后。幼儿手拉手排成队，随时清点人数。出发前对幼儿讲清纪律要求，教师应该随时清点人数，以便能及早发现问题。

2．应急措施

（1）一旦发生幼儿走失的情况，立即与园领导联系，同时拨打110急救电话。

（2）园领导立刻组织工作人员，以幼儿走失地点为中心，展开辐射式的搜寻。

（3）立即通知家长，散发幼儿的照片，协助警方进行查找。

课后思考

一、单项选择题

1．流行性腮腺炎的传播途径是（　　）。

    A．饮食传播   B．虫媒传播

    C．空气飞沫传播   D．医源性传播

2．能够合成骨骼和牙齿的无机盐是（　　）。

    A．铁   B．钙   C．碘   D．锌

3．因用力过猛导致幼儿的关节面脱离原来的位置，局部疼痛，活动受限，属（　　）。

    A．骨折   B．扭伤   C．挤伤   D．脱臼

4．《幼儿园工作规程》指出，幼儿园应制定合理的幼儿一日生活作息制度，两餐间隔时间不少于（　　）。

    A．2.5小时   B．3小时   C．2小时   D．3.5小时

5．由于幼儿的肌肉中水分多，蛋白质及糖原少，不适合他们的运动项目是（　　）。

    A．拍球   B．投掷   C．长跑   D．跳绳

6．造成儿童味蕾功能减退、食欲不振，导致厌食，甚至影响生长发育，导致身材矮小、严重者有侏儒症的是缺乏（　　）。

    A．钙   B．铁   C．碘   D．锌

二、简答题

幼儿园科学安排幼儿一日生活有何教育意义？

三、材料分析题

晨间活动时，中班的乐乐不小心摔了一跤，膝盖磨破了皮，头上鼓起了一个包，请说说你的急救方法。

【参考答案】

一、单项选择题

1．C。流行性腮腺炎是由腮腺炎病毒引起的急性传染病，主要是飞沫传播，病人腮腺中有病毒存在。

2．B。铁：合成血红蛋白，参与体内氧的运输与利用。碘：构成甲状腺素。锌：多种酶的组成成分，参与蛋白质的合成和代谢。

3．D。骨折：骨骼断裂，剧烈疼痛，不能正常活动。扭伤：关节或躯体部位的软组织（如肌肉、肌腱、韧带）损伤，损伤部位疼痛、肿胀和关节活动受限。挤伤：手指被门、窗户挤伤，严重时可出现指甲脱落。

4．D。幼儿园进餐两餐间隔时间不少于3.5小时。

5．C。长跑属于周期性的动作，周期性动作主要以不断循环、反复某些基本的动作技术为基础，如走步、跑步、爬行等动作。这类动作的结构较为简单，幼儿较容易学会和掌握，也比较容易形成自动化。由于幼儿的年龄小，耐力比较差，容易产生疲劳，所以对于幼儿来说，不适合进行长时间的跑步。

6．D。缺锌会导致食欲不振，生长发育迟缓，味觉异常，可有异食癖，严重者可导致侏儒症。

二、简答题

（1）能促进幼儿的身心健康；（2）有助于幼儿形成良好的生活习惯；（3）是全面完成幼儿园教育任务的保证。

三、材料分析题

（1）对破了皮的膝盖，应观察伤口的深浅，若仅蹭破了表皮，只需将伤口处的泥沙清理干净即可。如果伤口较深有出血，应该用自来水或生理盐水清洁伤口，消毒水消毒伤口，处理后无须包扎。

（2）对头上鼓起的包，应迅速采用冷敷的方法，防止皮下继续出血，以达到止血、消肿、止痛的目的。如出现呕吐、嗜睡等脑震荡症状，要及时送到医院处理。

模块四
幼儿园环境创设

▰ 命题聚焦

　　本模块历年出题量少，题目难度适中。考生在复习时要掌握一些基本概念，理解幼儿园环境的特点，熟悉环境创设的原则和方法，了解常见的活动区类型及功能，并能运用知识对材料进行分析并提出改进建议。另外，心理环境对幼儿发展的影响，家园合作，幼儿园与家长沟通的方式也需要考生掌握。

▰ 考纲透视

　　1．熟悉幼儿园环境创设的原则和基本方法。

　　2．了解常见活动区的功能，能运用有关知识对活动区设置进行分析，并提出改进建议。

　　3．了解心理环境对幼儿发展的影响，理解教师的态度、言行在幼儿心理环境形成中的重要作用。

　　4．理解协调家庭、社区等各种教育力量的重要性，了解与家长沟通和交流的基本方法。

第十六章　幼儿园环境创设概述

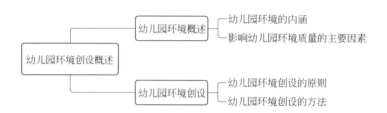

第一节　幼儿园环境概述

一、幼儿园环境的内涵

1．幼儿园环境的概念

广义的幼儿园环境　指幼儿园教育赖以进行的一切条件的总和。它包括幼儿园内部小环境，又包括园外的家庭、社会、自然、文化等大环境。

狭义的幼儿园环境　指在幼儿园中，对幼儿身心发展产生影响的物质与精神的要素的总和。它涵盖幼儿园的全体工作人员、幼儿、幼儿园房舍、设备设施、空间布局以及各种信息要素，并通过一定的教育制度与观念以及文化传统所组织、综合的一种动态的、有形与无形相结合的教育空间范围。

2．幼儿园环境的分类

幼儿园环境按性质可分为物质环境和精神环境两大类。

（1）物质环境

①广义的物质环境指对幼儿园教育产生影响的一切天然环境与人工环境中事物要素的总和。包括自然风光、城市建筑、社区绿化、家庭物质条件、居室空间安排、室内装潢设计等。

②狭义的物质环境是指幼儿园内对幼儿发展有影响作用的各种物质要素的总和。包括园舍建筑、园内装设、场所布置、设备条件、物理空间的设计与利用及各种材料的选择与搭配等。

狭义的物质环境又分为自然物质环境和社会物质环境两部分。自然物质环境指幼儿园中各种自然条件的总和，如花草、树木等都是幼儿园教育活动可以直接利用的教育资源；社会物质环境主要由幼儿园的活动室、户外活动场地、各种设备和活动材料、空间结构与环境布置等要素构成。

（2）精神环境　幼儿园精神环境指幼儿与教师、教师之间、幼儿之间的人际关系及幼儿园的班风、园风等精神氛围。

①广义的精神环境泛指对幼儿园教育产生影响的整个社会的精神因素的总和。主要包括社会的政治、经济、文化、道德、风俗习惯、生活方式、人际关系等。

②狭义的精神环境指幼儿园内对幼儿发展产生影响的一切因素的总和。主要包括教师的教育观念与行为，幼儿园人际关系、幼儿园文化氛围等。

3．幼儿园环境的特点

（1）环境的教育性　创设与教育相适应的良好环境，让幼儿园的每一个平方米都发挥教育的功能。

（2）环境的可控性　幼儿园的环境是教育工作者精心设计的，是一种高结构式的组合，具有很强的可控性。幼儿园内的环境与外界环境相比，具有可控性，幼儿园内环境的构成处于教育者的控制之下，具体表现在：一方面，社会上的精神、文化产品、各种儿童用品等在进入幼儿园时，以有利于幼儿发展为选择标准；另一方面，教师根据教育的要求及幼儿的特点，有效地调控环境中的各种要素，维护环境的动态平衡，使之始终保持在最适合幼儿发展的状态。

（3）环境的生活性　在环境上要贴近幼儿的生活，便于幼儿在充满情趣的环境中自由、愉快、方便地从事各种活动。

（4）环境的美观性　幼儿园是小朋友们接触的第一个集体式环境，要从幼儿的角度出发，将环境打造出立体美观的效果。

二、影响幼儿园环境质量的主要因素

1. 物质条件　创设合格的物质环境是保证教育质量的第一步。

2. 人的要素　决定环境质量的关键因素是人。教师的敬业精神和观念、水平等是环境中对教育质量影响最大的因素。

3. 幼儿园文化　园长、教师、家长的综合素质，形成的幼儿园文化，使幼儿园环境的氛围和布置及教育意义随之迥然不同。

真题回顾

【2017 年上·单项选择题】幼儿园环境创设中，使用易于识别的生活行为规则标识图。其最主要的目的是（　）。

A．美化环境　　　　　　　　　　　B．便于幼儿看图说话

C．便于幼儿认识各种符号　　　　　D．便于幼儿习得生活技能和行为准则

【答案】D

【解析】关键词为生活行为规则。故正确答案为 D。

第二节　幼儿园环境创设 ▶

一、幼儿园环境创设的原则

幼儿园环境创设的原则是指教师创设幼儿园环境时应遵循的基本要求。这些要求是根据幼儿教育的原则、任务和幼儿发展的特点提出来的。幼儿园环境创设必须遵循的基本原则是：

1. 环境与教育目标一致的原则

幼儿园环境是幼儿园课程的一部分，在创设幼儿园环境时，要考虑它的教育性，应使环境创设的目标与幼儿园教育目标相一致。

2. 发展适宜性原则

幼儿园环境创设要符合幼儿的年龄特点及身心健康发展的需要，促进每个幼儿全面、和谐地发展。既要符合不同年龄阶段之间儿童的发展需要和身心发展特点，也要考虑同一年龄阶段不同幼儿身心发展的差异性。

3. 幼儿参与性原则

环境创设的过程是幼儿与教师共同参与合作的过程。

4. 开放性原则

开放性原则是指创设幼儿园环境时，不仅要考虑幼儿园内环境要素，也要重视园外环境的各要素，两者有机结合，协同一致地对幼儿施加影响。

5. 经济性原则

经济性原则是指创设幼儿园环境应考虑不同地区、不同条件园所的实际情况，做到因地制宜、因陋就简。此外，根据本园需要，就地取材，一物多用，少花钱，多办事，办好事。

6．安全性原则

在环境创设中，材料应做到安全无毒；室外有塑胶地，供幼儿蹦跳、爬、跑；家具和器具实施软包装。

二、幼儿园环境创设的方法

主要指的是幼儿园日常教学环境的创设，而非幼儿园基础环境的规划与布置。

1．讨论法

讨论法是指教师引导全班幼儿通过讨论的方法，选择或确定环境创设的主题和内容以及与环境材料互动的方法等。幼儿园环境创设的主题和内容往往是从一日生活中幼儿感兴趣的活动中派生出来的。

2．探索法

探索法是让幼儿自己在环境中发现问题，独立解决问题，同时获得知识。这种方法可以培养幼儿学习的内在动机，提高他们与环境和材料交往的积极性。幼儿园环境中隐藏了幼儿探索的无限"机密"，幼儿尝试用各种不同的方法，对墙饰、活动区域、材料、游戏、活动设施设备进行探索，发现事物的变化。

3．操作法

操作法是教师指导幼儿动手操作，让幼儿掌握知识，形成技能技巧和习惯的基本方法。操作法的运用依赖于操作材料。幼儿把各种材料视为最美好的材料，通过操作了解材料的性质，实现自己的目的。

4．评价法

幼儿园环境评价是对环境质量的评价，包括对幼儿适应环境的评价，对幼儿的环境创设和互动行为的评价，对教师的环境创设效果的评价等。幼儿园环境评价贯穿环境创设的整个过程，可了解幼儿的发展状况，以及环境与幼儿行为的相互影响。对教师的行为具有明显的导向作用，评价过程的信息反馈能强化教师的教育行为，从而更好地完善和优化环境创设。

第十七章 幼儿园活动区环境创设

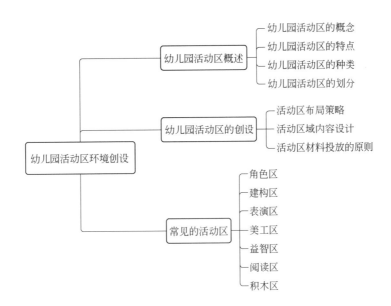

第一节 幼儿园活动区概述

一、幼儿园活动区的概念

幼儿园活动区，又被称为"区域活动"或者"区域游戏"。是指利用活动室、睡眠室、走廊及室外场地来设置各种区角，依据教育目标、幼儿的兴趣和发展需要以及主题活动发展进程，在各区角投放一定的材料，为幼儿创设的分区活动的场所，让幼儿根据自己的兴趣和意愿选择活动内容和活动方式的小组化、个体化教育活动的一种形式。

二、幼儿园活动区的特点

（1）**开放性** 方便合作、互动、参与、支持和观摩。
（2）**可操作性** 便于布置、材料提供和组织活动。
（3）**灵活性** 能灵活根据需求，重新布置，改变活动材料。
（4）**个性化** 能满足儿童个性发展需要，提供多方面、丰富的活动材料。

三、幼儿园活动区的种类

开展区域活动首先将幼儿活动室分成若干区域，每一个区域的活动都指向于一定的发展目标，有相对应的活动内容和操作材料，区域活动的内容和材料随着主题活动的改变、幼儿的发展和探究兴趣定期或不定期进行调整。
1. 根据活动领域分
科学区、数学区、语言区、音乐区、美术区、运动区、生活区、角色区。
2. 根据活动方式分
操作区、探索区、益智区、扮演区、建构区、阅读区、表演区、美劳区。

3．根据空间结构分

（1）室内活动区　语言区、美工区、科学区、建构区、角色区、益智区、表演区等。

（2）室外活动区　玩沙区、玩水区。

4．根据功能分

（1）学习性活动区　生活区、探索区、表演区。

（2）游戏性活动区　玩沙区、玩水区、种植区。

四、幼儿园活动区的划分

教师要考虑本园和本班的实际情况，尽量创设能满足幼儿需要的活动区域。一般来说，60平方米的活动室，30～35人的班级能创设6个左右活动区，平均每个区容纳5～6人，这样，幼儿与区域数量基本相同，也便于幼儿自由选择。空间面积有限的幼儿园还可以扩大区域活动的设置空间，利用幼儿园的门厅、走廊、阳台的空间。一般来说，图书柜和操作台可以作为活动区域的分隔物，以扩大幼儿区域活动的空间。

第二节　幼儿园活动区的创设

一、活动区布局策略

1．干湿与动静分区

区域活动的环境要根据活动的内容及特点来进行合理的布局，如科学区、生活、美工区中的一些活动内容有时需要用水，可以相对靠近盥洗间或有水池的地方；而图书区、建筑区等无须用水，可以选择远离水源的地方设置；有些区域活动需要比较安静的环境，比如图书区、数学区，有些区域活动幼儿行进活动的成分较大，比如小舞台、建筑区、角色区等，要根据活动区的特点进行合理布局，以免相互影响。

2．固定与临时分区

设计时不仅要考虑到幼儿在自由活动时间可以随时进入活动区，而且要留有一块便于随时集体活动的宽敞空间，因此，教师要根据本班环境条件和资源，因地制宜地设立2～3个以上的固定活动区域，其他活动区可以临时用地垫、拖拉柜或者其他材料进行区域分割。在条件许可的情况下，要多设立固定的活动区域，以便于幼儿操作和探索。

3．独立与整合分区

一些区域活动独立性较强，和其他区域幼儿交互比较少，比如建筑区、数学区、图书区等，最好位置相对固定，形成有序的操作氛围；一些区域活动因内容不同，常常会和其他区域幼儿发生联系，教师可以根据需要进行一些区域活动的整合。

4．活动室应方便通畅

活动区应靠墙设置，最好一个活动区一个入口。同时活动室中央和各个门口（盥洗室门口和大门口等）最好不要设活动区，以保证过道大小合适，避免拥挤。

二、活动区域内容设计

1．区域活动内容设置应以促进幼儿全面发展为基础

区域活动内容设置应以促进幼儿全面发展为基础，根据儿童发展目标和本阶段课程实施目标，在了解幼儿兴趣、需要和能力发展水平的基础上，贴近幼儿实际生活，确立各个活动区的具体目标，并进行相应内容设计和投放相关材料。一般来说，小班区域活动内容最少为6～7个，中班为8～9个，大班为9～10个。

2．区域活动内容要与主题活动发展目标相联系

在实施主题活动时，一些操作探索性强的学习内容有机地融入区域活动，幼儿在开放的活动区

中，自主探索和操作，产生新想法和新做法，区域活动作为主题活动的延伸和补充，起到了丰富和发展主题的作用。此外，区域活动内容应当随着主题活动的变化而不断进行调整。

三、活动区材料投放的原则

区域活动的材料是幼儿主动建构知识的媒介，区域活动的教育功能主要由材料来实现。为了更好地实现教育目标，教师可以预设不同区域的不同教育功能，通过投放与教育目标一致、与幼儿能力发展水平适宜的材料，促进幼儿身心全方面的发展。

1. 目的性原则

各种材料在运用到不同区域或者采用不同操作方式后所产生的教育价值不同，因此在一个区域活动中所提供的各种材料总是隐含某种教育功能。教师要明确各个区域的各种材料所隐含的不同教育功能，并在此基础上将幼儿发展目标和材料的教育功能对应起来，有目的地引导幼儿进行操作探索活动，以达到区域活动的预定教育目标。需要注意的是：材料和目标之间并不是唯一和绝对的关系，依投放方式不同，形成宽泛而灵活的目标功能关系。

2. 适宜性原则

活动区材料和工具的投放要符合幼儿的年龄特点。提供符合幼儿的认知经验和操作能力的材料和工具，容易引起幼儿操作的兴趣，幼儿也容易在操作中获得成功感。

活动区材料和工具的投放还要适量和有序。活动区材料的种类和数量能充分满足幼儿操作需要即可，并非材料的种类和数量越多越好。所增添的区域活动材料必须是幼儿熟悉的，在懂得操作使用要求的基础上，放置在活动区中，这样既明确体现了材料的功能性，又奠定了活动区有序的基础，有助于幼儿形成使用工具、材料的良好操作习惯。

3. 丰富性原则

为满足幼儿操作需要，需要提供数量充足，形式、功能多样的活动区材料。区域活动材料的丰富性还需要结合幼儿年龄特点和发展状况来确定。比如：角色区的构建，小班幼儿以平行游戏为主，提供的物品种类要少，数量要多，最好每人一份。班级娃娃家，可以有4～6个家，每家家里的物品都基本一样，这样符合这个年龄段幼儿的心理特点。中班幼儿喜欢扮演，并开始喜欢交往，可以增加幼儿生活经验中常见的交往对象，娃娃家数量减为3～4个，增加理发店、菜场、医院等游戏；大班幼儿喜欢挑战，可以开展幼儿园游戏、军队游戏，满足幼儿的模仿需要以及喜欢自己做主、自由行动的需要。

4. 层次性原则

教师在选择和投放操作材料时，要在所要投放的材料与所要达成的目标之间，按照由浅入深、从易到难的要求，分解出若干个能与幼儿认知发展相吻合的层次，投放难度不同的材料，满足幼儿个体操作和学习的需要，从而更大效益地实现教育目标。

5. 操作性原则

幼儿喜欢操作摆弄，教师所提供的区域活动材料最好是能让幼儿动手做做、摆摆，再配以说说、画画，这样有助于吸引幼儿主动地参与操作，激发创造欲望，在操作中思维能力、动手能力以及合作能力得到发展。

第三节　常见的活动区 ▶

一、角色区

角色区是满足幼儿开展角色游戏的活动区域。在此区域内，幼儿通过扮演角色，运用想象，创造性地反映个人生活印象，通常都有一定的主题，如娃娃家、商店、医院等，角色游戏是幼儿期最典型、最有特色的一种游戏。

角色区的教育功能有：
①能够满足幼儿模仿成人世界的需要；
②能够满足幼儿表达对生活认识的需要；
③是扩大幼儿生活经验、发展语言能力的有效途径；
④是幼儿理解他人情感和需要的有效途径，如扮演商店、医院里的角色；
⑤是增进幼儿之间的交往，发展他们妥善处理人际关系的能力和增加智慧的有效途径。

二、建构区

建构区是幼儿通过操作各种基本元件材料进行结构造型游戏的场所，如高楼大厦、立交桥、公园等。凡利用各种结构材料或玩具进行建构的活动都称之为建构游戏。建构区的教育功能有：
①能够满足幼儿情绪、情感的需要，在探索建构性玩具过程中获得感官上的满足；
②通过手对材料的加工，认识其物理特性，并了解物体在造型方面的特征；
③在练习过程中增强手指的力度和大小肌肉动作的协调性；
④通过各种建构材料重现过去的经验，经反复练习，提高空间知觉能力；
⑤能够调动幼儿构思、设计、协作、交流的积极性。

三、表演区

表演区是满足幼儿开展表演游戏的活动区域。表演游戏是一种创造性游戏，是幼儿按照童话、故事中的角色、情节、语言，进行创造性表演的游戏。表演区的教育功能有：
①可以满足幼儿的情感需要；
②可以满足幼儿活动和表演的需要；
③是幼儿学习和掌握表演技能的有效途径；
④是幼儿接受表演艺术熏陶的途径；
⑤是幼儿表现美和对文艺作品再创造的过程。

四、美工区

美工区是满足幼儿开展美劳游戏的活动区域。美工区的活动内容有平面造型、立体造型、自然材料、利用废旧材料制作玩具等。美工区的教育功能有：
①促使幼儿学习、观察和感受周围事物，并用美工材料表达情感和思想；
②为幼儿提供接触各种材料的机会，使其了解各种材料的特性，学习利用工具进行立体造型活动；
③发展幼儿的创造力、想象力和表现力，使其体验成功的快感；
④锻炼幼儿的小肌肉，增强手眼协调能力，以及解决问题的能力。

五、益智区

益智区是满足幼儿开展益智游戏的场所。益智游戏是以游戏的形式锻炼脑、眼、手的游戏，使人在游戏中获得逻辑力和敏捷力。益智区的教育功能有：
①满足幼儿的好奇心和求知欲；
②满足幼儿认知发展的兴趣和需要；
③是幼儿主动性、探索性学习的有效途径；
④满足幼儿自我挑战的需要，搭建成功的平台。

六、阅读区

阅读区是专门为幼儿设置的，以图书为主要欣赏对象的欣赏性活动区域。阅读区的教育功能有：
①感受图书带来的愉悦感，缓解不良情绪和压力；
②感受文化的熏陶，培养良好的阅读兴趣和习惯；
③增强对图画和文字的敏感度，提高阅读理解能力；
④帮助幼儿形成积极的人生态度和良好品格。

七、积木区

积木区是让幼儿操作积木的活动区，在该区域，幼儿能利用积木自由地进行建构和组合。在积木区中可以放置的器材有手推车、玩具卡车、搬运车、小人、小动物、小树、小房子、农场、动物园、交通标志等。积木区的教育功能有：
①发展幼儿的空间知觉；
②积极促进幼儿与他人合作能力的发展；
③促进幼儿表达能力的发展。

第十八章　幼儿园心理环境创设

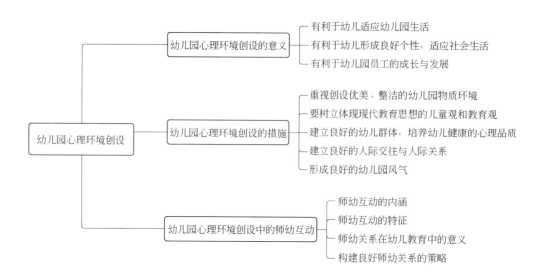

第一节　幼儿园心理环境创设的意义

《幼儿园教育指导纲要（试行）》中指出："幼儿园应为幼儿提供健康、丰富的生活和活动环境，满足他们多方面发展的需要，使他们在快乐的童年生活中获得有益于身心的和谐发展。"

一、有利于幼儿适应幼儿园生活

从家庭走向幼儿园，对每一个幼儿来说都是一种转折。教师要为新入园的幼儿做好全方位的准备，为儿童提供心理上的支持至关重要。教师要帮助幼儿克服第一次离开父母的焦虑，稳定幼儿的情绪，帮助幼儿适应并喜欢幼儿园的集体生活，帮助幼儿尽快融入集体生活。

二、有利于幼儿形成良好个性，适应社会生活

为幼儿提供与同伴共同游戏和学习的机会，将幼儿置于各种人际关系中，帮助其理解社会行为规范，适应社会生活，养成良好性格，克服孤独、自私等不良性格。

三、有利于幼儿园员工的成长与发展

心理环境能使人在潜移默化中受到感染和熏陶。良好的心理环境，有利于形成协调的人际关系，使员工乐于从事自己的学习和工作；相反，不良的心理环境，只能使人感到处处受压抑，导致各种个性不良品质的形成，使员工情绪低落，养成消极的思想方法和行为习惯。

第二节　幼儿园心理环境创设的措施

一、重视创设优美、整洁的幼儿园物质环境

《幼儿园工作规程》明确指出，必须"创设与教育相适应的良好环境，为幼儿提供活动和表现能

力的机会和条件"。物质环境在要求上应该具有安全、舒适、卫生、实用等特点，环境布置应做到绿化、美化、净化、儿童化和教育化。

园内设备和材料应丰富多彩，能满足不同幼儿的不同需要和多种需要。活动室作为幼儿在园的主要生活空间，应宽敞明亮，布置上要体现立体化、平衡化和动态化，即地面、墙面与空间都要充分用来提供教育信息，各种知识之间、知识与技能之间、教师动手与幼儿动手之间要相对均衡，环境布置的内容要随教学内容、季节特点的变化而变化。

二、要树立体现现代教育思想的儿童观和教育观

儿童观是对儿童总的认识，即各种对待儿童观点的总和；教育观是在一定的儿童观指导下，对儿童的态度和所施行的教育思想，它是在儿童观的基础上产生的。

树立体现现代教育思想的儿童观和教育观，就是要对幼儿有真挚的爱，与幼儿有良好的沟通，知道幼儿的需要和想法，并让幼儿理解老师的要求及标准，让幼儿在老师的正确指导下，高标准严要求地成长。爱的教育氛围，是保证幼儿全面发展的最佳教育模式。

三、建立良好的幼儿群体，培养幼儿健康的心理品质

群体是我们社会生活的基础，我们每一个人都生活在一个群体当中，幼儿也不例外，所以，建立良好的幼儿群体，是幼儿园心理环境的重要内容，它能促进幼儿个体心理的发展。教师应注意引导、鼓励和帮助幼儿参加各种活动，并随时肯定、表扬他们的积极性和良好表现，以促进幼儿身心健康发展。

四、建立良好的人际交往与人际关系

人际交往是幼儿园教育工作和管理活动的基本形式，无论是教师之间还是教师与幼儿之间，所有的行为规范和集体准则，无一不是在人际交往与协调过程中逐步形成的。教师和幼儿都有喜欢交往的倾向，通过交往活动，他们都能使各自的心理愿望和精神需要得到满足。

五、形成良好的幼儿园风气

良好的幼儿园风气，是指园内所有成员在工作、学习、生活和行为方面比较一致的富有个性特点的、稳定的集中表现。它要靠全体教职员工经过长期培养才能逐渐形成，而一旦形成，则对全体成员具有潜移默化的影响作用。所以，幼儿园领导应重视园风的建设工作，对幼儿园的发展应有较清醒的认识，对成员应有较严格的要求，在短时间内克服和改变不符合幼儿园集体的行为，这样，使幼儿园逐渐成为一个教师和幼儿喜爱的、多色彩的、服务育人的天地，使生活在这块天地里的教师和幼儿，身心能和谐健康的发展。

第三节　幼儿园心理环境创设中的师幼互动 ▶

一、师幼互动的内涵

师幼互动即教师与儿童之间相互作用、相互影响的行为及过程。主要包括三种类别：教师与全班幼儿的互动，教师与小组幼儿的互动，教师与个体幼儿的互动。

二、师幼互动的特征

1．教育性
（1）目的是促进幼儿认知、社会性等方面的发展。
（2）教师的行为客观上对儿童有示范性影响。
（3）教师的情感、期望、评价影响着儿童学习的动机、态度和自我认知。
2．交互性和连续性
（1）交互性　教师与幼儿之间是双向影响的过程。
（2）连续性　师幼互动是不断地循环影响和调整的过程。
3．网络性
横向上看，师幼互动不仅会影响到某个儿童，而且会影响到其他儿童与教师、与该名儿童的交往。纵向上看，师幼互动会影响教师后续与儿童之间的一系列交往行为。
4．组织化和非正式相结合
师幼互动实践中既存在专门组织的互动活动，也存在大量非正式的互动。
5．非一一对应
不同于亲子互动，师幼互动更多时候并非一一对应，而是教师同时与多个儿童之间互动。
6．系统性和综合性
影响师幼互动的因素是多方面的，同时师幼互动又是以多种形式和内容贯穿在幼儿一日生活中。

三、师幼关系在幼儿教育中的意义

1．良好的师幼关系有助于幼儿获得关爱
幼儿教师的基本要求和责任就是关爱幼儿，幼儿可以体验到来自幼儿教师的关爱，从中获得精神需要的满足，是良好师幼关系的体现。
2．良好的师幼关系有助于幼儿获得安全感
一般而言，幼儿的安全感多来自于幼儿可信赖的人。在幼儿教育活动中，幼儿教师即为幼儿最可信赖的人，可以使幼儿更安全、自信、从容地进行活动。
3．良好的师幼关系有助于幼儿之间建立同伴关系
良好的师幼关系有助于教师帮助幼儿建立良好的同伴关系，而不良的师幼关系可能破坏幼儿之间的同伴关系。
4．良好的师幼关系有助于教师的专业成长和发展
师幼关系直接影响教师对幼儿行为的理解和关注，良好的师幼关系有利于教师顺利地开展教育教学活动，提高教育质量，促使教师在自己的教育教学活动中不断地进行反思，而后在反思中提高，从而实现教师专业的完善和发展。

四、构建良好师幼关系的策略

1．树立新型的教育观念。
2．科学定位教师的角色。
3．尊重幼儿的人格尊严。
4．提高教师的素养，实现师幼之间有效互动。
5．正确理解教师与幼儿之间的关系。
6．建立师幼之间良好的情感关系。

第十九章　幼小衔接与家园合作

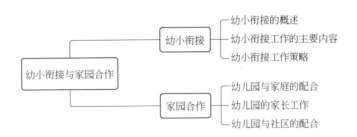

第一节　幼小衔接

一、幼小衔接的概述

1. 幼小衔接的概念

幼小衔接是指幼儿园与小学两个教育阶段平稳过渡的教育过程，也是幼儿在其发展过程中所面临的一个重大的转折期。由于生活习惯上的骤变，以及课目的繁重，使许多小孩子在进入小学后出现疲劳、消瘦、害怕学习的现象。

幼小衔接是处于幼儿园与小学阶段的学童具有不尽相同的身心发展特征，解决好幼儿教育与小学教育的衔接问题，对于促进人的可持续发展，提高教育质量都具有重要意义。

2. 幼小衔接的意义

幼儿教育与小学教育在教育目标、任务、内容、形式和方法等方面有明显差异，因而使得幼儿园与小学形成和坚持各自的教育教学特点与模式。大量的幼儿在缺乏过渡到小学的经验准备或过渡经验准备不足的情况下，从幼儿园毕业进入小学。他们在新的生活、学习环境中，立即感受到了从未经历过的来自各方面的巨大压力，许多儿童的身心在适应新的生活和学习环境方面出现了较大的困难。使他们的认知兴趣迅速下降，自尊心、自信心不断的减弱。

因此，针对当前教育、教学上的"脱节"现象，我们幼儿园大班组让幼儿在大班阶段，开展一些相适宜的活动，让孩子在幼儿园和小学之间有良好的过渡，同时也让家长积极参与活动，了解活动的目的和意义，真正通过家园配合，帮助孩子完成人生中关键的过渡。

二、幼小衔接工作的主要内容

1. 培养幼儿对小学生活的热爱和向往

幼儿对小学生活的态度、看法、情绪状态等，对其上小学后是否能适应关系很大。因此，幼儿园阶段应注意培养幼儿愿意上学，对小学的生活怀着兴趣和向往，让幼儿获得积极情感体验。

2. 培养幼儿对小学生活的适应性

（1）培养幼儿的主动性　培养幼儿的主动性就是要在幼儿园教育中，培养幼儿对周围的人和事物的积极态度和自信心，激发幼儿对活动的参与欲望和兴趣，给他们提供自己选择、自己计划、自己决定的机会和条件，鼓励幼儿去探索、去尝试，并使他们尽量获得成功的体验。

（2）培养幼儿的独立性　独立性和生活能力的培养必须通过家庭和幼儿园的合作才能实现。家园要共同要求幼儿自己能做的事自己做，帮助幼儿学会必要的技能，如自己整理书包、自己收拾玩具、自己穿脱衣服等等。同时，做老师和家长的小帮手，参加一些力所能及的劳动。这方面的教育与主动性的培养是一致的，可以在同一活动中培养。

（3）发展幼儿的人际交往能力　幼儿人际交往能力的重要性表现在上小学后对新的人际环境的适应上。人际交往能力差的幼儿胆小，不能主动地与同伴交往或友好相处，遇到问题也不敢去找老师反映或寻求帮助等，结果没有新朋友，他们感到孤独，心情沮丧，学习兴趣大大减低，学校的吸引力也随之消失。

（4）培养幼儿的规则意识和任务意识　小学环境中有大量的新规则出现（如进老师办公室要报告、上课前书要摆在书桌右上角、上课不能喝水、手要放好不能搞小动作等），幼儿难以记住和遵守，这成为不少新生在学校受批评的主要原因。

3．帮助幼儿做好入学前的学习准备

（1）培养良好的学习习惯　从小养成好的学习习惯，将使幼儿终身受益。如爱看图书的习惯，做事认真的习惯，注意力集中地听老师讲话的习惯，保持文具、书本整洁的习惯，等等。若认为这些是小事，"树大自然直"，这是不对的。习惯不好，以后很难纠正，对学习的危害是很大的。幼儿期间，教师和家长应当从日常生活的每件事情上严格、一致、一贯地要求，习惯才能建立。

（2）培养良好的非智力品质　所谓非智力品质，是指影响智力活动的各种个性品质，主要是认识兴趣、学习积极性、意志、自信心等。学习不仅仅是有聪明的脑袋就行，离开良好的非智力品质，智力是不可能单独成长的。幼儿的社会适应性对入学的影响很大，与学习成绩关系密切，也就是这个原因。

三、幼小衔接工作策略

1．培养幼儿的学习能力

（1）适当延长集体活动的时间　小学上课时间规定是四十分钟，与幼儿园相比较，静多动少，并且要求遵守严格的课堂纪律，幼儿园在集体活动时间的安排上做适当延长，让小朋友在心理上、时间概念上有好的准备。

（2）养成按时完成任务的习惯　做一些手工或阅读作业，请家长辅导幼儿按时完成，帮助幼儿建立时间概念等。

（3）加强阅读能力的培养　坚持开展阅读活动，主要形式包括自由阅读和指导下的阅读活动两种。这两种活动，使小朋友既能自由选择阅读内容，又能得到相应的引导，在有目的、有计划的阅读中，阅读方法、阅读兴趣、阅读能力有了大幅度提高。这些能力又直接、有力地促进学习能力的发展。

（4）增加识字量　大班幼儿对认读文字感兴趣，喜欢在故事的文字中主动认读自己认识的汉字。因此我们可以利用电教活动播放识字动画增加幼儿的识字量。还可以通过"字宝宝"等来认识汉字。

（5）养成自我管理学习用具的好习惯　通过展开专门的教育活动，让幼儿学会使用学习用具以及怎样保护学习用具，让幼儿了解学具在书包里的摆放顺序，掌握整理书包的一般技巧，懂得爱护书本。

（6）看书、写字姿势正确的好习惯　开展专门的教育活动，教幼儿学会如何正确看书（看书的姿势及用眼问题）、正确握笔的方法、正确的写字姿势等，让孩子养成良好的习惯。

2．培养幼儿良好的生活习惯

（1）遵守幼儿园的作息时间　开展活动让幼儿了解遵守作息时间的意义，并逐步了解自己在幼儿园的作息时间表，引导幼儿在集体活动时间里逐渐保持注意的稳定和持久，尽量在活动后喝水、上洗手间。为能遵守小学作息时间奠定基础。

（2）培养幼儿养成早起的习惯　班级以不同的形式和方法，激励幼儿早起，参加幼儿园的早操活动，同时开展家长工作，让家长配合，让孩子顺利适应小学生活。

（3）自己的事自己做　教师提供机会，让幼儿开展自我服务和他人服务性的活动，如自己穿衣、收拾图书和玩具、自己擦桌子、积极参加值日生活动、自己的衣物自己管理等。要求家长也在家庭中提供相应的机会，提高幼儿的生活能力。

3．培养幼儿的运动能力

鼓励幼儿积极参加幼儿园的早操、户外活动等，增强幼儿体质。鼓励幼儿不随便请假。

4．家长开展对孩子心理适应的培养

家长对孩子心理适应培养的内容：孩子的学习意识、学习习惯、作息时间、各种生活能力（自我管理、与他人交往、应付突发事件、安全意识等）、心理素质等。家长还要鼓励孩子养成早睡、早起的好习惯，为孩子顺利地走进学校生活做好充分的心理准备。

第二节　家园合作 ▲

一、幼儿园与家庭的配合

家庭教育和幼儿园配合是指幼儿园和家庭都把自己当作促进儿童发展的主体，双方积极主动地相互了解、相互配合、相互支持，通过幼儿园与家庭的双向互动，共同促进儿童的身心发展。

二、幼儿园的家长工作

1．幼儿园家长工作的原则

（1）尊重家长的原则　尊重家长是做好家长工作的前提。对不同社会地位、不同职业、不同经济条件的家长要一视同仁，同样尊重。教师只有真诚地尊重家长，家长才会乐于接受幼儿园的教育宣传，才能积极地配合改进家庭教育。

（2）要求适度的原则　由于家长的文化教养、职业状况、精神面貌和生活方式各有差异，所以教师应帮助家长与幼儿园教育保持协调一致，使家长更好地履行父母的职责，发挥应有的作用，促进儿童的发展，增进家庭的幸福。

（3）双向反馈的原则　幼儿园在开展家长工作时，既要向家长输出科学育儿的信息，也要努力收集家长反映的信息，对来自家长的反馈，无论是积极的或消极的，都要认真分析处理。加强幼儿园教育与家庭教育的相互促进、相互制约，共同保证幼儿的身心健康发展。

2．幼儿园的家长工作方法

（1）入园之前的家访工作　家访前教师要做好充分的准备，包括熟悉孩子的资料，怎样回答家长可能提出的问题及打电话预约等。

（2）入园与离园　在家长接送幼儿的过程中，有目的地与个别家长交谈，对于孩子的优点要及时地向家长说明，对于孩子需要改进的地方要婉转地向家长提出，并与之协调好家园共育的问题。

（3）各类活动　幼儿园要定期举办一些亲子活动、节日联欢、开放日等，这样一是可以使家长更清楚地了解到孩子在园的情况，方便与教师之间的配合；二是可以使家长了解教师工作的辛苦，能体谅教师；三是可以增进教师、家长、幼儿之间的亲密程度，更方便以后的家园合作。

（4）家园之窗　一般的幼儿园活动室门口，都有一块家长园地，这是联系家园的纽带，是传输信息和知识的桥梁。一是介绍保教内容，帮助家长明确本阶段教育重点，增强家庭教育的目的性。二是定期贴出大家关心的话题，在小型家长会上可以与家长们共同讨论交流。也可以开辟"温馨语""关注孩子"等栏目，教师把需要家长配合的要求写在上面，家长可以通过该栏目向教师提出意见或建议等。

（5）家长委员会　家长委员会由几位时间充裕、有良好育儿观念的热心家长组成，他们可以把家长共同关心的话题告诉教师，平时有什么好的意见和建议也可向教师说明。另外，如果教师遇到什么棘手的问题，也可以请教家长委员会，大家一起出谋划策，解决问题。

（6）家园联系手册　由于教师每天与家长见面的时间只能是早上送孩子和下午接孩子时短短的一段时间，而且由于时间相对比较集中，所以无法与每位家长进行深谈。因此可以通过《家园联系手册》向家长反映幼儿在园生活、学习情况。家长接到联系册，就能较为全面地了解幼儿在园的情况。同时，家长也可及时反馈幼儿在家的一些情况。

（7）家长学校　幼儿园可以通过家长学校系统地向家长传授科学育儿知识，咨询家庭教育中存在的问题，根据家长的要求举办各种专题讲座，组织家长就共同关心或感兴趣的问题进行交流研讨，还可以根据需要印发一些文字材料或办简报等。

三、幼儿园与社区的配合

《幼儿园教育指导纲要（试行）》总则中明确指出："幼儿园应与家庭、社区密切配合，综合利用各种教育资源，共同为幼儿的发展创造良好的条件。"在组织与实施中又指出："充分利用自然环境与社区的教育资源，扩展幼儿生活学习的空间，幼儿园同时应为社区的早期教育提供服务。"

1．幼儿园开发利用社区教育资源的意义

（1）适应世界幼儿教育事业发展的需要　幼儿教育从封闭走向开放，如瑞吉欧教育体系即是由幼儿园、家庭、社区共同组成的"教育社会"。

（2）适应我国幼儿教育现实的需要　幼儿园、家庭和社区是幼儿生活发展的三大基本空间。目前存在的问题：合作活动流于形式、教育资源的浪费等。

（3）适应幼儿自身发展的需要　个体不可能脱离社会，脱离其生长的社会群体而独立成长。幼儿园与社区的充分配合，能真正形成与社区高质量、频繁的交往互动，使幼儿真正走出幼儿园，受到更丰富和实在的教育。

（4）适应社区教育发展的需要　社区和幼儿园各有优势，幼儿园与社区合作能更有利于社区了解教育、参与教育，提高幼儿园保教质量。幼儿园和社区应发挥自身的优势，进行人力资源与物质资源的优化与互补，提供对方所需要的服务。

2．幼儿园社区工作的主要内容

（1）确定托幼机构与社区间的定期联系制度。

（2）动员社区力量共同办好托幼事业。

（3）充分利用社区内公共设施和教育资源，建立联合教育网络。

（4）因地制宜，设置和指导非正规托幼机构。

（5）开展科学的教育知识宣传活动。

真题回顾

【2013 年下·材料分析题】材料：下周一要开展手工活动，张老师要求家长给幼儿园准备废旧材料。周一那天，只有苗苗没带材料来，张老师就不让她参加活动。苗苗站在一旁，看同伴活动，情绪很低落，一天都很少说话。回家后，苗苗冲爸爸大发脾气……

阅读材料，回答下面的问题：

1．你认为张老师的做法适宜吗？（1分）为什么？（9分）

2．你觉得张老师应该怎样做？（10分）

【答案】1．不适宜，原因如下：班级开展手工活动，需要家长的配合，这是家园合作的一个良好契机。但是，张老师硬性要求每位幼儿都要准备废旧材料，这就显得不适宜，家长没有义务为幼儿园提供该老师所要求的材料，也就是说该老师没有做到对家长的尊重，也没有采取很好的方式来获得幼儿家庭的支持。苗苗没有带材料，张老师就不让其参加活动，这就剥夺了孩子在园参加活动的权利，伤害了孩子的自尊心，也有可能给孩子造成心灵上的伤害。所以，张老师的做法违背了家园合作的初衷，活动的效果就会受到影响。

【答案】2．作为一名幼儿教师，张老师应该这样做：在沟通方式上，应该采取更加缓和开明的沟通语气，告诉家长幼儿园举办此次活动的意义及目的，并希望家园同心协力。有条件的家长可以带一些废旧材料来园，这样更加可以调动幼儿参加活动的积极性，丰富活动材料的内容。对于个别没有拿来材料的幼儿，教师应该一视同仁，并可以委婉地询问幼儿是什么原因导致的没有带来废旧材料（考虑到废旧材料的常见性，一般的家庭都会有，如果有幼儿没有带来，可能是家长没有意识到此次活动的意义，这又是一个帮助家长树立正确的家园合作观念的机会）。

【2020年下·简答题】简述社区在幼儿园教育中的作用。

【答案】

1．社区环境对幼儿园教育的意义

（1）幼儿园周围的社区是幼儿十分熟悉的地方。社区的自然环境和人文环境在幼儿的成长中，特别是在精神的成长中有着特殊的意义。

（2）幼儿园教育扩展到社区的大背景下进行，充分利用社会环境中富有教育意义的自然、人文景观、革命历史文物、遗迹等。这不仅扩大了教育的空间，更是丰富和深化了教育内容。

2．社区资源对幼儿园教育的意义

（1）社区作为一个生产功能、生活功能、文化功能兼备的社会小区，能为幼儿园提供教育所需要的人力、物力、财力、教育场所等多方面的支持。

（2）社区的积极参与将使幼儿园教育变得更生动、更富有时代气息。

3．社区文化对幼儿园教育的意义

社区文化无形地影响着幼儿园教育。优秀的社区文化作为幼儿园教育的宝贵资源影响着幼儿园教育。如有的幼儿园在课程中将社区的历史、风俗、革命传统等作为乡土教材来利用，使幼儿园教育内容丰富而有特色。

课后思考

一、单项选择题

1．环境分为物质环境和（　　）。

　　A．社会环境　　　　B．精神环境　　　　C．城市环境　　　　D．局部环境

2．教师根据教育的要求以及幼儿的特点，有效地调控环境中的各种要素，属于幼儿环境的（　　）。

　　A．教育性　　　　　B．调节性　　　　　C．可控性　　　　　D．引导性

3．（　　）是指教师引导全班幼儿通过讨论的方法，选择或确定环境创设的主题和内容以及与环境材料互动的方法等。

　　A．讨论法　　　　　B．探讨法　　　　　C．交流法　　　　　D．评价法

4．以下有关室内环境的创设，说法不正确的是（　　）。

　　A．足够的空间是幼儿开展各种活动的必要条件

　　B．各个活动区应有明显界限

　　C．活动区内的"交通路线"应力求无阻

　　D．不应让幼儿有独处的时间，以免危害幼儿安全

5．对于幼儿园活动区的描述不正确的是（　　）。

　　A．设置活动区时，动静应尽量分开，避免干扰

　　B．桌椅尽量不要摆"之"字形

　　C．设备的摆放应以教师身高为标准

　　D．活动区的规则要清楚明确

6．幼儿进入幼儿园后，往往根据（　　）来判断在幼儿园是否安全、是否可以依赖。

　　A．教师对自己的言行　　　　　　　　B．幼儿园的玩具多少

　　C．小朋友对自己的态度　　　　　　　D．教师教学的水平

7．幼儿的活动室环境主要作用是（　　）。

　　A．装饰、美化教室　　　　　　　　　B．向家长汇报幼儿的学习情况

　　C．展示幼儿的作品　　　　　　　　　D．支持、引导幼儿的学习情况

8．从狭义上理解，幼儿园环境是指（　　）。

　　A．幼儿园生活环境

　　B．幼儿园心理环境

C．幼儿园教育的一切外部条件

D．幼儿园内一切影响幼儿发展的因素

二、简答题

简述幼儿园心理环境创设的重要意义。

三、材料分析题

1．材料：星期一，A老师埋怨地说："孩子在家过了一个双休日，再回到幼儿园后，许多良好的行为习惯就退步了，不认真吃饭，乱扔东西，活动时喜欢说话，真不知孩子在家时，家长是怎么教育的！"站在一旁的B老师颇有同感地说："是啊，如果家长都能按我们的要求去教育孩子，我们的工作就好做多了！"A老师接着说："可这些家长不按我们的要求去做倒也罢了，还经常给我们提这样那样的意见，好像我们当老师的还不如他们懂得多，真拿这些家长没有办法……"

问题：请你运用幼儿园与家庭相互配合的有关理论，分析和评论A、B两位老师的教育观点，并具体谈谈家园合作对幼儿发展的重要意义与目前存在的误区。

2．材料：某幼儿园小班的家长参观日，家长饶有兴趣地观看幼儿跳积木的活动，幼儿双脚并拢、跳过横在地上的一个接一个的长条积木。家长只是看着有趣，或为孩子拍手鼓励或哈哈大笑，活动结束就完了。

问题：幼儿园这样组织家长参观活动存在什么问题，应如何解决？

【参考答案】

一、单项选择题

1．B　　2．C　　3．A　　4．D　　5．C　　6．A　　7．D　　8．D

二、简答题

答：幼儿园心理环境创设的意义：

（1）有利于幼儿适应幼儿园生活；

（2）有利于幼儿形成良好个性，适应社会生活；

（3）有利于幼儿园员工的成长与发展。

三、材料分析题

1．家园合作是指幼儿园和家庭都把自己当作促进儿童发展的主体，双方积极主动地相互了解、相互配合、相互支持，通过幼儿园与家庭的双向互动，共同促进儿童的身心发展。《幼儿教育指导纲要（试行）》总则里提出：幼儿园应与家庭、社区密切合作，与小学衔接，综合利用各种教育资源，共同为幼儿发展创造良好的条件。在组织与实施中，又指出：家庭是幼儿园重要的合作伙伴，应本着尊重平等合作的原则争取家长的理解、支持和主动参与，并积极支持、帮助家长提高教育能力。家园合作是幼教工作的重要组成部分，对于从家庭环境进入迥然不同的集体环境的新入园幼儿来说，家园合作的意义显得尤为重要。

（1）家园合作有利于家长资源的充分利用。

（2）家园配合一致，促进幼儿健康和谐发展。

目前，家园合作还存在一些误区：一是认为教师是专业教育工作者，而家长大部分不懂教育；二是家长认为自己忙，没有时间参与幼儿园教育工作；三是教师只在知识上要求家长配合，家长也只愿意督促孩子写字、做算术题、背英语单词；四是认为家长与教师"各司其职"，在家归家长管，在幼儿园归老师管。这就造成了教师与家长的教育观念、方法的脱节，直接影响到幼儿园的正常教育工作。案例中的A、B两位教师的观点正是否认了幼儿园与家庭的紧密伙伴关系，否定了幼儿教师、家长均为幼儿的教育主体，其观点是片面的，错误的。

2．幼儿园的组织缺乏对家长参观的正确指导。幼儿园教师要指导家长有目的地观察孩子的活动细节并做记录，以发现孩子动作的发展水平。与家长商定，回家后如何个别辅导。这样家庭教育与幼儿园课程内容扣在一起，教师与家长共同计划，就能提高教育的整体效果。

本模块历年出题量少，题目难度适中，但题型多样。考点集中在幼儿游戏的概念、种类、特征及功能，各年龄阶段幼儿的游戏特点等方面，考生在理解基本知识点的同时，要掌握幼儿游戏的指导方法。本章在教师资格考试中主要以单选题、材料分析题和活动设计题的形式出现。

1. 熟悉幼儿游戏的类型以及各类游戏的特点和主要功能。
2. 了解各年龄阶段幼儿的游戏特点，并能提供相应材料支持幼儿的游戏，根据需要进行必要的指导。

第二十章 幼儿游戏概述

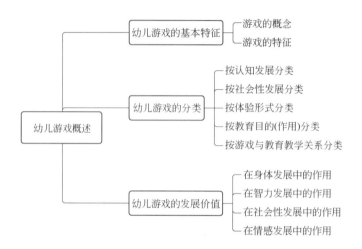

第一节 幼儿游戏的基本特征

一、游戏的概念

游戏是学前儿童的基本活动和权利，是学前儿童喜爱的、主动的活动，是学前儿童反映现实生活的活动。

- 席勒【德】、斯宾塞【英】：游戏是消耗剩余精力。
- 拉扎鲁斯和裴茄克【德】：游戏是恢复精力，放松的一种方式。
- 霍尔【美】：游戏是对远祖灵长类动物活动的一种复演。
- 格罗斯【德】：游戏是儿童对未来生活的预演。游戏的目的就是提供儿童一种安全的方法，帮助他们去预演成人生活所需要的本能。
- 埃里克森【美】：游戏是对情绪的发泄。

二、游戏的特征

1. 游戏是儿童自主自愿的活动（自主性）

游戏不要求务必达到外在任务和目标，也没有严格的程序和方式，儿童完全可以自由自在地进行游戏，玩什么，怎么玩，均由儿童自己决定，出于自己的兴趣和愿望，自发自愿自主地进行游戏。

2. 游戏是儿童感到快乐的活动（趣味性）

对儿童来说，游戏是一种享受，是快乐的源泉。在游戏中，儿童通过操纵材料、物品，控制所处的环境，体会到自己的力量和自信，从成功和创造中获得愉快的体验。

3. 游戏是充满想象和创造的活动（创造性）

在游戏活动中，想象起着至关重要的作用，如果没有想象的参与，游戏便无法开展。在游戏中，儿童使用布娃娃、玩具手枪、玩具汽车等游戏材料时，需要把这些玩具想象成真的娃娃、手枪、汽车，并模仿成人对它们施加相应的行为，如模仿妈妈抚育小宝宝、解放军叔叔开枪射击、司机叔叔驾驶汽车等，在此过程中，儿童想象着自己变成了真的妈妈、解放军战士、驾驶员。在游戏过程中，幼儿能充分发挥其想象力，创造不同的游戏玩法。

4. 游戏是虚构与现实统一的活动（假想性或虚构性）

游戏是在假想的情境中反映真实的活动，是虚构与现实的统一。儿童游戏的成分、角色、情节、行动以及玩具或游戏材料，往往只是象征性的，具有明显的虚构性。

5. 游戏是具体的活动（形象性）

游戏是非常具体、形象的活动。每个游戏都有具体的内容、情节、角色、动作、实际的玩具和游戏材料，游戏角色之间还有对话，所有这一切，会不断引起儿童的表象活动。在这些表象的引导之下，儿童的游戏变得兴趣盎然，其乐无穷。

真题回顾

【2013年上·论述题】李老师设计了一个"三只蝴蝶"的游戏活动，她选了三位幼儿扮演蝴蝶，又选了若干幼儿扮演花朵，结果幼儿兴趣不高，表现被动，还没等游戏结束，一个幼儿就问李老师："老师。游戏完了吗?我们可以自己玩了吧?" 对这种现象，请从幼儿游戏特征和游戏指导的角度进行阐述。

【答案】

1. 游戏特征：自主性、趣味性、创造性、假想性（虚构性）、形象性。

2. 游戏指导：教师的指导应该帮助幼儿按自己的愿望和想象开展游戏，充分发挥幼儿的积极性、主动性和创造性，使幼儿能够自主地在游戏过程中学习，而不是将教师自己的意愿强加于幼儿。李老师在游戏中是一种导演者的角色，以导演角色介入游戏中，告诉儿童在游戏中应该做什么，不应该做什么，完全控制了儿童游戏，就很可能破坏儿童游戏，变成"游戏儿童"而不是"儿童游戏"。

第二节 幼儿游戏的分类

一、按认知发展分类

皮亚杰根据游戏与认知发展的关系，把游戏分为四类（见下表）。

种类	说明
感觉运动游戏	也称机能性游戏、练习性游戏或实践性游戏，主要由简单的重复动作或运动所组成。这是游戏的最初形式
象征性游戏	幼儿阶段最常见的典型游戏形式，带有"好像"和"假装"特点，因此也叫想象游戏。在游戏中表现形式是"以物代物、以人代人"
结构性游戏	儿童利用各种结构材料（如积木、积塑、泥、沙、雪）来建构物体的游戏
规则游戏	两个以上儿童在一起，按照一定规则进行的，往往具有竞赛性质的游戏。这是游戏的最高形式

真题回顾

1. 【2014年上·单项选择题】幼儿反复敲打桌子，在房间里跑来跑去，在椅子上摇来摇去，这类游戏属于（　）。

A. 结构游戏　　　　　　　　　　B. 象征游戏
C. 规则游戏　　　　　　　　　　D. 机能性游戏

【答案】D

【解析】练习性游戏（机能性游戏、实践性游戏、练习性游戏）是游戏发展的最初形式，产生动因是感觉或运动器官在使用过程中所获得的快感，主要是由简单的重复动作或运动所组成的。故选D。

二、按社会性发展分类

这种分类以帕顿的研究为代表。帕顿认为儿童之间的社会性互动随着年龄的增长而增加，他把游戏分为六种（见下表）。

类型	特点
偶然的行为	东游西逛，行为缺乏目标，注视碰巧引起兴趣的事情，在椅子上爬上爬下。这种行为不属于游戏
游戏的旁观者	观看同伴的游戏，偶尔跟他们交谈，有时向他们提出问题，但行为上并不介入他人的游戏
独自游戏	指幼儿用与其他孩子不同的玩具独自玩耍，没有玩伴意识，很少注意或关心他人的接近或他人的游戏
平行游戏	指幼儿互相模仿，两人以上在同一空间进行，操作相同或相近的玩具或开展类同的活动，相互交往时有发生，但主要仍是独自游戏，没有合作行为
联合游戏	指和同伴一起游戏，多个儿童一起进行共同的活动，但没有围绕具体目标进行组织，也没有建立集体的共同目标，虽然时有借还玩具，但每个儿童仍以自己的兴趣和愿望为中心
合作游戏	指以集体共同的目标为中心活动，有达到目标的方法和严格的组织分工，且经过共同计划、共同协商才能完成的游戏活动，常有较明显的组织者或领导者

三、按体验形式分类

1．主动性游戏　儿童的游戏体验是主动的，分为：
（1）机能游戏　以直接刺激婴幼儿各种感官、机能发展为主的游戏形式。如：幼儿园教师组织的"十米往返跑"。
（2）想象游戏　以再现模仿成人生活、劳动为主要内容的游戏。如："过家家"。
（3）制作游戏　以积木、泥、沙等制作材料进行的具有创造性的结构游戏。如："大型积木拼搭活动"。
2．被动性游戏　又称接受游戏。是儿童作为观众或听众，以理解为主的游戏。儿童的游戏体验是被动的。如：儿童听绘本故事。

四、按教育目的（作用）分类

这种分类是按游戏的教育作用来分类，是我国较多采用的一种分类方法。按照这种分类方法，幼儿园游戏可以分为创造性游戏（角色游戏、结构游戏、表演游戏）、规则游戏（智力游戏、体育游戏、音乐游戏）和娱乐游戏等，具体内容见下表。

类型	游戏	特点
创造性游戏	角色游戏	以模仿和想象，通过角色扮演创造性反映周围生活的游戏
	结构游戏	儿童利用积木、积塑、泥、沙等结构材料进行建造的游戏
	表演游戏	按照童话、故事中的角色、情节和语言进行的游戏
规则游戏	智力游戏	以生动、新颖、有趣的游戏方式，使幼儿在自愿和愉快情绪下增进知识，发展智力的游戏
	体育游戏	以发展基本动作为主的游戏
	音乐游戏	在音乐伴奏或歌曲伴唱下进行的游戏
娱乐游戏	娱乐游戏	以娱乐为主的游戏

五、按游戏与教育教学关系分类

1．本体性游戏

也称目的性游戏。指儿童自发自主表现出一种活动，游戏本身即目的。

2．工具性游戏

是指作为教育教学的手段或工具的游戏，也称手段性游戏、教学游戏，其直接目的在于教育教学活动的有效进行，任务（或目标）的顺利完成。

> **真题回顾**
>
> 【2015年下·单项选择题】幼儿以积木、沙、雪等材料为道具模仿周围现实生活的游戏是（　）。
> A．表演游戏　　　　　　　　　　　B．结构游戏
> C．角色游戏　　　　　　　　　　　D．规则游戏
> 【答案】B
> 【解析】以积木、泥、沙等制作材料进行的具有创造性的结构游戏为结构游戏，故选B。

第三节　幼儿游戏的发展价值

游戏是儿童最喜爱的活动，幼儿在游戏中学习和成长，游戏对幼儿的身体、智力、创造力、社会性、情感的发展都具有重要的积极作用。

一、在身体发展中的作用

（1）促进儿童身体的生长发育。
（2）发展儿童的基本动作和技能。
（3）增强儿童机体的适应能力。
（4）有利于儿童的身心健康。

二、在智力发展中的作用

（1）游戏扩展和加深儿童对周围事物的认识，增长儿童的知识。
（2）游戏促进儿童语言的发展。
（3）游戏为儿童提供创造想象的空间，促进想象力的发展。
（4）游戏可以激发儿童的发散性思维，促进思维能力的发展。

（5）游戏提供了儿童智力活动的轻松愉快的心理氛围。

三、在社会性发展中的作用

（1）游戏有助于发展儿童的社会交往能力，提高儿童交往技能。
（2）游戏有助于儿童克服自我中心化，学会理解他人。
（3）游戏有助于儿童社会角色的学习，增强社会角色扮演能力。
（4）游戏有助于儿童行为规范的掌握，发展儿童遵守规则的能力。
（5）游戏有助于儿童自制力的增强，锻炼儿童顽强的意志。

四、在情感发展中的作用

（1）游戏中的角色扮演丰富了儿童积极的情绪情感体验。
（2）游戏中的自由自主发展了儿童的成就感和自信心。
（3）游戏中的审美活动发展了儿童的美感。
（4）游戏中的情绪宣泄有助于儿童转移和消除消极的情绪情感。

第二十一章　幼儿游戏指导

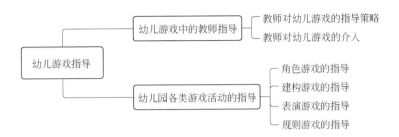

第一节　幼儿游戏中的教师指导

一、教师对幼儿游戏的指导策略

教师对幼儿游戏的指导必须保证以幼儿游戏的特点为前提。应当把握以下策略或基本要求。

1. 指导以观察为依据

只有通过观察，了解儿童对当前活动的兴趣，已有的经验或问题，方能准确地作出是否介入以及如何指导的判断。

2. 确定指导的方式方法

（1）以自身为媒介

①游戏者　教师通过游戏的语言和行为进行儿童游戏指导，可采取平行游戏（教师通过模仿儿童的游戏来对游戏施加影响）和共同游戏（教师直接参与儿童的游戏中，与其共同玩耍）等方式。

②旁观者　教师要作为儿童游戏的旁观者，站在儿童游戏之外，在适当的时机以现实的教师身份干预儿童游戏。

（2）以材料为媒介　教师通过提供材料的方式来影响儿童，支持和引导儿童在游戏中的学习和发展。

（3）以儿童伙伴为媒介　教师利用儿童伙伴互动这一因素，支持和引导儿童的游戏和发展。

3. 确定指导的时机

儿童游戏的指导时机，就是作为一个幼儿园教师，在儿童的游戏活动中，什么时候可以介入指导的问题。教师在指导幼儿游戏时，要确定游戏指导的时机，对幼儿进行适当指导。

4. 把握好指导的对象范围

应将重点与一般、个别与集体、局部与整体结合起来，针对具体情境去灵活把握。

5. 把握好互动的节奏

教师应站在儿童的角度，以"假如我是孩子"的心态体验儿童可能的兴趣与需要，给儿童时间和空间去探索、思考，提供条件，鼓励支持儿童去验证自己的想法，哪怕是"错误"的想法。

二、教师对幼儿游戏的介入

1. 介入的角色定位

根据教师对游戏介入程度的高低，可将教师的角色分为以下两类共6种，如下表所示。

角色		介入
非支持性角色	不参与者	完全不参与
	导演者	完全控制
支持性角色	旁观者	观察儿童游戏，用语言或非语言信号表达对儿童游戏的关注和支持
	舞台管理者	教师不参与，但积极帮助儿童为游戏做准备，并随时为儿童游戏提供帮助
	共同游戏者	平等参与游戏，通过一些策略进行暗示，间接影响游戏
	游戏带头人	在游戏难以继续时，倡议新的游戏主题、介绍新的道具或情节元素，以扩展原有游戏主题

2．介入的时机

教师对游戏干预时机的选择主要取决于两个因素：一是儿童客观的需要，即看儿童的游戏行为是否自然顺畅，是否需要帮助。二是成人的主观心态和状况，即成人希望幼儿在游戏中表现出的水平、态度和情绪体验，也包括成人是否具备投入儿童游戏的热情和精力。

（1）当幼儿游戏出现困难时介入。

（2）当必要的游戏秩序受到威胁时介入。

（3）当儿童对游戏失去兴趣或准备放弃时介入。

（4）在游戏内容发展或技能方面发生困难时介入。

3．介入的方式

（1）外部干预　是指成人并不直接参与游戏，而是以一个外在的角色，引导、说明、建议、鼓励游戏中幼儿的行为。

（2）内部干预　是指成人以游戏中的角色身份参与幼儿的游戏，以游戏情节需要的角色动作和语言来引导幼儿的游戏行为。

4．介入的注意点

（1）分层次指导　不同年龄段幼儿游戏的发展水平各不相同，教师指导的侧重点也应有所不同。

（2）慎扮"现实代言人"角色　这种成人以现实为导向的评议和提问有时不太会严重影响幼儿的游戏，但有时会严重破坏假装游戏的"框架"，致使儿童停止游戏，因此要慎用。

（3）及时退出　无论采用何种干预方式，一旦幼儿开始表现出所期望的游戏行为，成人就应转而扮演无指导性的共同游戏者，或完全从游戏中退出。

真题回顾

【2020 年下·材料分析题】

中班角色游戏中，有幼儿提出要玩"打仗"游戏。他们在材料柜里翻出好久不玩的玩具吹风机当"手枪"，仿真型灯箱当"大炮"，"哒哒哒"地打起来，玩得不亦乐乎。李老师看见此情境非常着急，连忙阻止："这是理发店的玩具，不能这么玩。"

1．李老师阻止行为是否合适（2分）？请说明理由。（10分）

2．如果你是李老师，你会怎么做？（8分）

【答案】

1．李老师的阻止行为是不合适的。（1）自主性是游戏最本质的属性，材料中幼儿按照自己的想法进行游戏玩得不亦乐乎，而李老师却加以阻止，忽略了游戏自主性的特点；（2）幼儿游戏是现实生活与想象活动相结合的结果，材料中幼儿将玩具吹风机当"手枪"、仿真型灯箱当"大炮"这都是体现了幼儿在角色游戏中对于游戏材料的假想，而教师强调"吹风机"是"理发店"的玩具，阻碍了幼儿想象能力的发展；（3）教师对于幼儿游戏的介入与指导应在观察的基础上把握好介入时机，充分保护幼儿游戏进程。题干中李老师能及时发现幼儿在游戏过程中出现的情况是值得肯定的，但是介入时机不可取，选择以现实代言人的身份进行指导，容易使幼儿丧失游戏的兴趣，因此李老师的行为是不恰当的。

2. 教师在幼儿游戏时应抓准指导时机、正确选择介入角色，巧妙合理地支持和指导游戏的开展，如果是我遇到这样的情况，具体我会这样做：（1）首先我会在保证幼儿安全游戏的前提下给予幼儿充分利用材料进行想象的空间，及时鼓励幼儿在游戏中的创造性行为；（2）其次我会为幼儿提供符合"打仗"这一主题的其他材料，以此推进幼儿游戏的进程；（3）同时在游戏过程中我会时刻关注幼儿游戏进程，巧妙提出合理化建议，合理扮演支持性角色，与幼儿共同探索游戏奥秘；（4）在游戏结束之后我也会收集丰富的、可转换的材料投放在班级活动区内，引导幼儿利用材料一物多玩，吸引幼儿探索兴趣，促进幼儿在游戏中创造性和想象力的提升。

第二节　幼儿园各类游戏活动的指导

一、角色游戏的指导

1. 幼儿园角色游戏的共同特点
（1）创造性　对社会现实生活的一种创造性再现。
（2）过程性　从开始到结束有完整过程，所占时间较长，条件较复杂。
（3）变化性　内容随社会生活变化而变化。
2. 各个年龄阶段角色游戏的特点与指导（见下表）

小班	特点	独自游戏、平行游戏为主；角色意识差，内容为重复操作，主题单一；儿童之间交往少
	指导	提供种类少、数量多且形状相似的成型玩具；平行指导或参与指导；注意规则意识培养
中班	特点	内容、情节较丰富；处于联合游戏阶段，主题不稳定；不善于合作和交往；有角色意识
	指导	提供丰富材料，鼓励玩多种主题或相同主题游戏；以平行游戏或合作游戏等方式解决纠纷；用游戏讲评引导儿童分享经验；指导儿童学会并掌握交往技能与规范
大班	特点	主题新颖，内容丰富；处于合作游戏阶段；游戏中解决问题的能力在增强
	指导	引导儿童一起准备游戏材料和场地，多用语言指导游戏；观察儿童游戏的种种意图，给儿童提供开展游戏的练习机会和必要帮助；允许并鼓励儿童在游戏中的点滴创造，通过讲评让儿童相互学习

真题回顾

【2017 年·单项选择题】教师以"病人"的身份进入小班"医院"时，有六位"小医生"同时上来询问病情，每个孩子都积极地为教师看病、打针，忙得不亦乐乎。结果，教师一共被打了六针。对于小班幼儿这种游戏行为最恰当的理解是（　　）。

　　A. 过于重视教师身份
　　B. 角色游戏呈现合作游戏的特点
　　C. 在游戏角色的定位上出现混乱
　　D. 角色游戏呈现平行游戏的特点
【答案】D
【解析】小班独自游戏、平行游戏为主；角色意识差，内容为重复操作，主题单一；儿童之间交往少。故选 D。

二、建构游戏的指导

1．积木建构的发展阶段

（1）搬弄　指只是把积木拿来拿去，并不搭建什么东西。

（2）重复　指只是重复堆叠、平铺等简单动作。

（3）搭建　指可以搭成"桥""楼房"等结构。

（4）围封　指用积木围成封闭空间。

（5）再现　指为所建造的东西命名，使其成为现实世界中某种物体的象征。

2．各个年龄阶段建构游戏的特点与指导（见下表）

小班	特点	材料选用盲目简单；建构技能简单；易中断，坚持性差；无主题
	指导	引导认识材料；安排场地和足够材料；指导学习建构技能；引导幼儿明确主题；建立游戏规则；教会幼儿整理和保管玩具的方法；提供多种辅助材料
中班	特点	按建构物体特性来选择材料；与同伴交流，坚持性强；有建构主题，易变化
	指导	丰富幼儿生活经验；培养幼儿设计建构方案；指导幼儿掌握建构的技能，并运用；组织评议；提供多种辅助材料
大班	特点	目的性、计划性和持久性增强；能合作选取丰富材料；建构技能成熟；能根据游戏情境需要，产生新主题
	指导	要求按计划、有序地建构；学习表现物体的细节和特征；发展自我评价和评价他人的能力；鼓励幼儿集体建构；提供多种辅助材料

三、表演游戏的指导

1．分类

（1）桌面表演　是用各种玩具和游戏材料在桌面上扮演文艺作品中的角色，用口头语言和对玩具的操控来再现文艺作品内容的一种游戏形式。

（2）木偶表演　也称木偶戏。

（3）影子戏表演　是根据光学原理，通过光的作用，利用物体阴影来表演故事。

（4）戏剧表演　是幼儿以自己创编的或来自文学作品的故事为线索，通过自身扮演其中的角色来再现故事情节的一种游戏活动。

2．各个年龄阶段表演游戏的特点与指导（见下表）

小班	特点	角色意识不强；交往欲望低；表演能力弱；只表演自己感兴趣的某个动作或重复某句有趣的语句
	指导	尊重幼儿的意愿，帮助幼儿选择主题明确、内容简单、活泼有趣的作品；适当指定或参与角色分配；游戏前可以适当做示范
中班	特点	能独立进行角色分配，但进入游戏过程慢；嬉戏性强，目的性弱；一般性表现为主，以动作为主要表现手段
	指导	为幼儿准备封闭或半封闭的空间；不少于30分钟；提供简单易搭的材料；帮助做好分组、角色分配、商讨工作；可参与游戏，为幼儿提供示范
大班	特点	能独立完成角色分配，有角色更换意识；游戏目的性、计划性强；具有表演意识；具备一定的表演技巧
	指导	可为幼儿提供多种类的游戏材料；游戏初期尽可能少干预；及时提供反馈；以反思性谈话和小组讨论来丰富游戏情节

四、规则游戏的指导

1. 规则游戏的总体特点
(1) 具有竞争性。
(2) 具有文化传承性。
(3) 具有规则性。
(4) 具有趣味性。
2. 各个年龄阶段规则游戏的特点与指导（见下表）

小班	特点	小班幼儿不在乎游戏结果，还会破坏规则
	指导	为小班幼儿选择规则简单，通过使用实物、玩具和简单的动作来完成的游戏；让幼儿体验游戏动作的快乐，满足幼儿对游戏过程的兴趣，在游戏过程中提出规则并提醒幼儿遵守
中班	特点	能够理解游戏规则，并且愿意参与制定、遵守游戏规则。喜欢非竞争性的猜谜游戏、简单的拼图或匹配游戏、棋牌游戏、简单的追跑等大肌肉活动
	指导	重点放在提醒幼儿如何玩和注意游戏的技能上，尽可能选择可以让大多数幼儿参与而不是旁观、等待的游戏，采用随机的方式帮助幼儿分组
大班	特点	规则意识逐步形成，开始学习控制自己在游戏中的行为，能够共同制定游戏规则，并在游戏中遵守规则。会就游戏规则进行协商、谈判，并改变规则以增强游戏的新颖性和挑战性
	指导	选择时采用一定的策略，选用一定难度的游戏；用语言讲解游戏，要求幼儿严格遵守游戏规则，独立地玩游戏；对游戏的结果进行评价，并开展较为复杂的竞赛性游戏

课后思考

一、单项选择题

1. 认为"游戏是为未来生活做准备"的游戏理论是（　　）。
　　A. 复演说　　　　　　　　　　　B. 预演说
　　C. 松弛消遣说　　　　　　　　　D. 剩余精力说

2. 游戏是幼儿的（　　）。
　　A. 自发学习　　　　　　　　　　B. 在教师指导下的学习
　　C. 自我学习　　　　　　　　　　D. 有目的性的学习

3. 幼儿园的"娃娃家"游戏属于（　　）。
　　A. 结构游戏　　　　　　　　　　B. 表演游戏
　　C. 角色游戏　　　　　　　　　　D. 智力游戏

4. 教师接近幼儿并与幼儿使用相同的游戏材料，但不与幼儿相互交往，不参加幼儿的游戏，这种教师介入方式属于（　　）。
　　A. 平行游戏　　　　B. 合作游戏　　　　C. 指导游戏　　　　D. 观察游戏

5. （　　）是儿童利用各种不同的结构材料，经过手的创造来反映周围现实生活的游戏。
　　A. 结构游戏　　　　　　　　　　B. 角色游戏
　　C. "娃娃家"　　　　　　　　　　D. "白雪公主"

6. 关于幼儿游戏活动区的布置，正确的说法是（　　）。
　　A. 以阅读为主的图书区可与"娃娃家"放在一起
　　B. 自选游戏环境的创设是由教师进行的
　　C. 可在积木区提供一些人偶、小动物、交通工具模型等辅助材料

D．"娃娃家"应该是完全敞开式，让每个人都能看到里面有什么

7．儿童最早玩的游戏类型是（　）。

A．练习游戏   B．规则游戏

C．象征游戏   D．结构游戏

8．能增强幼儿对图形、数量的理解，获得对称、厚薄、宽窄、上下等概念的创造性游戏是（　）。

A．角色游戏   B．结构游戏   C．智力游戏   D．体育游戏

9．一般儿童游戏的假想表现在如下三个方面，除了（　）。

A．对游戏角色的假想   B．对游戏材料的假想

C．对游戏情景的假想   D．对游戏水平的假想

10．根据教师指导，幼儿园游戏可以分为（　）。

A．角色游戏和表演游戏   B．机能游戏和象征游戏

C．联合游戏和平行游戏   D．自发游戏和规则游戏

11．儿童按照故事、童话的内容，分配角色，安排情节，通过动作、表情、语言、姿势等来进行的游戏是（　）。

A．角色游戏   B．体育游戏   C．表演游戏   D．个人游戏

12．教师在（　）情况下可以介入幼儿游戏？

A．幼儿进入游戏角色   B．有小朋友争着要担当某一角色

C．幼儿出现偏离游戏预设角色的想象   D．游戏即将结束时

二、简答题

1．游戏满足了幼儿身心发展的哪些需要？

2．简述幼儿游戏的基本特征。

三、材料分析题

1．小班幼儿在角色游戏区活动，文文在邮局里无所事事，摆弄一个称重器。在此之前，孩子们没有"邮局"这个角色游戏的经验。教师看到这种情况，拿了一个盒子走过去，对文文说："我想把这个寄到超市去（旁边有超市游戏区），你能帮我称一下吗？"文文马上接过盒子，放在称重器上，看了一下，说："100克！"教师问："多少钱？""10块钱。"教师假装付了钱，文文立刻把盒子送到了隔壁的超市。接着，有几个小朋友也学着教师的样子将一些东西寄到旁边的医院、美容院、娃娃家，邮局变得热闹起来。

请分析在这个案例中，教师是如何干预幼儿游戏的。

2．大班的洋洋想玩"开奖"游戏，他画了很多奖券，还大声叫嚷："快来摸奖呀！特等奖自行车一辆！"童童在洋洋那里摸到了特等奖，洋洋推给她一把小椅子，告诉她："给你，自行车！"童童高兴地骑上去。强强也来了，也在洋洋那里摸到了特等奖，洋洋还是推给他一把椅子，强强也很高兴地骑上去，两脚模仿着踩踏板的动作，蹬个不停。老师也来了，洋洋高兴地让老师摸奖，结果老师也摸到一个特等奖。洋洋迫不及待地把一把椅子推给老师，还说道："恭喜恭喜，你摸到一辆自行车！"可是，老师却说："你这自行车一点也不像，怎么没有轮子呀，应该给它装上轮子！"洋洋低头看看自己的"自行车"，愣住了。在接下来的时间里，洋洋忙着按老师说的给他的"自行车"装上轮子，开奖活动不得不停了下来……

老师对洋洋游戏的干预合适吗？请分析和判断洋洋的游戏方式和老师的干预方式。

四、论述题

有人说：游戏对孩子来讲就像吃饭、睡觉一样重要，你同意这种说法吗？请说明理由。

【参考答案】

一、单项选择题

1.B   2.A   3.C   4.A   5.A   6.C

7.A   8.B   9.D   10.D   11.C   12.B

二、简答题

1. （1）游戏满足了幼儿身体发展的需要。

（2）游戏满足了幼儿智力发展的需要。

（3）游戏满足了幼儿社会性发展的需要。

（4）游戏满足了幼儿情感发展的需要。

2. （1）游戏是儿童主动的自愿的活动。

（2）游戏是在假想的情景中反映周围生活。

（3）游戏是具体的活动，具有形象性的特征。

（4）游戏伴随着愉悦的情绪。

三、材料分析题

1. 在这个案例中，教师采用的是内部干预的方法，以顾客身份参与幼儿的邮局游戏，虽然没有直接建议幼儿该怎么做，但以角色行为暗示了游戏方法，提示幼儿可以如何进行游戏。对于没有多少生活经验的小班幼儿来说，教师参与游戏、通过角色行为给予游戏暗示的方法比简单的几句建议来得更有效。

2. 在这个案例中，洋洋用小椅子替代自行车，来实现他"摸特等奖"的情节构思。幼儿能够成功地以物代物，反映了幼儿象征思维的发展。替代物与被替代物越不像，越具有符号抽象的意义。而教师以角色身份对洋洋所选择的替代物提出了质疑，认为小椅子不像自行车，试图引导幼儿按真实的样子加以改装，结果阻碍了幼儿的游戏想象，中断了幼儿原来的游戏情节，因此这种干预是不恰当的。

四、论述题

我同意这种说法，理由如下。

1. 游戏是儿童最喜爱的活动，是儿童生活的主要内容。一日生活中，除了吃饭、睡觉等生活活动外，幼儿绝大多数的时间都在游戏。即便是生活、劳动、学习等活动，幼儿也常常以游戏的形式进行，或是将生活、学习、劳动的过程变成游戏活动。可见儿童喜欢游戏，还喜欢把他们的一切活动游戏化。

2. 游戏是儿童对生长的适应，符合儿童身心发展的特点。儿童喜爱游戏并且以游戏为基本活动，是由儿童身心发展特点决定的。为解决身心发展及其需要在现实中与实际能力之间的矛盾，儿童创造并参与游戏，到游戏中去满足需要，适应生长。幼儿身心发展的水平决定了儿童的游戏水平。

3. 游戏是儿童的自发学习。对儿童来说，游戏不仅仅是一种消遣，还是儿童主要的学习方式。儿童在游戏中学习，在游戏中健康成长。儿童在游戏中的学习是自发的学习，其学习的目标是隐含的，学习方式是潜移默化的，学习的动力来自儿童内部。

总之，儿童离不开游戏，他们在游戏中获得快乐，在游戏中成长，在游戏中学习。

命题聚焦

　　本模块历年考题较少，主要以案例分析题和活动设计题为主。考生要了解幼儿园教育活动的类型，幼儿五大领域的教育目标；重点关注教育活动设计的一般结构，能根据提供的相关材料设计教育活动方案。

考纲透视

　　1．能根据教育目标和幼儿的兴趣需要和年龄特点选择教育内容，确定活动目标，设计教育活动方案。

　　2．掌握幼儿健康、语言、社会、科学、艺术等领域教育的基本知识和相应教育方法。

　　3．理解整合各领域教育的意义和方法，能够综合地设计并开展教育活动。

　　4．能根据活动中幼儿的需要，选择相应的互动方式，调动幼儿参与活动的积极性。

　　5．在活动中能根据幼儿的个体差异进行指导。

第二十二章　幼儿园教育活动概述

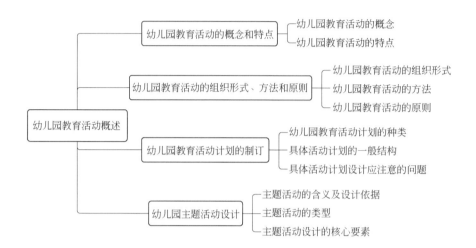

第一节　幼儿园教育活动的概念和特点

一、幼儿园教育活动的概念

《幼儿园教育指导纲要（试行）》提出幼儿园的教育活动，是教师以多种形式有目的、有计划地引导幼儿生动、活泼、主动活动的教育过程。

二、幼儿园教育活动的特点

1．目的性、计划性的活动。

2．教师的引导性和幼儿的主动性。

3．教育活动的多样性。

第二节　幼儿园教育活动的组织形式、方法和原则

幼儿园教育活动设计的原则是教师指导幼儿园活动的一般原理和设计教育活动计划必须遵循的基本要求和指导思想。它是根据幼儿园教育的目的、任务和幼儿的年龄特点制定的，是幼儿教师长期教育实践经验的概括和总结，也是评价幼儿园教育活动的依据之一。

一、幼儿园教育活动的组织形式

幼儿园教育活动的组织形式有三种：集体活动、小组活动、个别活动。

1．集体活动

集体活动是指全体幼儿一起进行的活动形式。这种活动的特点是集中性和统一性，即活动是全员参与的，并有统一的活动目标和活动要求。集体活动是一种高效性的组织形式。这种形式对培养幼儿的集体意识、组织纪律性和自控力等有特殊的意义。

2．小组活动

小组活动是指全体幼儿分组进行的活动形式。这种组织形式有利于教师对幼儿活动情况的了解

和指导，有利于因材施教，有利于幼儿之间的相互交往与合作，可为幼儿提供更多的交流与操作机会，使其减少等待时间。可按幼儿发展水平分组，也可根据幼儿兴趣分组，还可按照操作材料分组。

3．个别活动

个别活动是指幼儿的自我学习活动或教师对幼儿的个别教育活动。这种活动形式可以满足幼儿的个人兴趣和需要。但个别活动不是幼儿盲目的活动，而是教师有意安排、有目的、有计划的活动。个别教育的方法是多种多样的，教师要善于利用现实生活中的教育环境，潜移默化地施加教育影响，达到教育目的，促进每个幼儿个性的发展。

在幼儿园教育中，集体活动、小组活动和个别活动都是不可缺少的组织形式。教师要灵活运用以上三种不同的教育形式，以达到更好的教育效果。

二、幼儿园教育活动的方法

幼儿园教育活动常用的教育教学方法有观察、实验、游戏、操作、参观、谈话和讨论、讲解和讲述等。

1．观察法

观察法是教幼儿学会运用不同的感官去认识所选择的观察对象，是幼儿获得感性经验的主要途径。

在使用观察方法的过程中，教幼儿学会运用自己的感官去观察事物是重点，而不是只注重观察的结果"是什么"。

2．实验法

实验法是利用贴近幼儿生活实际的物品或材料，让幼儿通过自己操作，进行不同的尝试和探索。

3．游戏法

游戏法是把幼儿的学习融入到游戏活动中，这种方法符合幼儿年龄阶段特征，如：活泼好动及思维具体形象性的特点。

4．操作法

操作法是教师或家长为幼儿提供足够的实物材料，创设一定的环境，引导他们按既定的要求来操作，通过自身的实践活动进行学习的方法。

5．参观法

参观法是教师根据教育目标的要求，组织幼儿到户外进行学习和参观的活动。组织参观时应注意：

（1）要有明确的目标；

（2）做好参观前的充分准备，要取得被参观方的合作与支持；

（3）参观时要特别注意幼儿的安全；

（4）参观后要组织幼儿谈话和讨论。并提供机会和条件让幼儿用不同的方式表现出自己的所见所闻。

6．谈话、讨论法

谈话与讨论法是教师和幼儿共同围绕同一问题或主题，自由地发表自己的想法和意见，表达自己的感受、体验，进行相互交流的过程。在这一过程中教师应鼓励幼儿大胆地说出自己的想法并尊重幼儿的说法。

7．讲解、讲述法

讲解法是教师运用口头语言向幼儿说明、解释事物或事情。由于幼儿注意力难以持久，幼儿园中很少单独使用讲解的方法，如果讲解与其他方法相结合一起运用，可以收到较好的效果。

讲述法是教师运用语言向幼儿进行叙述或描绘。教师讲述时要善于运用语言表达技巧，注意语速的快慢、停顿，音调的高低，音量的强弱等。

三、幼儿园教育活动的原则

1. 科学性、思想性原则

幼儿园所选的教育内容要有科学性和思想性，帮助幼儿正确地感知客观事物和现象，并形成正确的概念和对事物的正确态度。贯彻这一原则有赖于教师正确的教育思想和扎实的专业知识水平。

2. 活动性原则

根据皮亚杰的发展理论，儿童是在活动中建构起认知结构、发展智力和社会行为的。在教学活动过程中，幼儿在原有发展水平上，通过与教师和同伴的交往活动，建构他们自己的认知结构，发展其智力，体验自我与他人间的相互关系和情感。因此，活动性对幼儿的学习是非常重要的。

贯彻活动性教学原则，教师要为幼儿提供丰富的物质材料和充分的活动时间，以及与同伴、教师交往的机会。放手让幼儿进行操作活动、交往活动，又要进行必要的指导。

3. 发展性原则

发展性原则是指通过幼儿园组织的不同活动使幼儿得到个性的全面发展，即智力、体力、意志、道德、情感等的发展。

贯彻发展性教学活动原则，教师选择给幼儿的学习内容，应有一定的难度，并逐步加深，需要幼儿作出一定的努力才能学会，并且要求幼儿不断地努力，从而促进幼儿不断地全方位发展。

4. 直观性原则

直观性教学原则是指教师运用实物、标本、模型、图片、影片、录音带，以及形象化语言、表情、动作等各种直观手段，丰富幼儿的直接经验和感性知识。

贯彻直观性教学原则，教师要根据不同年龄幼儿的发展水平，运用各种类型的直观手段，不断加深幼儿的认知。

5. 个别对待原则

各个幼儿由于主观和客观因素的影响，生活经验、知识技能、兴趣、爱好、智力的发展水平等都有差异，在学习活动中的表现也各不相同。

贯彻个别对待原则，教师在教学中要从每个幼儿的实际出发了解每个幼儿的发展水平、已有的知识经验和兴趣爱好，并针对每个幼儿的情况，给予鼓励、引导和帮助，加强个别教育。

第三节　幼儿园教育活动计划的制订 ◣

幼儿园教育活动计划是指幼儿园为实现幼儿教育的目的和任务，根据《幼儿园教育指导纲要（试行）》所规定的内容和要求，结合幼儿园的实际和幼儿的特点，设计制订的工作方案和实施规划。

一、幼儿园教育活动计划的种类

根据计划的指导范围，幼儿园教育计划可以分为全园性计划和班级计划。

根据计划的具体内容，幼儿园教育计划可以分为领域教育计划、游戏活动计划、日常生活计划、家长工作计划等。

根据计划的时间，幼儿园教育计划可以分为学年计划、学期计划、月计划、周计划、日计划和具体活动计划（即教案）。

二、具体活动计划的一般结构

具体活动计划（即教案）是指某个教育活动的具体计划，它比较详细地说明了在一定的时间内要做什么、怎么做、完成什么目标等，主要包括：

1. 活动名称、设计意图

活动名称应包括年龄班、活动内容与名称。活动名称的设计要求包括：

（1）活动名称能体现本次活动的主要内容。如："小蚂蚁搬家""各种各样的图形"。

（2）活动名称尽量符合儿童化。如："小青蛙跳荷叶""对对碰"。

（3）书写内容要完整。完整的活动名称应包括年龄班、领域、名称。如小班科学活动《树叶变变变》。

设计意图主要说明为什么选择这个课题教学，它是针对幼儿的什么问题或兴趣爱好提出来的，试图通过教学达到什么教学目的等。

2．活动目标

活动目标是通过本次教育活动所期望获得的某些具体的发展。根据儿童年龄特点、现有发展水平和能力、活动的内容和性质，从幼儿的认知经验、情感态度、技能等三个维度设计。

活动目标的构成要素包括：行为、条件、标准。行为是指通过活动幼儿能做什么，能达到一定的行为变化。条件是指这些行为在什么条件下产生。标准是指合格行为的最低标准。行为的表述是最基本、核心的成分，为了目标的简洁明了，通常在制定活动目标时，一般只需要写出行为和标准即可。

活动目标的表述角度需一致。活动目标的行为主体一般是教师或幼儿。幼儿是学习的主体，因而在表述目标时一般倡导从幼儿的角度出发，体现幼儿的主体地位。

例如：中班科学活动《有趣的鸡蛋》

（1）在活动中感知生、熟鸡蛋的不同，初步了解运送鸡蛋的要求。

（2）乐意大胆操作并与同伴交流自己的想法。

3．活动重点、难点

活动重点是教师按照活动目标，通过有计划开展教育活动必须让幼儿掌握的重要的知识或经验，它是相对于所学的教育内容主次而言的，也是教师教育活动反思必须首先考虑的因素之一。

活动难点是教师按照活动目标，通过有计划开展教育活动必须让幼儿掌握的重要的知识或经验，它是幼儿认知经验范围内较难理解或掌握的知识经验，是针对幼儿现有经验和水平背景下的理解和能力而言的。教师要分析儿童的发展，找准重难点，以期实施教学，达到突出重点，突破难点的目的。

4．活动准备

活动准备包括幼儿活动中必需的知识经验、技能准备，教育活动中必要的情感、心理准备，以及教学具等物质准备，如幼儿操作材料准备、教师教具的准备、活动场地的准备、环境布置等。

5．活动形式与方法

教师应根据需要合理安排，因地制宜，灵活地运用各种教学形式和方法。活动形式包括活动中具体采用集体、小组、个人三种形式，先后顺序如何，以什么形式为主，采用哪些教学方法。

6．活动过程

活动过程设计包括导入（开始部分）设计，基本部分中的活动安排、提问设计、线索设计等，以及结束部分的设计。

（1）导入（开始部分）　活动导入应具有启发性、趣味性和简洁性。导入方式有：直观导入（演示导入、材料导入、故事导入），问题导入（悬念导入），知识导入（衔接导入）等。教师应集中幼儿的注意，引起幼儿学习的兴趣，向幼儿提出学习任务，根据活动内容灵活选择。

（2）基本部分　基本部分是活动过程的主要部分，教师的任务是有步骤地组织幼儿学习，完成活动任务。在设计时，主要考虑以下几点。

①分为几个环节进行？

②每个环节需要完成的内容有哪些？用什么方法完成？

③哪个环节是重点？哪个环节是难点？怎样突出重难点？

④每个环节的时间把握？

⑤每个环节该如何清楚陈述？采用什么策略？

⑥采用什么方法来进行每个环节之间的衔接过渡？

（3）结束部分　教师要小结活动的内容和幼儿的学习态度，提出新要求，激发他们再学习的欲望。结束方式包括以下几种。

①总结归纳结束　是指教师简明扼要复述要点或启发幼儿来回忆复述要点。

②自然结束　按照活动内容的顺序和幼儿认知规律逐步进行，最后自然结束。

③游戏、律动结束　根据活动内容给幼儿组织相对应的小游戏或小律动，巩固幼儿所学内容。

7．活动延伸

活动延伸是指在具体活动结束以后，教师为巩固幼儿所学的内容，更好地实现活动目标所设计的一切活动。是继续开展下一个活动的连接，对整个教育设计起着承上启下的作用。互动延伸的设计可以延伸到不同的方面，如：延伸到区域活动中；延伸到环境创设中；延伸到家庭和社会活动中。

8．活动评价

活动评价即教师的教学小结，它包括教师对本次活动内容的总结，突出重难点，也包括对活动中幼儿的行为表现的小结。活动评价是教师进行教学反思、自我诊断，通过对儿童活动情况的分析，找到自己设计或组织过程中的优势或不足，以便及时调整和改进工作，促进每一个幼儿的发展，提高教学质量。

范例：

大班艺术领域美术活动《我的小汽车》

一、活动目标

1．喜欢进行美术绘画活动，乐意与同伴分享自己设计的小汽车造型。

2．能够大胆想象，创意地设计出自己喜欢的小汽车造型。

3．了解汽车有各式各样的造型，知道不同汽车的造型特点。

二、活动重难点

1．活动重点：了解生活中有多种多样的小汽车，并知道各种汽车的造型特点。

2．活动难点：积极参与活动，大胆发挥想象，设计不同的汽车造型，并用画笔表现出来。

三、活动准备

1．经验准备：幼儿在生活中观察过各种各样的汽车。

2．物质准备：纸张若干、画笔若干、各式汽车造型图册。

四、活动过程

（一）导入（音乐导入）

教师带领幼儿歌唱《我的小汽车》，激发幼儿兴趣，吸引幼儿注意力，并引出活动主题。

教师总结：儿歌中的小汽车开进了我们活动室，请小朋友们来欢迎小汽车和它的小伙伴们。

（二）基本部分

教师出示各种造型的汽车图册，幼儿认真观察，结合幼儿生活经验，引导幼儿总结各种汽车的造型特点，整体感知"小汽车"的绘画特征。

（1）师：请小朋友们说一说你在生活中都见到过什么样的汽车？它们是什么样子的？

（2）师总结：小汽车的造型有很多种，每一种小汽车都有自己的造型，各不相同。

（三）结束部分

教师总结幼儿在本次绘画活动中的表现，给予肯定鼓励，并组织幼儿回收整理绘画材料，自然结束本次活动。

师：小朋友们都是小小设计家，能够用自己的画笔设计出最神奇的小汽车。现在请小朋友们整理好画笔和纸张，方便我们下次使用。

五、活动延伸

教师鼓励幼儿将自己的绘画作品《我的小汽车》投放进展览区，引导幼儿相互之间再次进行欣赏与互评。

三、具体活动计划设计应注意的问题

（1）设计一定要层次分明，条理清晰。
（2）要有目标意识，围绕活动目标，为实现目标开展相关活动。
（3）应充分考虑如何突出重点，如何突破难点。
（4）设计好启发性提问，要通过提问激发兴趣，充分调动儿童学习的主体性。

第四节　幼儿园主题活动设计

一、主题活动的含义及设计依据

1．主题活动的含义
主题活动是指围绕一个内容的中心（即主题）来组织的教育教学活动，又称为主题教育活动。它打破了学科（领域）之间的界限，将不同的学习内容围绕一个主题，并从幼儿的兴趣和需要出发，有计划和有针对地开展一系列活动，使幼儿通过对这一主题的学习和探索，获得相关经验和认知。
2．主题活动的设计依据
主题活动的设计是指教师根据幼儿的身心发展特点以及幼儿现有的生活经验、人文认知和幼儿园的教育计划来制定相应的活动实施方案的过程。教师的活动设计灵感来源不是凭空想象或照搬照抄他人的方案，而是基于自己的教育经验和幼儿的兴趣点出发，从而生成主题活动。

二、主题活动的类型

主题活动并不是独立于某一领域的活动，而是将不同领域中的相关内容归纳起来，作为活动的核心。主要分为跨学科领域的主题活动和超学科领域的主题活动两个类型。
1．跨学科领域的主题活动
跨学科领域的主题活动是指将不同学科之间相关或相同的内容进行合并作为核心内容。如："我眼中的春天"包含了艺术、语言等领域。
2．超学科领域的主题活动
超学科领域的主题活动是指不以学科内容为限制，活动核心来源于现实生活，以幼儿的兴趣或需要而定，起到启发和引导的作用。如："我是小小消防员"。

三、主题活动设计的核心要素

1．主题活动名称的设计
（1）主题活动名称的选择要与主题内容相符，起到"画龙点睛"的作用，让幼儿听到就明白本次活动的主要内容是什么。
（2）活动名称还须符合幼儿的年龄特点，富含童趣，才能够吸引幼儿的注意，激发幼儿的兴趣。如："牙齿历险记"。
（3）主题活动名称要包含年龄班和主题两大方面。如："小班主题活动《春姑娘来啦》"。
2．主题活动总目标的设计
主题活动的总目标是整个活动的核心内容，不是具体的活动目标罗列，在设计时不限领域和维度，但内容必须与主题一致。正常情况下4～5条即可。具体要求如下。
（1）总目标应避免过于抽象和笼统　在制定总目标时应考虑其可操作性，表述要明确、条理清晰。如："培养幼儿的动手能力"，这样显得太笼统且操作性不强，如果换成"学会自己扣扣子和

收拾房间，养成自己动手的好习惯"。这个目标就具有针对性且操作性强。

（2）总目标表述主体要一致　在制定总目标时表述主体不能既是老师又是幼儿，如要从教师角度表述主体一定是教师方，常用"教育""帮助""要求"等，如要从幼儿角度主体一定是幼儿，常用"学会""喜欢""体验"等，一般情况下主体通常选择幼儿。

3．主题活动系列的子活动设计

主题活动系列的子活动设计一般包括：活动名称、活动目标、活动准备、活动过程、活动延伸五个方面。

具体活动流程设计参考"幼儿园教育活动计划的制订"。

真题回顾

【2020 年下·活动设计】为了帮助小班新入园的幼儿尽快适应集体生活，余老师准备开展"高高兴兴上幼儿园"系列主题活动。请围绕该主题为余老师设计三个子活动。

要求：

1．写出主题活动总目标。

2．写出其中一个子活动的活动方案，包括活动的名称、目标、准备和主要环节。

3．写出另外两个子活动的名称、目标。

【答案】

小班主题活动《高高兴兴上幼儿园》

【总目标】

1．感受幼儿园生活的快乐，萌发对幼儿园的喜爱之情，在各种活动中能感到开心。

2．积极参与活动，在集体面前敢于表现自己，按照自己的方式表达对幼儿园的向往。

3．通过故事、歌曲等多种活动知道幼儿园的一日活动，了解幼儿园与家庭的不同。

子活动一：小班语言领域《我爱幼儿园》

一、活动目标

1．初步体验幼儿园的快乐。

2．能大致听懂故事内容，愿意和老师同伴进行交流。

3．了解《我爱幼儿园》的故事内容。

二、活动重难点

1．活动重点：听懂《我爱幼儿园》的故事内容，体验幼儿园的快乐。

2．活动难点：能够积极主动地和老师、同伴进行交流。

三、活动准备

1．物质准备：《我爱我的幼儿园》音频和绘本故事内容。

2．经验准备：上幼儿园之前有过听故事的经验以及有过和朋友交流的经验。

四、活动过程

（一）导入

歌曲导入：激发幼儿兴趣，吸引幼儿注意力。

教师播放《我爱我的幼儿园》儿歌，引导幼儿说出歌曲中的相关内容——幼儿园。

（二）基本部分

1．幼儿初步感知《我爱幼儿园》的故事内容。

（1）教师出示《我爱幼儿园》的故事绘本，引导幼儿观察和理解绘本中的角色，知道故事中的老师、乐乐、甜甜、其他小朋友等人物的特征。

（2）教师结合绘本来讲述《我爱幼儿园》的故事，幼儿初步了解故事的情节内容。

师：小朋友们仔细听，看看乐乐上幼儿园后都发生了哪些事情呀！

2．幼儿理解《我爱幼儿园》的故事内容，并分段复述故事。

（1）教师提问和《我爱幼儿园》相关的问题，引导幼儿讨论回答，深入理解故事内容。

①故事中的小朋友去了哪里？

②幼儿园里都有哪些人？分别做什么？

③乐乐是怎么和老师打招呼的？谁分享了玩具给乐乐？

④老师、小朋友是怎么和乐乐一起游戏的？

小结：幼儿通过对故事内容的讨论交流，可以大致了解故事的内容，知道主人公乐乐经历了老师的拥抱、同伴的玩具分享、和小朋友们一起游戏等一系列事件，初步感受乐乐开心的心情。

（2）教师引导幼儿结合绘本图片、片段描述故事的内容。

3．幼儿交流讨论，想象自己在幼儿园会经历哪些事情。

（1）教师提出相关的问题，引导幼儿讨论自己在幼儿园里会经历哪些有趣的事情。

师：小朋友们，你们在幼儿园经历了哪些好玩的事情呀？

（2）教师引导幼儿描述自己想象的内容，教师结合幼儿的描述进行指导，发展幼儿的言语表达能力。

小结：幼儿能够大致描述自己交朋友、得到老师的表扬、被父母接送上幼儿园等场景，并能够在描述中产生对幼儿园生活的向往之情。

（三）结束部分——教师总结

教师引导幼儿回顾乐乐由一开始不喜欢上幼儿园，到经过老师和其他小朋友的帮助后喜欢上幼儿园的故事内容，并结合自己在幼儿园的经历，感受幼儿园生活的快乐。要求幼儿在生活中多发现幼儿园中使自己感到快乐的事情，并和老师、小朋友们分享。

五、活动延伸

请幼儿到区角中为"我眼中的幼儿园"涂上喜欢的颜色。

子活动二：小班社会领域《我的幼儿园》

活动目标

1．通过参观幼儿园萌发对幼儿园的喜爱之情。

2．和老师、同伴和平共处，能保护幼儿园的环境。

3．了解幼儿园设施的作用，知道幼儿园是一个大家庭、要爱护幼儿园。

子活动三：小班艺术领域《我爱我的幼儿园》

活动目标

1．乐于参与歌唱活动，体会《我爱我的幼儿园》歌词表达的快乐。

2．可以基本准确地跟唱《我爱我的幼儿园》，并能添加自己喜欢的动作。

3．能够大致理解歌词的内容，知道幼儿园里有什么。

第二十三章 幼儿园健康教育

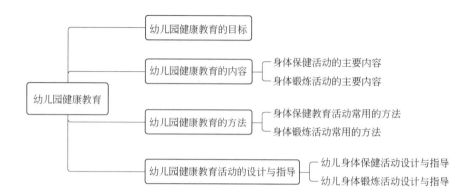

第一节 幼儿园健康教育的目标

幼儿园健康教育的目标是构成健康教育活动的第一要素和前提，它是教师进行健康教育的指导思想和制订计划的依据。幼儿园健康教育目标既是幼儿园教育总目标的有机组成部分，又是幼儿阶段健康教育的特殊要求。

《幼儿园教育指导纲要（试行）》明确提出了幼儿园健康领域的总目标：

1. 身体健康，在集体生活中情绪安定，愉快。

2. 生活卫生习惯良好，有基本的生活自理能力。

3. 知道必要的安全保健常识，学习保护自己。

4. 喜欢参加体育活动，动作协调，灵活。

各年龄阶段目标详见《3～6 岁幼儿学习与发展指南》

第二节 幼儿园健康教育的内容

幼儿园健康教育活动涉及的内容很广，包括身体保健和身体锻炼两大方面的活动内容。

一、身体保健活动的主要内容

（1）生活习惯和能力　如生活自理习惯、良好的作息习惯、清洁卫生习惯、学习卫生习惯、穿脱衣服的有关知识和技能，保护个人和周围环境卫生习惯的有关知识等。

（2）饮食与营养　如饮食的有关知识和技能，常见食物的名称及其营养知识，营养与健康的关系，膳食平衡的简单知识等。

（3）人体认识与保护　如身体的主要器官及其主要功能，保护器官的基本知识和技能，预防接种的有关知识和态度，常见疾病的预防知识和治疗，常见外伤的简单处理知识和方法，预防龋齿及换牙的有关知识，心理健康的有关知识等。

（4）保护自身安全　如生活安全常识，活动安全常识，药物安全常识，应对和处理意外事故的简单知识与技能，自我保护能力等。

二、身体锻炼活动的主要内容

（1）基本动作练习技能　基本动作就是人们的基本活动能力，包括走、跑、跳、投掷、平衡、钻爬、攀登等基本动作。

（2）身体素质练习技能　包括平衡、协调、灵敏、柔韧、力量、速度等身体机能练习的有关知识和技能等。

（3）基本体操练习技能　幼儿基本体操是以徒手体操为主，以模仿操、轻器械体操、口令、信号与动作、列队、变化队形为辅的综合性项目。

（4）器械运动　器械运动专指利用体育器械进行的身体锻炼活动。

（5）体育游戏　是指以促进幼儿身心发展、提高身体素质和基本活动能力为主要目的，以基本动作为主要内容，以游戏活动为基本形式。通过游戏方式来开展体育运动，以达到锻炼幼儿身体，促进幼儿多面发展的目的。

在选择和确定各年龄班的健康教育活动内容时，由于各年龄班幼儿身心发展的特点不同，发展目标不同，因而健康教育活动内容的侧重点和具体的教育活动内容都会有较大的差异，教师在进行健康教育活动内容选择时要充分考虑各项因素，进行因材施教。

第三节　幼儿园健康教育的方法　▲

由于健康教育活动的内容不同，因而在方法上也有所区别。

一、身体保健教育活动常用的方法

（1）动作与行为练习法　指让幼儿对已学过的生活技能、健康行为等进行反复练习，加深理解，形成稳定的技能和良好行为习惯的方法。

（2）讲解演示法　指教师边讲解边结合动作演示，或以实物、模型演示，具体而形象地向幼儿传授有关健康的知识和技能，提高幼儿对健康的认识水平。

（3）情景表演法　指现场通过录像向幼儿展示生活情景，让幼儿观察和分析情景中所涉及的健康问题。由于情景表演的主题源于幼儿的现实生活，因而能激发幼儿的兴趣，较好地帮助幼儿认识生活中可能遇到的同类问题和冲突，树立正确的健康态度和行为。

（4）讨论评议法　指在幼儿参与健康教育的过程中，让他们提出问题，发表自己的意见和看法，最后得出结论，形成共识的方法。

（5）感知体验法　指幼儿通过感觉器官认识。辨别事物的特性。这种方法能有效地激发幼儿参与活动和在活动中探究的兴趣，加深他们的印象。

二、身体锻炼活动常用的方法

（1）讲解示范法　讲解是指教师用语言组织幼儿的活动，指导他们理解和掌握活动的名称及练习内容，领会动作的要领和做法的一种方法。示范是教师以个体动作为范例，使幼儿看到所要练习和掌握的动作技能和具体形象、结构和完成的先后顺序等。在教育活动中，讲解和示范相互结合，边讲解，边示范，可以有效组织幼儿进行联系，是有效的教学方法之一。

（2）练习法　指通过讲解示范后，在幼儿初步建立与活动有关的表象或概念的基础上，让幼儿在教师的指导下进行各种身体练习，以实现身体锻炼活动目标的一种方法。

（3）语言提示和具体帮助法　语言提示法指在幼儿进行身体练习时，教师用简短明确的语言，提示和指导幼儿正确完成动作或进行活动的方法；具体帮助法是指教师直接而具体地帮助幼儿改正错误，掌握正确的练习要求和方法。

（4）游戏法　是指以游戏形式组织幼儿进行身体锻炼的方法，这种方法能将幼儿难以理解或枯燥的动作和身体素质等练习变成有趣的模仿活动或具体的游戏情节，提高他们练习的兴趣。

（5）比赛法　是指在比赛条件下进行练习，采用互相竞赛，决定胜负的方法。一般在中、大班采用。

第四节 幼儿园健康教育活动的设计与指导

一、幼儿身体保健活动设计与指导

1. 活动目标

具体的活动目标是健康教育总目标和年龄段目标的细化。在表述中应简洁清晰、准确具体，具有可操作性，目标条目不宜过多，一般2~3条。

2. 活动准备

一个成功的健康教育活动需要教师进行多方面的准备，包括物质条件和环境创设、幼儿的知识经验和心理准备等方面。对于身体保健教育活动的物质准备应根据具体设计的活动、所针对的幼儿年龄阶段准备所需要的物品，如：小班幼儿，准备具有形象性的玩偶、模具；大班幼儿，实物图片，影片等。

3. 活动过程

幼儿园身心保健教育活动过程一般包括导入环节、基本环节（引导幼儿参与思考）及结束环节（引导幼儿总结）。

①导入环节 引发话题，引出所学主题。引导幼儿在认知和心理上对要开展的活动有一定的认识，激发幼儿的兴趣。可采用的导入方法有直接导入、游戏导入、问题导入等。

②基本环节 呈现（该步骤通过实物、问题、动作等呈现，展开对身体保健的活动内容，对知识实施教学），操作（该步骤根据不同的内容需要设计不同形式的操作、探索活动，让幼儿自主学习、分组学习，对所掌握的知识进行探索。在开展操作活动时可以运用多种文学艺术载体，增强活动的趣味性，提高活动的效率。常见的文学艺术载体有儿歌、幼儿诗、诗歌剧、表演唱、童话、故事等），巩固（该步骤是幼儿加深学习印象，应用所学知识，分享交流成果的环节，教师可以根据活动需要组织幼儿游戏、分享等活动来帮助幼儿巩固）

③结束环节 结束环节的目的是总结整个教育活动，激发幼儿继续探索的兴趣。幼儿身体保健活动中，教师可以在整个活动结束后，对整个活动应达到的身体保健功能做个总结，让幼儿更好地了解身体保健的作用。

4. 活动延伸

好的教育活动不是止于特定的某一次活动，而是一个长期、持续的过程，特别是能力、习惯的培养，活动延伸不可缺少。活动延伸的方法有家园共育、领域渗透、环境创设、区角活动等。如教师利用15分钟时间教幼儿学会了正确的刷牙方法，在活动结束后就应该与家长联系，要求家长在家中督促幼儿按时以正确的方法刷牙，以帮助幼儿巩固刷牙的正确方法，并养成良好的刷牙习惯。

二、幼儿身体锻炼活动设计与指导

1. 幼儿体育课的设计与指导

①做好活动前的准备工作。包括幼儿的知识准备，活动前的场地、器材和玩具的置备与布置，熟悉活动计划，做好活动前幼儿及场地的安全、卫生工作。

②教师的情绪、语调和态度等将直接影响幼儿的情绪和兴趣，因此，教师要注意自身言行对幼儿情绪兴趣的影响和感染，以积极的态度和高昂的情绪投入活动的组织和指导中去，并有执行活动计划的高度责任心和灵活性。

③运用多种指导方式，既面向全体，又应注意个体差异，做好个别教育。

④控制好活动的时间。一般小班为15~20分钟，中班为20~25分钟，大班为30分钟左右。

⑤重视在活动中发展幼儿的智力，并通过建立活动常规，利用活动的有关内容，培养幼儿良好的品质和个性，促进幼儿身心全面健康地发展。

⑥注意做好活动后的复习辅导和检查评价工作，总结经验教训，不断提高自身的组织指导能力

和教育质量。

2．幼儿早操活动的设计与指导

①做好活动前的准备工作。

②给幼儿提供足够的活动器材，并提供幼儿自选器材的机会和条件。

③早操活动应灵活多样。在活动的不同时间，指导幼儿利用同一器材或选用不同的器材，灵活多样开展不同玩法，培养幼儿活动的创造性，全面锻炼幼儿的身体。

④丰富早操活动的内容。早操活动的内容一般都是幼儿基本学会和掌握的内容，一般不进行新内容的学习（除器材的不同玩法外）。

⑤根据季节和气候，灵活调节早操活动的时间和内容。注意早操活动的安全和卫生，即应保证场地整洁，所用器械的安全和卫生，播放音乐的音量不宜过大等。

⑥做好个别教育工作。

3．户外体育活动的设计与指导

《幼儿园工作规程》中指出幼儿园户外体育活动的时间不得少于1小时。指导时应注意：

①保证幼儿足够的户外体育活动时间。

②提供足够的活动器械和活动内容，提供充分的自由活动的机会和条件。

③活动前应向幼儿提出活动的具体要求和注意事项。活动中要注意观察了解每个幼儿的具体情况，有针对性地、灵活地加以指导，注意因人施教，做好个别教育工作。

④启发幼儿在活动中积极思考。教师在组织幼儿进行户外体育活动时，要鼓励和引导幼儿创造活动的多种玩法，发展幼儿活动的自主性、创造性，增强幼儿的智力。同时，要求幼儿遵守活动规则，团结合作，处理好同伴间的相互关系，以促进幼儿社会性和良好品德、个性的形成。活动结束时，要求幼儿爱护活动器材，整理和收拾好活动的器材。

⑤灵活运用多种活动和指导方式开展幼儿的户外体育活动。尊重幼儿的选择，让幼儿自行选择感兴趣的活动，让幼儿自由结伴游戏，充分调动幼儿参与的积极性。为此，教师一方面应限制幼儿的不当或过分活动，另一方面又要调动那些消极活动的幼儿积极参与活动，达到锻炼身体的目的。

⑥注意户外体育活动的内容与其他形式的身体锻炼活动的密切配合。

⑦保证户外体育活动的安全和卫生。

健康活动设计范例：

中班健康领域《我运动我快乐》

一、活动目标

1．初步了解上肢、下肢、全身运动。

2．能在运动中了解自己的身体变化。

3．喜欢运动并能与同伴交流自己关于运动的想法。

二、活动过程

（一）情景体验导入，引发幼儿思考

1．出示呼啦圈和沙包两组运动器械，师：让我们一起运动起来吧，小朋友们都来感受一下你的身体有什么变化？有什么不同的感觉？

2．幼儿自由选择运动器械，自由运动一分钟。

（二）幼儿主动探索，建构经验

1．分别交流两组运动后不同的感受。

2．帮助幼儿建立上下肢运动的初步概念。

（1）师：小朋友的手臂用力比较大、活动次数多的运动，我们可以给它们起个好听的名字叫上肢运动。

（2）师：腿部和脚在运动过程中用力比较大、活动次数多的运动，我们可以给它们起个什么名字呢？我们给它起个名字叫下肢运动。

（3）师：原来我们在分别进行上肢或下肢运动的时候，上肢和下肢可以得到不同的锻炼，身体就会有不同的感觉。那手臂、腿部和脚一起运动叫什么名字呢？请小朋友来说一说，原来它的名字叫全身运动。

3. 展示幼儿晨间和户外活动的活动器械，请幼儿按照上、下肢和全身运动分类。和幼儿一同验证分类是否正确。

（三）自主探索，提升经验

1. 让我们一起来看看这些运动员，他们的身体哪些部位很强壮、很健美？

2. 想要让我们自己全身每一个部位都能充分锻炼到，小朋友们想怎么做呢？让我们再来看一看这三个小朋友是怎样来锻炼的？幼儿同伴间讨论。

（四）大家一起做计划

1. 我们每个人都有自己的想法，那就在我运动我快乐的小卡片上画出自己想做的运动项目，让我们看看你最想做的运动能不能锻炼到小朋友们的各个身体部位。

2. 幼儿在我运动我快乐的小卡片画自己的锻炼计划。

3. 请幼儿介绍自己的锻炼计划项目，并说明自己锻炼的原因。

三、教师小结

我们要想全身各个部位都得到锻炼，让我们的身体长得棒棒的，就要让上肢、下肢交替得到练习。让我们就按照我们的计划锻炼起来吧！

四、延伸活动

1. 请幼儿相互分享自己的锻炼计划。

2. 在晨间活动和户外活动时按自己的锻炼计划来选择器械进行锻炼。

第二十四章　幼儿园语言教育

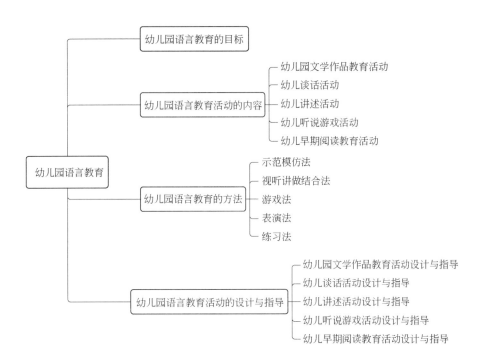

第一节　幼儿园语言教育的目标

《幼儿园教育指导纲要（试行）》中对语言领域提出了以下目标：乐意与人交谈，讲话礼貌；注意倾听对方讲话，能理解日常用语；能清楚地说出自己想说的事；喜欢听故事，看图书；能听懂和会说普通话。

理解《纲要》的语言教育目标，我们可以把幼儿园语言教育总目标划分为四个大方面，即倾听、表述、欣赏文学作品和早期阅读，并且从以下几个方面对幼儿实施教育。

1. 养成幼儿注意倾听的习惯，发展他们的语言理解能力。

2. 鼓励幼儿大胆、清楚地表达自己的想法和感受，尝试说明、描述简单的事物或过程，发展思维能力和语言表达能力。

3. 引导幼儿接触优秀的幼儿文学作品，使之感受语言的丰富和优美，并通过各种活动帮助幼儿加深对作品的体验和理解。

4. 培养幼儿对生活中常见的简单标记和文字等感兴趣。

第二节　幼儿园语言教育活动的内容

幼儿园语言教育活动的主要内容设计多个方面，在幼儿教育活动设计中起着重要作用，主要内容分别为以下几点。

一、幼儿园文学作品教育活动

幼儿园文学作品教育活动是从一个具体的文学作品教学入手，围绕这个作品展开一系列相关的活动，以帮助幼儿理解文学作品所展开的丰富而有趣的生活，体会语言艺术的美，为幼儿提供全面的语言学习机会。

基本特征

（1）围绕文学教育活动展开一系列活动　例如：大班散文诗《秋天》系列活动，活动一，欣赏感知秋天的美丽景象及文学语言特色；活动二，折纸、粘贴、绘画等形式表现秋天的美丽景象；活动三，改编或仿编《秋天》，加深幼儿对作品的理解。

（2）整合相关学科的学习内容　例如：《小熊开商店》中，小熊开了一个鞋店，却总是关门，原来小熊的鞋店中总是缺乏顾客需要的鞋。大象穿大鞋，老鼠穿小鞋，小兔子穿四只鞋，蜘蛛穿八只鞋，而蜈蚣穿十六只鞋。在活动前要利用图片、幻灯等形式穿插进行科学教育，才能保证幼儿全面、细致地理解作品内容。

（3）提供多种与文学作品相互作用的途径　幼儿园文学教育活动应用活动的形式来组织，使幼儿在动手、动口、动脑、动眼、动耳等活动中，更深刻、更全面地理解与感受文学作品。

（4）扩大幼儿自主活动的范围　在文学作品教育活动中，幼儿在教师的引导下，能够比较自由地进行讨论、操作表演等，在亲自操作实践、探索和想象创造中，达到对文学作品和文学语言准确、深刻的理解和感知。

二、幼儿谈话活动

谈话是帮助幼儿学习在一定的范围内运用语言与他人交流的活动。在各种类型的语言教育活动中，谈话具有独特的促进幼儿语言发展的功能。它根据一定的语言教育理论，一定的语言教育目标和内容，将一部分语言教育理论、教育目标和内容以及任务付诸实施，对幼儿的语言发展产生影响。

基本特征

（1）拥有一个具体、有趣的中心话题　幼儿对中心话题具有一定的熟悉度。话题应是幼儿日常生活中熟悉的、喜闻乐见的内容，如中班的谈话活动"我最喜欢的人"，这一类话题贴近幼儿的生活，幼儿往往比较感兴趣。同时，中心话题要能调动幼儿参与谈话的积极性，对幼儿具有一定的新鲜感和刺激性，如大班谈话活动"恐龙乐园"等。

（2）拥有较丰富的谈话素材　谈话所涉及的素材必须是幼儿知识经验范围以内的，取材于幼儿参观、游览、日常生活中的观察、教育活动，游戏、电影或电视中所获得的知识经验。幼儿的知识越丰富，谈话素材积累得越多，谈话的内容便越丰富。

（3）注重谈话的多方交流　这一特征是谈话活动和讲述活动最主要的区别之一。讲述活动是发展幼儿的独自语言，谈话活动则更注重于幼儿的交往语言或对白语言，侧重于师生间、同伴间的信息交流与补充。

（4）谈话的语境宽松自由　在谈话活动中，谈话的语境是比较宽松自由的。无论原有经验如何，幼儿都可以在活动中畅所欲言。谈话活动中没有统一的答案和看法，也没有什么一致的讲述经验和思路。不要求幼儿一定使用准确无误的句式、完整连贯的语言来表达。

（5）教师在谈话活动中起间接引导的作用　在谈话活动中，教师以参与者的身份参加谈话，给幼儿以平等的感觉，但是教师仍然需要按照预定的目标内容，紧扣谈话的中心话题，有效地影响谈话活动的进程。教师的间接引导主要体现为：用提问的方式引出话题或转换话题，引导幼儿谈话的思路，把握谈话活动的方式；教师用平行谈话的方式对幼儿做隐性示范。

三、幼儿讲述活动

幼儿讲述活动是让幼儿凭借一定的讲述对象，在相对正式的语言环境中独自完成的语言表达活动。讲述活动以培养幼儿独立构思和表述一定内容的语言能力为基本目的，是幼儿语言教育的一种重要组织形式。

1．基本特征

（1）讲述活动拥有一定的凭借物。

（2）讲述活动的语言是独白语言。

（3）具有相对正式的语言情境。

（4）讲述活动中需要调动幼儿的多种能力。

2．主要类型

（1）从讲述内容来分类

①叙事性讲述　即用口头语言把人物的经历、行为或事情的发生、发展、变化讲述出来。叙事要求说清楚人物、事件、时间、地点和为什么，并且要求说明事情发生、发展的先后顺序。

②描述性讲述　即用生动形象的语言，把人物的状态、动作或物体以及景物的性质、特征具体描述出来。

③说明性讲述　即用简单明了的语言，把事物的形状、特征、用途等解说清楚的讲述形式。如讲述"我喜欢的玩具"，要求说明玩具是什么样的，什么材料做的，怎么玩等。

④议论性讲述　议论是讲道理或论是非。议论性讲述通过摆观点、摆事实来说明自己赞成什么或者反对什么。

（2）从凭借物的特点来分类

①看图讲述　看图讲述是教师启发幼儿在观察图片、理解图意的基础上，根据图片提供的线索，运用恰当的词句和完整连贯、有条理的语言表达图意。根据图片的运用和对幼儿语言上的不同要求，可以分为描述性的看图讲述、创造性的看图讲述、排图讲述、拼图讲述和绘图讲述。

②实物讲述　实物讲述是以实物作为凭借物来帮助幼儿讲述的一种活动，具有真实可信的特点。实物包含真实的物品、玩具、教具、动植物、日常生活用品和外在的自然景物等等，指导幼儿感知理解实物并进行讲述时，最重要的是帮助幼儿把握实物的特征。在观察中或观察后，要求幼儿将实物的基本特征、用途、使用的方法等多方面的内容清楚地描述出来。

③情景表演讲述　情景表演讲述是要求幼儿凭借对情景表演的观察与理解来进行讲述的一种活动。在某种情景表演后，在教师的帮助下，幼儿将表演中的情节、对话和内容较完整、连贯地表达出来。这种讲述包括真人表演的情景，用木偶表演的情景，真人与木偶共同表演的情景，或者是通过录像或计算机展示的一段情景。

四、幼儿听说游戏活动

听说游戏是一种特殊形式的语言教育活动，它是用游戏的方式组织幼儿进行的语言教育活动，含有较多的规则游戏的成分，能够较好地吸引幼儿参与语言学习活动，并在积极愉快的活动中完成语言学习的任务。活动的目标是以培养幼儿倾听和表述能力为主，活动的内容主要集中在听和说的理解与表达方面。

1．基本特征

（1）语言教育目标内隐于游戏之中　教师通过对听说游戏活动的设计和实施，将近阶段的语言教育目标，内隐于听说游戏活动的内容和过程中。

（2）游戏规则即为语言学习的重点内容　教师在设计听说游戏时，根据具体的教育目标，选择适当的语言学习内容，并将本次活动的语言学习重点转化为一定的游戏规则，游戏的规则可能是竞赛性质的，也可能是非竞赛性质的。当幼儿参与听说游戏时，他们必须遵守一定的游戏规则，并在活动中锻炼听说能力。

（3）过程中逐步扩大游戏的成分　听说游戏活动兼有游戏和活动双重性质，从活动组织形式上看，具有从活动入手，逐步扩大游戏成分的特征。

2．主要类型

（1）语音练习的游戏　这类游戏是以练习幼儿正确发音，提高幼儿辨音能力为目的的一种活动。

（2）词汇练习的游戏　这类游戏以丰富幼儿的词汇和正确运用词汇为目的。

（3）句子和语法练习的游戏　这类游戏主要让幼儿通过专门的集中的学习，迅速地把握某一种语法的特点规律，并在尝试运用过程中提高熟练使用的水平。

（4）描述练习的游戏　这类游戏以训练幼儿用比较连贯的语言，具体形象地描述事物，提高口语表达能力为目的。

五、幼儿早期阅读教育活动

幼儿早期阅读教育是以幼儿自身经验为基础，在适当情景中，通过幼儿对文字、符号、标记、图片、影像等材料的认读、理解和运用，对于幼儿身心所施加的一种有目的、有组织、有计划的影响活动。它不是单纯的看书、识字活动，而是一种具有结构相对完整、体系相对独立、能促进幼儿全面和谐发展的活动。根据幼儿园早期阅读活动的目标，为幼儿提供的早期阅读内容包含三个方面的阅读经验，即前图书阅读的经验、前识字经验、前书写经验。

1．基本特征

（1）幼儿园早期阅读活动需要丰富的阅读环境　在早期阅读中，教师应为幼儿创设丰富的阅读物质环境，包括为幼儿提供阅读的时间和空间；同时，还要为幼儿创设宽松、自由的阅读氛围，以帮助幼儿全身心地投入阅读活动中，在阅读活动中获得无穷的乐趣。

（2）早期阅读活动与讲述活动紧密相连　幼儿在阅读过程中不仅要理解图书的主要内容，还要将图书的主要意思以口头表达的形式表现出来。因此，阅读活动与讲述活动紧密结合在一起，幼儿可以边看边说，也可以在看完之后把图书的大意讲述出来。讲述的形式可以多种多样，幼儿可以独自讲述图书的主要内容，也可以在小组、集体中讲述；可以一个人讲述一本图书，也可以由两三个幼儿共同讲述一本图书。

（3）早期阅读活动应具有整合性的特点　早期阅读是一种整合性教育，它贯穿于各种活动中，应与语言教育活动、其他领域教育活动紧密结合起来。

2．主要类型

（1）阅读区活动　阅读区应设在活动室光线充足的地方，并应设有便于幼儿取放书籍的书橱或书架。阅读区的功能：提高幼儿的阅读水平；选择合适的图书，为有计划的阅读活动作准备；培养儿重对图书的兴趣。

教师在指导阅读区活动时应注意：阅读区活动应建立必要的规则；要引导幼儿积极主动地利用图书；培养幼儿良好的阅读习惯。

（2）有计划的早期阅读活动　这种阅读活动一般以分组形式进行，一组幼儿与教师一起参加本次活动，另一组幼儿则进行与本次阅读活动内容相关的活动，如绘画图书中的人物形象或进行涂色等。分组可以使每个幼儿都有表现的机会，也有利于教师观察、指导幼儿的阅读行为表现。

第三节　幼儿园语言教育的方法 ◤

幼儿园语言教育的方法，是成人为发展幼儿的语言创设条件和提供机会，让幼儿参与各种丰富多彩的活动，支持、鼓励、吸引幼儿在与人、物、环境、材料等交互作用的过程中，学习语言，发展语言。

一、示范模仿法

示范模仿法是指教师通过自身规范化的语言，为幼儿提供语言学习模仿的榜样，让幼儿模仿学习。教师的示范是幼儿进行语言模仿的基础。

二、视听讲做结合法

"视"是指教师提供具体形象的讲述对象，让幼儿充分地观察；"听"是指教师用语言描述、启发、引导、暗示、示范等，让幼儿充分地感知与领会；"讲"是指幼儿在感知理解的基础上，充分地表述个人的认识；"做"是指教师给幼儿提供一定的想象空间，通过幼儿的参与或独立的操作活动，帮助幼儿充分构思，从而组织起更加丰富、连贯、完整、富有创造性的语言进行表述。视听讲做结合法的四个方面必须有机地结合，"视""听""做"都是为"讲"服务的，在"讲"的过程中，促使幼儿语言能力的发展。

三、游戏法

游戏法是指教师运用规则游戏，训练幼儿正确发音，丰富幼儿词汇和学习句式的一种方法。游戏符合幼儿的年龄特点，目的在于提高幼儿学习兴趣，集中幼儿的注意，促进幼儿各种感官和大脑的积极活动。游戏法是幼儿语言教育中常见的活动方式之一。

四、表演法

表演法是指在教师的指导下，幼儿扮演文学作品中的人物，根据作品情节的发展，通过对话、动作表情等再现文学作品，以提高口语表现力的一种方法。

五、练习法

练习法是指教师有意识地让幼儿多次使用同一个言语因素（如语音、词汇、句子等），或训练幼儿某方面言语技能技巧的一种方法。通过练习，学前幼儿可以加深理解语言教育中的有关内容，牢固掌握有关的语言知识，熟练运用语言技能。

第四节　幼儿园语言教育活动的设计与指导 ▶

一、幼儿园文学作品教育活动设计与指导

1．学习文学作品内容

教师要根据作品的难易程度、本班幼儿的实际水平以及活动环境与材料利用的便利与否，采取不同的形式来组织教学。有的采用直观形象的图片、幻灯、录像、多媒体等视觉教育手段；有的采用录音、教师讲述和教具、玩具等辅助教育手段呈现作品内容；有的观看情景表演或哑剧来接近学习内容。

2．理解体验作品经验

教师可以围绕作品内容设计和组织几个相关的活动。

3．迁移作品经验

在帮助幼儿深入理解作品的基础上，教师还可以进一步引导幼儿迁移作品的经验。因此，需要进一步组织与作品重点内容有关的操作、游戏、角色扮演等活动，向幼儿提供一个将文学作品讲演迁移到生活中与幼儿生活经验和体验有机结合的机会。

4．创造性想象和语言表述

教师可以进一步创设条件，让幼儿扩展自己的想象，并创造性地运用语言去表达自己的认识与想象。在这一层次活动中，教师可以让幼儿学习续编故事，也可以让幼儿仿编诗歌，还可以让幼儿围绕文学作品内容想象讲述。

二、幼儿谈话活动设计与指导

1．创设谈话情境，引发谈话话题

教师要努力营造一个宽松自由的谈话氛围；创设生动、有趣的谈话情境。

2．围绕话题运用已有经验自由交谈

教师要指导幼儿围绕中心话题大胆地与同伴交谈，同时要有意识地将语言能力较差和语言能力较强的幼儿安排在一起，让他们互相促进，互相作用。

3．围绕中心话题拓展交谈内容

在幼儿运用已有的知识经验充分地交谈后，教师要适时地将幼儿集中起来，以提问或启发的方式帮助幼儿学习新的谈话技能和谈话规则，掌握正确的谈话思路和方法。

4．教师隐性示范新的谈话经验

在通过逐层深入拓展幼儿谈话内容的基础上，教师可以通过隐性示范向幼儿提供谈话范例，帮助幼儿掌握新的谈话经验，使幼儿的谈话水平进一步提高。

三、幼儿讲述活动设计与指导

1．感知理解讲述对象

感知理解讲述对象，主要通过观察的途径进行。这里所说的观察，大部分是通过视觉汲取信息，但也不排斥从其他感觉通道去获得认识。

2．运用已有经验讲述

在幼儿感知理解讲述对象的前提下，教师引导幼儿运用已有的经验进行讲述。这一步骤的活动组织，要求教师尽量放开让幼儿自由地讲述，给他们以充分的机会，实践运用已有的讲述经验。组织幼儿运用已有经验讲述的方式可分为集体讲述、分小组讲述和个别交流三种。

3．引进新的讲述经验

新的讲述经验主要是指讲述的思路和讲述的方式。在制定活动目标时，教师应考虑上次活动的重点、解决的问题、达到目的情况，以便在此基础上向幼儿提供新的讲述经验。

4．巩固和迁移新的讲述经验

讲述活动中，仅仅引进新的讲述经验是不够的，还需要提供幼儿实际操练新经验的机会，以利于他们更好地获得这些经验。这一环节可通过请幼儿上台分享，或请幼儿之间相互分享交流，对讲述的方式、内容进行巩固和迁移。

四、幼儿听说游戏活动设计与指导

1．创设游戏情境，引发幼儿兴趣

教师根据设计的游戏活动创设一定的游戏情境，让幼儿进入到游戏情境中，从而引发幼儿参与的兴趣，便于整个听说游戏活动后续的顺利开展。

2．交代游戏规则，明确游戏玩法

幼儿听说游戏活动设计时，教师要给幼儿详细交代清楚游戏规则，明确游戏的玩法。让幼儿在游戏中掌握某种语言教育的听说、复述能力，或者通过游戏的方式更深入地了解某一故事情节，故事内容等。

3．教师指导幼儿游戏

在进行幼儿听说游戏教学活动设计时，教师要适时指导幼儿游戏，全程注意观察幼儿，在游戏过程中选择恰当的方式指导幼儿游戏。

4．幼儿自主游戏

在游戏教学时，教师要设计好游戏活动环节，让幼儿进行自主游戏，根据已有经验，或者教师指导进行自主游戏。

五、幼儿早期阅读教育活动设计与指导

1．阅读前准备性活动

教师在指导这个阶段活动时应注意：第一，阅读前准备性活动只是为正式阅读做好铺垫，它并

不能代替正式的阅读活动。因此，不要让幼儿对图书的内容过于熟悉，否则幼儿在正式阅读时就会对图书失去兴趣，影响正式阅读活动的质量；第二，准备活动中可以让幼儿从头到尾翻看图书一两遍，或让他们边看边讲述图书的内容；第三，对幼儿理解不正确的地方，教师可以给予适当提示。

2．幼儿自由阅读

阅读活动适合于个别化教学，因此每次阅读活动时幼儿的人数不宜过多，以便于教师对每个幼儿的个别指导。教师在指导这个阶段时应注意：第一，教师在指导时要用提问方式引导幼儿的思路，使他们能带着问题边思考边阅读；第二，在教师巡回指导时，要注意观察每个幼儿的表现。

3．师生共同阅读

这个步骤又可以分为三个阶段：第一，师生一起阅读，了解和理解图书大致内容；第二，围绕阅读重点开展活动；第三，归纳图书内容。当幼儿对图书的主要内容有深入的理解后，教师要鼓励幼儿将主要内容总结、归纳出来，从而巩固、消化所学的内容。

4．幼儿讲述阅读的主要内容

这个环节是阅读活动中不可缺少的一个环节，幼儿可以根据小组活动在小组内自由讲述，可以在集体中讲述，也可以同伴间合作讲述所阅读的主要内容。

语言活动教案范例：

大班语言活动《猜猜我有多爱你》

一、设计意图

《指南》中指出"应为幼儿创设自由、宽松的语言交往环境，鼓励和支持幼儿与成人、同伴交流，让幼儿想说、敢说、喜欢说并能得到积极回应。"我班幼儿比较喜欢倾听故事，对故事人物比较感兴趣，但他们不能大胆表述自己的看法和意愿。因此我选用了《猜猜我有多爱你》这一本经典绘本，通过理解故事内容，学习兔妈妈和小兔子的对话，让幼儿感受小兔和大兔子之间浓浓的爱，鼓励他们在集体面前大胆表达对亲人或者朋友的情感。

二、活动目标

1．理解故事内容。

2．能用"……有多……，我就有多爱你"表达自己的情感。

3．体验大胆表达自己情感的快乐。

三、活动重、难点

重点：能用"……有多……，我就有多爱你"表达自己的情感。

难点：鼓励他们在集体面前大胆表达对亲人或者朋友的情感。

四、活动准备

课件故事《猜猜我有多爱你》，心形图卡若干。

五、活动过程

（一）谈话导入，引入主题

教师提问：你们最爱谁？你们是怎么爱他们的？

（二）理解阅读

1．初步了解故事

（1）播放 ppt 引导幼儿对画面进行大胆猜想。

（2）通过教师完整讲述故事内容引导幼儿倾听故事感知小兔子和大兔子的温馨感情。

2．分段阅读

（1）出示绘本第一段内容，引导幼儿尝试讲述本段内容。

（小兔子用了一个什么动作表达爱?然后还对大兔子说了什么？）

（2）出示绘本第二段，引导幼儿讲述图片内容。

（3）出示绘本第三段内容，幼儿观察理解。

（4）出示第四段绘本内容，引导幼儿观察画面，学说故事中的对话"……有多……，我就有多爱你。"

（5）播放音频PPT完整倾听故事

3. 师幼交流，对幼儿进行情感迁移。

（三）创意阅读：制作爱心卡

播放背景音乐，鼓励幼儿用绘画的形式表达出自己对身边人的爱。

六、活动延伸

今晚我们也给爸爸妈妈讲讲今天学到的故事。像小兔子一样大声表达出对她们的爱。

第二十五章　幼儿园社会教育活动

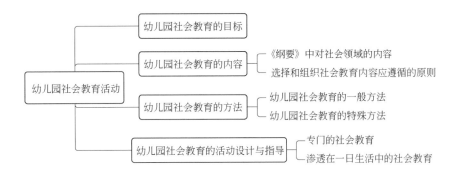

第一节　幼儿园社会教育的目标

《幼儿园教育指导纲要（试行）》明确提出了幼儿园社会领域的总目标：

1．能主动地参与各项活动，有自信心；

2．乐意与人交往，学习互助、合作和分享，有同情心；

3．理解并遵守日常生活中基本的社会行为规则；

4．能努力做好力所能及的事，不怕困难，有初步的责任感；

5．爱父母、长辈、老师和同伴，爱集体，爱家乡，爱祖国。

学前儿童具体各年龄阶段详细社会发展目标详见《3～6岁儿童学习与发展指南》。

第二节　幼儿园社会教育的内容

一、《纲要》中对社会领域的内容

通过对《幼儿园教育指导纲要（试行）》的分析，社会领域课程内容大致地、相对地可以划分为四个板块：人际关系、社会环境、社会行为规范、社会文化。

1．人际关系

（1）自己　使幼儿建立良好的自我意识，学会自我认识、自我调控和自我体验。

（2）同伴及同伴交往　同伴的特征，如：姓名、性别、年龄、外貌、爱好等；同伴间的游戏和语言交流，如：讨论商量；与同伴间的冲突及解决办法，如：讲道理和相互帮助等。

（3）集体　自己所在的幼儿园及班级名称；家庭成员的姓名、性别及年龄；班级的环境特点；幼儿园的环境特点；幼儿园其他班级的名称；幼儿园里工作人员的称呼以及他（她）们的活动。能快速适应集体的生活，乐于与人交往。

2．社会环境

（1）家庭　家庭的住址、电话；有关自我安全保护的知识；家里主要的生活用品、娱乐工具和学习用品；家庭成员与自己、邻里关系。

（2）幼儿园　幼儿园的名称、地址；幼儿园的环境和设施；集体活动的基本规范；所在班级和小组，幼儿园的工作人员及其与幼儿自己的关系。

（3）社区　社区主要机构的名称、工作人员、主要活动及其与人们生活的关系；社区的交通设施等。

（4）行政区划　所在省（市）、区（县）、街道（乡、镇）、街（村）的名称，家庭和幼儿园的地址。

（5）祖国　国名、国旗、国歌、国徽、首都；我国的人种特征；主要的民族；一些主要的风景名胜；一些主要的特产；中国人民解放军海、陆、空三军等。

（6）世界知识　国家与国家之间的交往，有关世界和平的最粗浅的知识。

（7）重大节日和重大社会事件　知道祖国的一些重大节日的名称、时间、意义及庆祝方式；一些重大的社会事件及其影响。

3．社会行为规范

（1）公共规则　公共惜物规则；公共卫生规则；公共交通规则等。

（2）集体规则　集体活动的常规；园所活动常规。

（3）交往规则　使用礼貌用语；对老师、长辈要行鞠躬礼；礼貌待客、做客；学会倾听他人说话，不无故打断他人说话，会合作与谦让。

（4）基本道德准则　知道别人的和集体的东西不能占为己有；能诚实，守信；能改正自己的缺点。

4．社会文化

（1）社区人文景观　所在地区著名人文景观的名称、特征及有关的故事、传说。

（2）民间节日　一些重要的民间节日，它们的名称、时间、主要特色。

（3）民间艺术　当地的一些主要工艺品，它们的名称、用材及简单的制作方法；本地的一些天然工艺品；本地主要的地方剧种和健康有益的民间歌谣、故事等。

（4）文化精品　本民族的文字，中国书法；有关中国民乐、国画等方面的基础知识。

（5）世界文化　世界主要著名文化胜地，如敦煌莫高窟、金字塔、巴黎铁塔、泰姬陵等；世界上流传最广的乐器，如钢琴、小提琴等；世界上流传最广的艺术形式，如油画、雕塑等；世界有名的儿童文学作品，如安徒生童话、格林童话等。

以上几方面的内容，大部分被系统组织在社会教育课程中，也有一部分渗透在语言、音乐、美术等其他领域的教育内容中。

二、选择和组织社会教育内容应遵循的原则

1．从幼儿的生活经验出发由近到远的原则

幼儿园社会教育的内容，应首先从幼儿生活周围的知识开始，选取贴近幼儿的生活经验、便于理解的内容，挖掘其教育价值，再逐步向四周延伸和扩展，以保证幼儿的社会学习有相应的经验支持。这一原则主要运用于幼儿社会环境方面的认知学习。

2．由易至难，逐步深入原则

指幼儿园社会教育的内容应从比较简易理解的开始，逐步提高难度和要求，较为困难的应该排列靠后。如了解与自己有关的家庭成员间的关系，大致遵循这样一个顺序：父母亲——祖父母、外祖父母——其他亲属及其他伦理关系。

3．关联与系统的原则

指不同部分、不同层次的社会教育内容之间应该相互联系，使教育内容形成一个有机的系统，以提高社会的成效。社会教育的内容涉及面很广，与众多的学科相关，又跨及广泛的时间和空间。这一特点决定了社会教育内容的整合和系统化尤为重要。只有通过整合和系统化，才可能使这些来自不同学科的知识成为一个有机的整体，才能使这些知识之间产生多种联系，才能使它们对幼儿产生一致的、整体的影响。

4．渗透性原则

幼儿社会教育的内容应渗透在幼儿日常的生活和活动之中，使幼儿在潜移默化中受到教育；渗透在各个领域的学习之中，互相结合，以影响幼儿整体的社会性发展。做到正规社会课程内容与非正规社会课程内容协调一致，显性社会课程和潜在的社会课程内容相协调一致。

同时，选择和组织的教育内容还需具有时代感，即使是民族传统化方面的内容，也要从时代需

要的角度去考虑，并挖掘其积极意义，使之符合现代社会发展的价值观。做到所选的教育内容具有其发展价值，有利于促进幼儿身心全面和谐地发展。

第三节　幼儿园社会教育的方法 ◣

幼儿园社会教育的方法，包括一般的教育方法和专门的教育方法。

一、幼儿园社会教育的一般方法

1．语言法，包括讲解法、谈话法和讨论法

（1）讲解法　向幼儿说明一些简单的道理、规则及其意义，使幼儿更好地理解社会教育的内容和意义，掌握正确的行为准则和方法，便于指导其行为。讲解法是社会教育活动中运用得非常普遍的方法，无论是幼儿对人际关系的了解，对社会环境的认知，还是对社会行为规范的学习和社会文化的吸取，都需要教师用生动浅显、富有感染力的语言进行讲解、启发和引导。

（2）谈话法　谈话法是指教师有目的、有计划地引导学前儿童围绕一个生活中的主题，回忆已有的生活经验，进行交流的方法。谈话法中幼儿的提问与回答是其真实思想活动的反映，有利于教师把握其思想实质。

（3）讨论法　讨论法是指教师指导幼儿社会性问题、现象、事物相互启发、交换看法以获得知识的一种教育方法。这种方法有利于幼儿自由发表意见和感受，帮助幼儿养成独立思考的习惯和能力，懂得不同的人对待问题的看法不同，有利于幼儿摆脱自我中心。注意在讨论的过程中，教师不轻易、简单评价，鼓励幼儿对问题以及其他幼儿的意见发表自己的看法，讨论结束时，教师简明阐述正确的观点，引导幼儿对问题作出正确的小结。

2．直观法，主要包括演示法、参观法

（1）演示法　教师通过展示实物、教具或情境表演，引导幼儿对其中隐含的社会问题进行思考，明白社会规范。展示给幼儿的情景可以是图片中的情景，也可以是幼儿或幼儿与教师共同表演的情景。这种方法的运用，能增进幼儿对社会教育活动的兴趣，增强活动的效果。

（2）参观法　即教师根据社会教育的目的和内容，组织幼儿在园内或园外通过对实际事物和社会现象的观察、思考，获得新的社会知识与社会规范的教育方法。

3．行为练习法

行为练习法即组织幼儿按照正确的社会行为规范去进行实践的一种方法。通过参加各种活动和交往受到实际锻炼，使幼儿明白正确的社会行为规范，形成和巩固幼儿的社会行为习惯。

4．行为评价法

行为评价法是指对幼儿符合社会言行的表现给予褒贬判断，从而使幼儿受到教育。行为评价法可分为肯定性评价和否定性评价。无论采用哪种评价方式，都应尊重幼儿，信任幼儿，理解幼儿，注意用发展的眼光看待幼儿，使用纵向评价并且及时评价。

5．陶冶法

陶冶法主要利用人际关系、行为环境、社会风气、情感气氛等来陶冶幼儿的性情，培养幼儿良好的社会公德、社会行为和亲社会情感。它包括环境陶冶法和艺术感染法。

（1）环境陶冶法　通过优美的自然环境、良好的社会环境和教师有意识创设的教育情境，对幼儿进行社会化培养。幼儿由于其年龄特点，对事物、问题尚未形成积极稳定正确的认识，容易受外界环境的影响，所以教师有必要引导幼儿感受与体验外部环境的熏陶，并有意识地创设良好的教育环境，使幼儿的社会性情感、社会习惯得到良好的培养和陶冶。

（2）艺术感染法　即利用音乐、绘画等艺术形式，激发幼儿的情感，并使之化为行动的一种教育方法。艺术感染法主要运用于社会文化教育活动中，因为社会文化中的人文景观、文化精品、优秀的艺术作品等本身就体现了较高的艺术性。幼儿在学习、观赏中获得了直接积极的情感体验，有利于社会情感的激发与培养。

二、幼儿园社会教育的特殊方法

1．移情训练法

移情训练法是指教师通过现实生活事件或通过讲故事、情境表演等方式，引导幼儿设身处地地站在别人的位置考虑问题，是儿童理解和分享他人的情绪情感体验，从而产生共鸣的训练方法。它在幼儿社会教育活动中是一种很重要的教育方法。

2．角色扮演法

角色扮演法即教师创设现实社会中的特定情境，让幼儿扮演一定的社会角色，使幼儿表现出与这一角色一致的且符合这一角色规范的社会行为，并在此过程中感知角色间的关系，感知和理解他人的感受、行为经验，从而掌握自己承担的角色所应遵循的社会行为规范和道德要求。

3．榜样示范法

榜样示范法是指教师用他人的好思想、好行动和英雄事迹去影响和教育幼儿，以形成良好社会品质的方法。

4．价值澄清法

价值澄清法是通过幼儿内部心理活动进行价值选择、价值确定，然后付之于外部行动的过程。

第四节　幼儿园社会教育的活动设计与指导 ◣

幼儿社会教育的目标和内容是通过具体的社会教育活动来实现的。社会教育活动的形式多种多样，有专门组织的社会活动，更多的是渗透在幼儿一日生活活动中的社会教育。

一、专门的社会教育

幼儿园中专门的社会教育，是指教师为了实现教育任务、完成教育内容而精心设计的一切社会教育活动。

1．集体教育活动

在设计活动过程时要注意：

（1）分析教学内容，合理地确定教学的重点和难点。

（2）考虑活动环节，确定教学内容呈现的顺序。

（3）考虑教育方法、手段和组织形式的选择和运用　不同的内容，可运用的方法是不一样的。如果是社会认知方面的内容，可以用讲解、讨论、谈话、参观等方法；如果是社会情感方面的内容，可以用陶冶法、移情训练法、角色扮演法等；如果是社会行为方面的内容，可以用行为训练法、观察学习法等。

（4）提问　教师的提问要精练，而且要注意提问的层次性、导向性，以真正调动幼儿的已有经验。

2．参观和实践活动

陈鹤琴先生说过："大自然、大社会都是活教材。"教师有目的、有计划地组织幼儿参观一些重要的历史建筑、文化名胜和社会设施，能够加深幼儿的认识，萌发幼儿对社会和自然的喜爱之情。

二、渗透在一日生活中的社会教育

渗透在一日生活中的社会教育是专门的社会教育的补充和延伸，它潜移默化地对幼儿施加影响。

1．日常生活活动

幼儿在园的一日生活的各个环节都可以渗透进社会教育的要求。

2．其他领域的教学活动

幼儿园语言、科学、数学、音乐、美术等教育教学活动都存在着进行社会教育的契机。

在集体舞教学活动中，可以引导幼儿尝试寻找舞伴合作，体验共同舞蹈的快乐。

3．角色游戏

游戏是儿童的天性，游戏是儿童最乐于从事的活动。所有的游戏活动都有可能发展幼儿的社会性。但角色游戏是对幼儿进行社会教育最为直接的途径。

4．环境

"环境是第三位教师"。经过良好设计的环境，可以起到诱发幼儿积极行为的作用。

社会活动设计范例：

中班礼仪活动《介绍他人》

一、设计意图

《幼儿园教育指导纲要（试行）》明确提出了幼儿在社会发展中要学会乐意与人交往，理解并遵守日常生活中基本的社会行为规则。根据现阶段幼儿社会交往发展特点，设计本次活动，旨在发展幼儿与他人的交往能力。

二、活动目标

1．认识介绍他人的礼仪。

2．掌握介绍别人的介绍礼仪。

3．树立幼儿的人际交往礼仪意识。

三、活动重点和难点

活动重点：认识介绍他人的礼仪。

活动难点：掌握介绍别人的介绍礼仪。

四、活动准备

挂图、幼儿用书。

五、活动过程

（一）谈话导入

1．通过提问引出活动主题。

师：如果老师今天要去你家做客，但是我却不认识你的爸爸妈妈，你应该怎么做？

2．你应该怎么介绍老师，并让老师和你的爸爸妈妈认识？

（二）讨论

与幼儿交流父母介绍别人的方法。

（三）关键步骤

1．示范介绍别人的方法。

介绍别人时的手势（以右手四指并拢、手心朝上的方式进行介绍）以及介绍的顺序（先介绍爸爸妈妈再介绍老师）。

2．情景表演《做客》。

班上的教师与幼儿相互配合，教师演老师，小朋友演宝宝和妈妈。

3．请幼儿向大家介绍自己的好朋友。

六、活动结束比比看

请幼儿观察两幅图，看图中哪个小朋友做得更好，为什么说这个小朋友做得好？做得不好的小朋友应该怎么做？

第二十六章　幼儿园科学教育

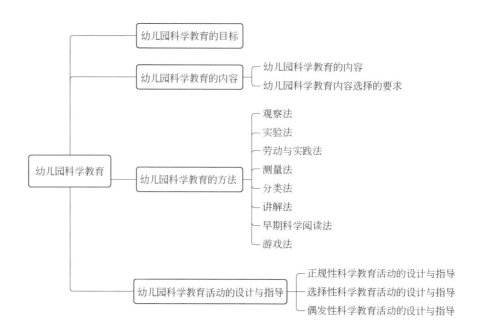

幼儿园科学教育
├─ 幼儿园科学教育的目标
├─ 幼儿园科学教育的内容
│　　├─ 幼儿园科学教育的内容
│　　└─ 幼儿园科学教育内容选择的要求
├─ 幼儿园科学教育的方法
│　　├─ 观察法
│　　├─ 实验法
│　　├─ 劳动与实践法
│　　├─ 测量法
│　　├─ 分类法
│　　├─ 讲解法
│　　├─ 早期科学阅读法
│　　└─ 游戏法
└─ 幼儿园科学教育活动的设计与指导
　　　├─ 正规性科学教育活动的设计与指导
　　　├─ 选择性科学教育活动的设计与指导
　　　└─ 偶发性科学教育活动的设计与指导

第一节　幼儿园科学教育的目标

《幼儿园教育指导纲要（试行）》明确提出了幼儿园科学领域的总目标：

（1）对周围的事物、现象感兴趣，有好奇心和求知欲。

（2）能运用各种感官，动手动脑，探究问题。

（3）能用适当的方式表达、交流探索的过程和结果。

（4）能从生活和游戏中感受事物的数量关系并体验到数学的重要和有趣。

（5）爱护动植物，关心周围环境，亲近大自然，珍惜自然资源，有初步的环保意识。

除第 4 条是关于数学教育的目标外，第 1 和第 5 条是关于科学情感、态度和价值观方面的目标；第 2 和第 3 条是关于科学方法和过程的目标；知识的目标已然蕴藏在其他的目标之中。学前儿童具体各年龄阶段科学发展详细目标详见《3~6 岁儿童学习与发展指南》。

第二节　幼儿园科学教育的内容

一、幼儿园科学教育的内容

1．了解自然环境及其人们生活的关系

（1）自然界常见的动植物及其与环境的关系。

（2）自然界中的非生命物质及其与人、动植物的关系。

（3）人与自然环境的关系。

2．探究身边事物的自然科学现象

（1）认识气候与季节变化。

（2）认识各种物理现象。

（3）认识各种安全、有趣、简单的化学现象。

（4）认识宇宙中的日月星辰，知道太阳和月亮为什么会出现在不同的时段；适当向幼儿介绍人类在宇宙中的活动等。

3．感受科学技术及其对生活的影响

（1）初步了解不同通信工具在人们生活中的用途。

（2）认识各种家用电器，了解它们的用途和安全使用方法。

（3）认识各种常见得到的海、陆、空交通工具；初步认识现代科技，知道科技是不断发展的，了解科技是人类创造的。

（4）认识科学技术的发展对环境造成的负面影响。

二、幼儿园科学教育内容选择的要求

1．科学性和启蒙性

幼儿科学教育的内容应符合科学的原理，不能违背科学事实；同时科学性又应和启蒙性相结合，即提供给幼儿的科学内容应是一种粗浅的科学知识，以此激发幼儿的好奇心和科学探索的欲望，又不能超越幼儿的发展水平和理解能力。

2．广泛性和代表性

幼儿科学教育的内容应是丰富多彩的，以反映幼儿日常生活中所接触的物质世界的多样性、多变性和自然科学知识本身的广泛性；又应是有选择的，能代表自然科学各个领域的基本知识结构，为幼儿今后系统地学习科学知识打下基础。

3．地方性和季节性

幼儿科学教育内容的选择应结合当地的自然条件和季节特点，因地、因时制宜。

4．时代性和民族性

幼儿科学教育的内容既应体现现代科学技术的发展，以适应时代的变化；又应体现传统文化的特色，以发扬光大民族的优秀文化。

第三节　幼儿园科学教育的方法 ▲

一、观察法

观察法是指幼儿在直接接触事物的过程中，运用多种感官直观、生动、具体地认识事物，提高幼儿感官的综合活动能力，培养其运用感官探索周围环境的习惯。

二、实验法

实验法是指教师或幼儿按照预想的目的或设计，利用一些材料，通过简单演示或操作，对周围常见的科学现象加以验证的一种活动。

三、劳动与实践法

劳动与实践法主要是指种植、饲养、科学小制作和协助成人的辅助劳动活动。

1．种植

通过班级自然角种植花卉、蔬菜和农作物等，让幼儿认识各种植物的播种、管理、收获等全过程。

2．饲养

幼儿通过在饲养角里喂养和照管习性温顺的动物来认识动物。主要包括帮助收集饲料、喂养，并观察小动物的外形特征、动作和生活习性，培养爱护小动物的情感。

3．科学小制作

帮助幼儿采用各种自然材料和废旧材料制作一些简单的科学玩具和装饰品。

4．协助成人劳动

协助成人参加一些力所能及的劳动，如摘菜、剥花生等，从中获得有关科学的感性经验。

四、测量法

幼儿科学教育中的测量法是指通过观察或运用简单的测量工具，对物体进行简单的初级的测定的方法。

1．观察测量

通过眼睛、手等感官的观察来测量物体。

2．非正式量具测量，也叫自然测量

不采用通用的量具，而是用一些自然物如木棍、绳子、手指、步长等作为量具对物体进行测量。

3．正式量具测量

以通用的标准量具对物体进行测量。适合幼儿用的有尺、天平、温度计、钟表、秤等。

五、分类法

分类法是指幼儿把具有某一个或几个共同特征的物体聚集在一起，也叫归类法。

六、讲解法

讲解法是指教师通过语言向幼儿解释说明某一事物的特征或原理，在不同的科学探索过程中，教师都需要进行讲解，使幼儿更好的理解教师的意图，从而进行更有效的探索。

七、早期科学阅读法

早期科学阅读是指幼儿阅读富有科学知识的作品，包括儿童诗、儿歌、谜语、故事、科学童话等，如故事《小蝌蚪找妈妈》《小壁虎借尾巴》。

八、游戏法

科学游戏是指运用自然物质（树叶、贝壳、沙、土等）和有关图片、玩具等，进行带有游戏性质的操作活动。游戏在幼儿科学教育活动中可用于教育活动的各个环节。

第四节　幼儿园科学教育活动的设计与指导

一、正规性科学教育活动的设计与指导

正规性科学教育活动的设计与指导，是指教师根据幼儿科学教育的目标，有计划、有目的地选择课题内容，提供相应材料，有步骤地开展幼儿科学探索活动，最终达到教育目标的形式。它是面向全体幼儿的科学教育活动。

1．活动过程的设计与指导

活动过程是为实现教育目标而对教育内容、教育方法的具体展开的运用，是正规性教育活动的核心环节。因此，活动过程的设计与指导是关键。教师要依据活动目标，认真思考整个过程的各个步骤，认真指导。

（1）导入活动要求　明确任务，引起兴趣，导入活动。

从活动一开始，老师就应让幼儿明确本活动的任务，激发幼儿的兴趣，使幼儿在好奇心的驱使下投入到科学探索活动中去。导入的设计可考虑以下几种方法。

①利用丰富的材料导入。如"看看小朋友面前有什么？"

②利用各种文学作品导入。如用猜谜来导入。

③利用情景表演导入。如走进一间布置好的房屋，问幼儿"看到什么了"。

④利用直接提问导入，即开门见山式的导入。如"看面前的水仙花"。

（2）基本活动要求　围绕目标，合理充分地发挥材料的作用，有步骤地引导幼儿运用多种感官、多种方法进行感知操作，并学习用各种方式进行表达，使幼儿真正成为活动的主体。

一般说来，正规性科学教育活动基本活动的设计和指导有以下步骤。

①教师提出有质量的问题，启发幼儿从多方面、使用多种方法与学习对象相互作用，去感知、操作、发现和思考问题。

②教师观察、了解幼儿探索活动情况。包括幼儿参与活动的主动性、积极性（如幼儿操作的方法、发现及问题），倾听幼儿的自言自语和同伴轻声细语，观察幼儿的情绪，是否在等待老师的帮助，等等。

③要求和鼓励幼儿积极、勇敢地表达自己的发现。

④教师以简短的语言，概括幼儿的发现，并再次提出有针对性的问题，启发幼儿在前面探索的基础上再作探索，寻求完整答案。

⑤教师继续观察、了解幼儿情况，并给予幼儿及时的帮助（提供材料、解决困难等）。

⑥再次鼓励和启发幼儿描述自己的探索过程和方法，陈述自己的发现和问题，以及在活动中的感受。此处要给足时间，用于幼儿表达、交流。

⑦教师在幼儿充分交流信息的基础上作出小结和评价，包括知识点（幼儿获取的经验或幼儿主动建构的表象水平上的概念），幼儿参与活动的积极态度，探索发现的过程和使用的方法等。

（3）结束活动要求　由教师运用多种方式在自然状态下结束活动并继续布置任务，让幼儿延伸活动，在自然角、科学发现室、家庭或社区继续探索。因此，结束活动应该是开放式的。还可以指导幼儿一起整理材料，培养幼儿良好的习惯。

2．教师提问设计

教师对幼儿科学探索过程的指导，主要通过设计有质量的问题来实现。教师提问有两种。一是封闭式的，其答案是限定的、唯一的。如"这是什么？""是不是啊？"二是开放式的，没有限定答案。如"你有什么发现？""你看它像什么？"教师应更多地向幼儿提开放式的问题，便于幼儿回忆并联系自己的经验，在经验和自有水平的基础上进行发散性和创造性思维，鼓励幼儿用自己的方法去操作、发现和创造，激发他们的表达欲望。随着教师提问的步步深入，幼儿也就在无意中逐步深入到探索活动的过程中去了。

二、选择性科学教育活动的设计与指导

选择性科学教育活动，是由教师为幼儿创设一个宽松和谐的环境，提供各种科学活动的设备和丰富多样的材料，引发幼儿的好奇心。这种活动一般在自然角和科学发现室内进行。幼儿以个别活动为主，或三两人自愿组合，教师以间接指导为主，幼儿的自由度较大。

活动环境和材料的设置：

创造和提供环境及物质材料是幼儿开展选择性科学教育活动的关键因素。

1．建构科学发现室（科技活动室、科学探索室等）

建构科学发现室（科技活动室、科学探索室等）对环境和材料（设备）的特点要求具有新奇和趣味性、可探索性和可操作性、教育性和安全性、可观赏性和配合性（如将磁性材料和能磁化与不能磁化的材料放在一起，以供幼儿操作）。

2．设置科学桌、科学角

在幼儿平时的活动室一角，教师为幼儿安放一张桌子，提供同类或不同类的可探索材料，让幼儿自主操作。具体材料可参照科学发现室设置清单，根据需要，数量可少可多。

3．设置自然角

教师在幼儿活动室内或活动室门口附近的向阳处设置一个分层架（或桌子，或在窗前柜子上），放上易养的植物和金鱼、乌龟等小动物，也可放置一些贝壳、稻穗等，以体现大自然，使幼儿随时可接处自然，探索自然。

三、偶发性科学教育活动的设计与指导

偶发性科学教育活动，是指在幼儿周围世界中，突然发生的某一自然科学现象、自然物或有趣、奇特的科技产品和情景，激起幼儿的好奇心，导致幼儿自发投入的一种科学探索活动。

由于这种科学探索是教师事先无法估计到的，带有偶然性，因此，教师不能事先进行设计，但是要以积极的态度去关心、指导。

①随时关心、观察、发现幼儿的活动。

②积极热情支持幼儿的自发性探索活动。

③正确引导、鼓励幼儿的探索，和幼儿分享探索活动的成果。

正规性、选择性和偶发性科学教育活动是相互联系、相互补充或相互转换的。正规性探索活动内容可延伸到选择性活动中去，选择性和偶发性探索内容又可能转换成正规性科学教育活动内容，三者有机结合，整体发挥效能，最终实现幼儿园科学教育的目标。

科学活动设计范例：

大班科学活动《声音的秘密》

一、设计意图

《纲要》中提出幼儿的科学教育重在激发幼儿的认识兴趣和探究欲望，通过对大班幼儿的观察，发现他们的探索能力很强，并对各种声音很感兴趣，为了更好地激发大班幼儿的好奇心和求知欲，让幼儿大胆的探索声音，我设计了这个科学活动。

二、活动目标

1．了解声音是由物体振动产生的。

2．知道声音大小由振动幅度控制。

3．激发幼儿积极参与科学活动的兴趣。

三、活动重难点

重点：知道声音是由物体振动产生的。

难点：知道声音大小由振动幅度控制。

四、活动准备

教师:课件（视频）、豆子、纸团、沙、棉花、空瓶子。

五、活动过程

（一）导入部分

1．教师播放课件视频，请幼儿认真观看视频。

2．教师提问：小朋友们听到了哪些声音？

（二）初步探索声音是由物体振动产生的

1．教师提问:刚才我们听到了不同的声音，那你们知道声音是怎么产生的吗？

2．教师出示教具，带领幼儿操作实验，感受物体振动发声的原理。

3．请幼儿亲自感受发声的原理（手摸喉咙）。

4．教师小结：声音是由物体振动产生的。

（三）幼儿进一步操作探索

1．发放探索声音的材料和记录单，幼儿分组合作探索，完成记录。（能发声的打"√"，不能发

声的打"×")。

    2. 幼儿分享自己对声音探索的结果。

    3. 教师、幼儿验证实验结果。

    4. 邀请个别幼儿用瓶子发声，通过摇的速度感知声音大小由振动幅度控制。

    5. 师幼小结：手摇瓶子的速度的快慢是振动幅度，振动幅度控制声音的大小。

六、活动延伸

教师小结，结束活动。

第二十七章 幼儿园数学教育

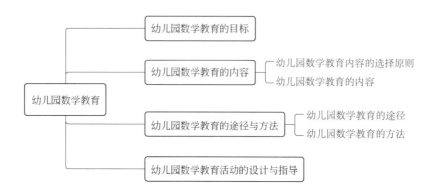

第一节 幼儿园数学教育的目标

幼儿园数学教育的目标是指幼儿园教育工作者在进行幼儿园数学活动之前对活动结果的一种期望，不仅体现并规定了向幼儿进行数学教育的目的和要求，还是向幼儿进行数学教育的依据和准则。幼儿园数学教育总目标是：

1．对周围环境中事物的数量、形状、时间和空间等感兴趣，有好奇心和求知欲，喜好参加数学活动和游戏。

2．能从生活和游戏中感受事物的数量关系，获得有关数、形、量、时间和空间等方面的感性经验，体验到数学的重要和有趣。

3．学习用简单的数学方法解决生活和游戏中某些简单的问题，能用适当的方式表达、交流操作和探索问题的过程和结果。

4．会正确使用数学活动材料，能按规则进行活动，有良好的学习习惯。

第二节 幼儿园数学教育的内容

一、幼儿园数学教育内容的选择原则

（1）启蒙性　是指应让幼儿在操作的层面上对数学教育内容获得较丰富的感性经验，而不是让幼儿在此阶段对数学的某一内容形成科学的概念。

（2）生活性　是指数学教育活动内容应与幼儿的生活实际紧密联系。

（3）可探索性　是指幼儿数学教育的内容应具有可探索性、可猜想的因素，应提出需要幼儿解决的问题。

（4）系统性　是指在数学教育内容的选择和安排上，应遵循数学知识的逻辑和幼儿学习的逻辑顺序，体现先易后难、循序渐进、前后联系的特点。

二、幼儿园数学教育的内容

幼儿园数学教育的内容如下表所示。

内容	基本知识
数、计数与数的运算	数代表任何事物的数量； 数的运算在幼儿园中主要指 10 以内的加减运算
分类、排序与对应	分类是把具有共同特征的物体进行分组； 排序是按物体的差异，根据次序或规则排序
几何图形	几何图形是用来确定物体形状的标准形式
时间与空间	幼儿时期应学会区分白天黑夜、星期的时间及顺序、认识时钟
量与计量	量是事物所具有的能区别事物之间差异的性质； 计量是指把一个未知的量同另一个作为标准的约定的已知量进行比较的

第三节　幼儿园数学教育的途径与方法

一、幼儿园数学教育的途径

1. 专门性的数学教育活动

（1）正式的数学教育活动　是指教师组织或安排专门的时间让幼儿参加的数学活动。这类数学教育活动是事先经过缜密筹划的，而不是偶发和随机的；内容是专项指向数学的，而不是综合的；形式一般为集体活动方式，而不是个别活动方式。

（2）非正式的数学教育活动　是指教师为幼儿创设一个宽松和谐的环境，提供各种数学活动设备和丰富多样的学具、玩具，引发幼儿自发、自主、自由进行的数学活动。

2. 渗透性的数学教育活动

（1）日常生活中的数学教育活动　教师要善于利用日常生活活动中的数学教育资源，引导幼儿发现数学，学习数学，运用数学。

（2）游戏活动中的数学教育活动　教师可以在角色游戏中渗透数学知识，让幼儿积累数学经验。教师也可以通过结构游戏，增强幼儿对数量、图形的理解和认识，让幼儿在结构游戏中积累数学经验。

（3）在各领域活动中渗透数学教育　教师可以在各领域中渗透数学教育，将数学内容与其他课程整合起来，使它们相互促进，相互渗透，共同提高。

二、幼儿园数学教育的方法

1. 操作法

（1）含义　是指提供给幼儿合适的材料、教具和环境，让儿童在自己的摆弄、实践过程中进行探索，获得数学感性经验和逻辑知识的一种方法。

（2）分类

①按其性质可分为示范性操作、验证性操作、探索性操作、发散性操作。

②按其组织形式可分为集体操作和个人操作。

（3）注意点

①明确操作目的　应明确操作的目的在于激发幼儿学习的兴趣，促进其思维的发展，因此不仅要重视操作的结果，而且要重视操作的过程。

②创设操作条件　包括为幼儿提供可供选择利用、数量足够的操作材料；给予幼儿充分的操作空间和时间；允许幼儿有同伴间的交流机会。

③交代操作规则　教师应在儿童动手操作前，先向幼儿说明操作的目的、要求和具体的操作方

法，以保证幼儿的操作具有一定的方向性，减少盲目性和随意性。

④评价操作结果　教师要重视对儿童操作过程的归纳、评价，帮助其形成比较完整、正确的数学概念，对儿童操作中表现出的合理性、新颖性和创造性给予充分肯定，以激发其进一步探索和学习的积极性。

⑤体现年龄差异　各个年龄班在运用操作法的过程中应根据儿童的实际水平和年龄特点有所区别。

⑥与其他方法有机结合　操作法的优势要在与其他方法的有机结合、相互配合下方能显现出来，应使每种方法的长处得到充分发挥和体现，共同促进儿童数概念和思维的发展。

2．游戏法

（1）含义　是根据儿童好动的天性、具体形象的思维特点，将抽象的数学知识寓于儿童感兴趣的游戏中，让儿重在轻松愉快的游戏活动中学习数学的一种方法。

（2）分类

①操作性数学游戏　是指儿童通过操作玩具或实物材料，从而获得数学知识的一种游戏，有一定的游戏规则。

②情节性数学游戏　是指通过一定情节安排来体现所学数学知识的游戏，特别适合于小班儿童。

③竞赛性数学游戏　是指带有竞赛性质的数学游戏，更适合中、大班。

④运动性数学游戏　是指寓数学概念和知识于体育活动中的数学游戏。

⑤运用各种感官的数学游戏　是指通过不同的感官进行数学学习的游戏。

⑥数学智力游戏　是一种运用数学知识以促进幼儿智力发展为主的游戏。

3．比较法

（1）含义　是指通过对两个或两个以上物体的比较，让幼儿找出它们在数、量、形等方面的相同和不同。

（2）分类　按比较物体的数量可分为简单比较（对两个或两组物体的数或量比较）、复杂比较（对两个或两组以上物体的数或量比较）。

4．讨论法

（1）含义　是引导幼儿有目的、探讨性地主动学习数学的一种重要方法，能够起到互相交流，互相启发，共同探究的作用。

（2）分类

①按讨论时机可分为随机性讨论和有计划的讨论。

②按讨论功能可分为辨别性讨论、修正性讨论、交流性讨论和归纳性讨论。

（3）注意点

①以操作体验作为讨论的基础　儿童通过操作有了一定感性认识，才能对要讨论的内容作出积极反应，才能接受讨论的最终结果。

②注重讨论的过程　鼓励幼儿积极参与讨论、开动脑筋、促进思维能力的发展才是讨论的目的所在。

③体现因人而异、因材施教　教师应以激励者的身份鼓励能力弱的幼儿参与讨论，帮助他们克服自卑感、紧张感，树立自信心，当儿童有了一定基础后，再渐渐提高问题的难度。

5．发现法

（1）含义　是指在教学过程中，教师不直接讲解数学知识和概念，而是引导幼儿依靠已有的数学知识和经验去发现和探索并获得初步的数学知识和概念的一种方法。

（2）注意点

①为幼儿创设合适的探索、发现环境　要让幼儿在宽松、自由、充分享有时间和空间的环境中，主动、自信地去尝试发现问题，进而解决问题。

②充分相信幼儿，放手让其探索、发现　教师要学会等待、观察，不要急于暗示答案，而应适时、合理地给予启发，对通过探索、发现找到解决问题办法的幼儿，应多给予肯定和鼓励。

6．寻找法

（1）含义　是让儿童从周围环境中寻找数、量、形及其关系或在直接感知的基础上按数、形要求寻找相应数量的实物的一种方法。

（2）分类

①在自然环境中寻找。

②在已准备好的环境中寻找。

③运用记忆表象来寻找。

（3）注意点

①应根据具体的教学内容和儿童的年龄特点适时适宜地选用，避免追求形式。

②可与游戏法结合，特别是对小年龄儿童，可用游戏口吻、情节和场景启发儿童寻找。

③对儿童的寻找给予必要的启发和引导。

第四节　幼儿园数学教育活动的设计与指导

1．活动名称

（1）按数学活动的要求，用数学术语定名称。

（2）按活动内容或选用材料，用生活语言定名称。

2．活动目标

（1）活动目标中的学习内容应包括知识概念，认知能力，操作技能，兴趣、态度和行为习惯的学习。

（2）在一次教学活动中所列出的目标往往只是主要方面，在实际教学中则应注重幼儿整体的发展。

（3）活动目标的表述　通常以幼儿为行为主体，用幼儿的行为变化来表述。

3．活动准备

（1）幼儿的经验准备

（2）活动所需教具、学具和环境创设等方面的准备

4．活动过程

活动过程分为三个部分。

（1）活动开始　通过引导幼儿观察材料、配合提问来介绍活动内容和要求。

（2）活动进行　可让幼儿分组进行不同的操作活动，也可集体进行统一的操作。

（3）活动结束　可请部分幼儿讲述自己活动的过程和结果，并引导幼儿进行讨论。

5．活动延伸

活动延伸是指这一活动与下一教学活动之间的联系。

数学活动设计范例：

小班数学活动《1～5的数字认识》

一、活动目标

1．认识数字1～5。

2．能独立完成1～5以内的点数。

3．激发幼儿对数认识的兴趣。

二、活动准备

幼儿对1～5的初步认识，小花，数字卡片。

三、活动过程

导入语：小朋友们上午好！今天老师想跟大家说一说，你们有没有去公园的湖边玩过呢，是和谁一起去的呀，你们都玩了些什么呢？另外，老师要请小朋友复习一下这几个数字宝宝。

1．刚才我们说了自己去玩过的地方，现在要请小朋友们去参观一个地方，小朋友看完以后，老

师有问题要问哦!

2. 在湖边有哪些小动物在玩游戏呢?湖面上有几只天鹅?小狮子手上有几朵花?有几只小鸟?你们是怎么知道的呢?

师:原来小朋友们是通过观察和点数的方法得出答案。

3. 老师这里有好多花,想请小朋友来数一数,然后再放上对应的数字宝宝,好不好?数对了的可以和老师盖大拇指印章。

4. 刚才我们数了花,现在要玩一个找朋友的游戏。

小朋友从盒子里拿一张卡片,然后开火车走,听到铃声后停车,再数卡片上有几朵花,然后把卡片放到相对应的数字宝宝旁边。做得又正确又好的小朋友,老师奖励一个赞。

5. 回顾游戏:

刚才我们玩了什么游戏啊?游戏中小朋友开着小火车帮图片宝宝找到了好朋友。你们喜欢这个游戏吗?

四、活动总结

首先我们说了自己去湖边玩,玩了些什么,然后我们参观了小动物们在湖边玩,数了小花,最后,我们玩了《找朋友》的游戏,认识了1到5的数字宝宝,你们今天开心吗?

五、活动延伸

请小朋友回家和爸爸妈妈一起玩《找朋友》的游戏,帮更多的数字宝宝找朋友,好不好?

第二十八章　幼儿园音乐教育

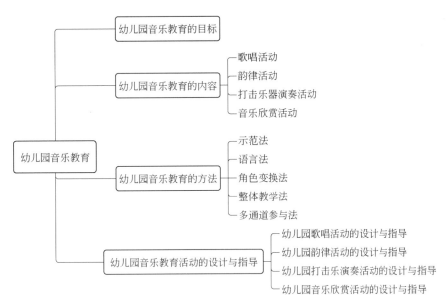

幼儿音乐教育是指以教育为手段，对幼儿进行基本的音乐知识、技能的传授，从而使幼儿获得音乐艺术内涵的教育。主要音乐教育流派有：奥尔夫体系；达尔克罗兹体系；柯达伊体系；铃木体系。

第一节　幼儿园音乐教育的目标 ▶

幼儿园音乐教育的总目标如下：

（1）感受周围环境和音乐作品中的美，发展幼儿对音乐美的敏感性和审美能力。

（2）初步学会操作一些简单的材料和道具，通过歌唱、韵律活动，欣赏音乐和乐器演奏等音乐活动，培养幼儿言语的和非言语的思维能力、想象能力和创造能力。

（3）在集体音乐活动中进行自我表达和人际沟通、协调，体验音乐活动的乐趣，发展健全、和谐的人格。

总之，幼儿园音乐教育的目的是通过音乐教育活动使幼儿获得全面、和谐的发展。

第二节　幼儿园音乐教育的内容 ▶

幼儿园音乐教育活动，包括歌唱活动、韵律活动、打击乐器演奏活动和音乐欣赏四方面的内容。

一、歌唱活动

歌唱活动在幼儿音乐教育中居重要地位，是幼儿音乐教育的主要内容。幼儿园歌唱活动的主要教育内容有：

1. 歌唱的表演形式

幼儿园常用的歌唱表演形式有独唱、齐唱、接唱、对唱、领唱齐唱、轮唱、合唱等。

2. 歌唱的知识和技能

幼儿可以掌握的歌唱的简单知识技能主要有：

（1）正确的歌唱姿势　站立时身体保持正直，两眼平视，两臂自然放松，口型保持长圆形。

（2）正确的发音方法　要使幼儿学会用"自然美好的声音"来歌唱，要学会用一定的发声技巧。

（3）正确的呼吸方法　自然呼吸，均匀用气，在歌唱时能按乐句和表情的需要慢慢地、有节制地运气。

二、韵律活动

韵律活动是指在音乐伴奏下所进行的以身体运动和身体造型为表达媒介的一种艺术活动。幼儿园韵律活动的主要教育内容有：

1．韵律动作及其组合

幼儿园音乐教育活动中的韵律动作分为基本动作、模仿动作和舞蹈动作。

（1）基本动作　如走、跑、跳、拍手等。

（2）模仿动作　儿童模仿特定事物的外在形态和运动状况所做的身体动作。如模仿小鸟飞、小兔跳等；自然界的动作；模仿刮风、下雨等；成人劳动或者活动时所做的动作，如刷牙、洗脸、梳头、炒菜、骑马等。

（3）舞蹈动作　儿童要学习和掌握的舞蹈动作，主要是一些基本舞步。韵律组合是按照一首结构相对完整的乐曲组织起来的韵律动作组合，包括身体节奏动作组合、模仿动作组合、舞蹈动作组合。

2．韵律活动的表演形式

韵律活动的表演形式包括独舞、双人舞、三人舞、集体舞。

3．韵律活动的知识技能

（1）掌握动作的知识和技能。

（2）变化动作的知识和技能。

（3）组织动作的知识和技能。

（4）使用道具的知识和技能。

4．韵律活动的常规

由于韵律活动的特殊性，幼儿在活动中经常处于运动和兴奋的不稳定状态，所以，良好的常规是非常重要的。例如：在没有队形要求时，要知道找空位子站；空间移动时，不和他人相撞；在结伴时，能迅速、安静地在规定时间内寻找、交换舞伴。

三、打击乐器演奏活动

1．打击乐曲

幼儿园音乐教育活动中使用的"打击乐曲"一般可以分为两类：一类是纯粹的打击乐曲，即专门为打击乐器创作或仅由打击乐器来演奏的乐曲；另一类是指特定的歌曲或器乐曲。目前幼儿园常见的打击乐作品是指第二类"打击乐曲"。

2．打击乐器

在幼儿园中，常用的打击乐器有圆弧响板、铃鼓、串铃、碰铃、三角铁、大鼓、钹、锣、木鱼、双响筒、蛙鸣筒、沙球等。

3．打击乐器演奏的常规

（1）活动开始和结束的常规　听音乐的信号整齐地将乐器从座椅下面取出或放回；乐器拿出后，不演奏时须将乐器放在大腿上，不发出声音；开始演奏前，看指挥者的手势整齐地将乐器拿起，做好准备演奏的姿态；演奏结束后，按指挥者的手势将乐器放回大腿上；活动结束后，自己收拾乐器。

（2）活动进行的常规　演奏时身体倾向指挥者，眼睛注视指挥者，积极地与指挥者交流；演奏时注意倾听音乐和他人的演奏；演奏时注意力集中，不做与演奏无关的事情；交换乐器时，先将原来使用的乐器放在座椅下面，再迅速地找到新的座位，拿起新乐器放在腿上做好演奏准备。

四、音乐欣赏活动

学前儿童音乐欣赏领域的教育内容主要有：倾听周围环境中的声音；欣赏音乐作品以及音乐欣赏的简单知识和技能。

1. 倾听周围环境中的声音

在我们周围的环境中，无论是自然界，还是社会生活中都充满了各种声响：鸟叫，暴风的呼啸，雨水的滴答，汽车的嘀嘀声，火车、飞机的隆隆声等。日常生活中随时可引导学前儿童进行倾听的活动有以下几种。

①倾听活动场所中的声音。

②倾听厨房中的声音。

③倾听卧室中的声音。

④倾听马路上各种交通工具的声音。

⑤倾听建筑工地上各种建筑机械的声音。

⑥倾听在公园、郊外游玩时所听到的声音。

⑦倾听生活中听到的种种其他声音。

2. 欣赏音乐作品

音乐作品有歌曲和器乐曲两种，其内容主要有：

（1）优秀的中外少年儿童歌曲，包括创作歌曲和广泛流传的民歌、童谣，如《铃儿响叮当》《捉泥鳅》《种太阳》等。

（2）由歌曲改编的器乐曲，包括由中外优秀儿童歌曲及优秀民歌改编的器乐曲，如《洋娃娃和小熊跳舞》等。

（3）专门为儿童创作的简单器乐曲，如《扑蝴蝶》《兔跳》等。

（4）专门为儿童创作的音乐童话的片段，如《龟兔赛跑》《彼得和狼》等。

（5）中外著名音乐作品或其中的片段，如《牧童短笛》《金蛇狂舞》《土耳其进行曲》《梁祝》等。

3. 音乐欣赏的简单知识和技能

（1）了解音乐作品的名称、主要内容和常见表演形式。

（2）了解常见乐器的名称。

（3）能听出并理解作品的主要情绪、内容、形象及作品的主要结构。

（4）能分辨常见人声和乐器的音色。

（5）能根据音乐作品的音响展开想象、联想。

（6）能运用一定的媒介表达对音乐的感受。例如身体动作、语言、绘画等方式。

第三节　幼儿园音乐教育的方法　▸

一、示范法

示范法是指在幼儿园音乐教育活动中借助于教师的演唱、演奏和动作表演，使儿童通过直接感受，获得清晰的音乐表象，提高学习兴趣，优化学习效果的一种方法。

使用示范法的注意事项如下。

（1）教师的示范应正确、熟练、自然而富有艺术的感染力。示范之前，教师应该明确示范的目的，并让儿童明确应该如何观察示范。

（2）示范应配合一定的语言讲解和提示。

（3）示范应考虑到儿童的年龄特点。

（4）注意示范时教师的位置，应使每个儿童都能清楚地观察、感知。

二、语言法

语言法是指音乐教学活动中以语言为主要教学方法的总称。音乐活动中常用的语言指导方法一般有以下几种。

1．讲解

讲解主要是指对音乐活动有关的信息及活动方法、程序和规则进行讲述、说明或解释。

2．提问

提问是幼儿园音乐活动中一种常用的语言辅助方法。使用时应注意：

（1）教师的问题应具有启发性、开放性。

（2）问题的设计既要考虑到与活动内容、要求相适应，又要考虑儿童的知识经验和发展水平，问题宜便于儿童记忆、理解和回答。

（3）可以在活动中灵活调整问题的难度，也可以在一个问题的基础上进行追问，层层引出新问题。

3．反馈

所谓反馈，是指教师在音乐活动中运用语言促使儿童及时了解自己对音乐所作的反应，并及时地调整自己的活动行为。使用这一方法时应注意：

（1）反馈时应注意面向全体。

（2）语言的反馈可以和动作技能的反馈相结合。

（3）教师的反馈要尽量客观化，平等地看待每一个儿童。

（4）反馈时以正面的肯定为主，多对幼儿进行鼓励。

三、角色变换法

角色变换法是指在幼儿园音乐教育活动中，教师的角色定位除了是支持者、引导者、合作者之外，更应是"平等中的首席"，适时地"参与"和"退出"。

1．参与

音乐活动中教师的参与不但可以给儿童的音乐探索和表现提供间接的指导，更能够使儿童体验并享受到师幼共同活动的自由和乐趣。

2．退出

在幼儿园的音乐教育活动中，教师的"退出"包含三层含义：一是指教师从"参与"的状态中退出，恢复教师的身份和地位，重新对活动施以影响；二是指教师从心理上理解"退出"，不在活动进程中占据权威的、中心的地位；三是指教师在活动的空间位置上退出，把中心位置让给儿童，以观察者、旁观者的身份对活动进行指导。

四、整体教学法

整体教学法是指在幼儿园音乐教育活动中，利用音乐形式结构本身的整体统一性和整体性，从整体入手引导儿童感知、体验并表现音乐的一种方法。

五、多通道参与法

在幼儿园音乐活动中，教师要调动幼儿的多种感觉器官协同参与，以更好地丰富和强化儿童对音乐的感受和理解，体验并享受音乐艺术的美。这种方法不仅能够有效地提高儿童感知、理解和表现音乐的能力，同时更能够调动和激发儿童参与活动的主动性、积极性和创造性。

第四节　幼儿园音乐教育活动的设计与指导

一、幼儿园歌唱活动的设计与指导

1．导入教学

教师可根据歌曲特点和幼儿水平，灵活选择导入的方法。常用的导入方法有：动作导入、游戏导入、歌词创编导入、情境表演导入、歌词朗诵导入、直观形象导入等。

2．教师范唱

教师的范唱决定着幼儿学唱的水平，教师的范唱要清楚，音准准确，富有感情，精神饱满，用多种方式重复范唱，适当欣赏录音范唱。

3．幼儿熟悉、记忆歌词

（1）填充提问法　教师说歌词的前半句，请幼儿填说后半句。

（2）逻辑提问法　教师按照歌曲内容的逻辑提问，也可以请幼儿自己述说歌曲内容，然后由教师把幼儿讲述的内容根据歌词顺序组织起来。

（3）直观教具提示法　教师可以选用与歌曲内容相关的图片、玩具、实物等直观教具，配合范唱。生动的教具可以提示、帮助幼儿记住歌词。

（4）节奏朗诵法　教师指导幼儿按照歌曲节奏朗诵歌词，有助于他们记忆歌词、旋律和节奏。

4．教唱新歌

（1）教唱新歌的两种方法

①整体教唱法　教师范唱后，幼儿从头至尾学唱整首歌曲。这种教唱方法使幼儿能够感受歌曲完整的艺术形象。这种唱法要求幼儿的记忆、思维处于一种积极状态，以促进幼儿学唱的主动性。

②分句教唱法　教师范唱一句，幼儿跟学一句。这种形式比较容易学唱，常用于歌曲中的重点和难点乐句。

在实践中，两种形式的方法一般结合运用。小班以整体教唱法为主，中、大班的幼儿学唱新歌时，教师可以综合运用两种方法，在分句教唱后，再将一首歌曲整体教给幼儿，以正确把握歌曲所表达的思想感情。

（2）教给幼儿初步的唱歌技能　幼儿掌握一些初步的表现手法，使幼儿能有感情地唱歌，能理解、感受歌曲所表达的感情。如可以做一些游戏性的练习，如闻花香，学汽笛，锻炼幼儿的深呼气。可以加进手势动作来表示旋律进行高低变化，使幼儿对声音的高低有一种形象化的感受，帮助幼儿控制音高。

5．对幼儿创造能力的培养

在幼儿学会唱歌的基础上，可以从两个方面展开对幼儿创造能力的培养——创编动作和创编歌词。这两个环节可以根据歌曲内容、节奏、儿童兴趣以及教师的教学需要，安排在教学活动的任何一个程序中。

二、幼儿园韵律活动的设计与指导

1．韵律活动的设计常用模式

模式一：示范——模仿——练习

（1）教师用容易引起儿童学习兴趣的方法导入活动。

（2）教师用容易让儿童清楚感知的方法反复示范新的动作或动作组合。

（3）教师分析讲解动作要领，动作表现的形象、情绪或动作组合的结构。

（4）教师用较慢的速度唱谱带领幼儿做动作或组合。

（5）待幼儿掌握后，带领幼儿连贯做动作或组合。

（6）教师采用各种不同的练习组织形式，不断调动幼儿的积极性，让幼儿在练习中逐步达到熟练掌握。

模式二：引导——探索——创编

（1）教师在引导幼儿回忆有关经验的基础上引出活动内容。

（2）教师让幼儿自己用动作来表现教师提出的形象、情节、情绪、节奏或结构。

（3）教师组织幼儿倾听、分析、体验音乐，并组织幼儿用讨论的方法，将程序（2）中已准备好的动作与音乐进行匹配。

（4）幼儿按讨论结果随音乐做动作。

（5）教师根据儿童表现的情况，提炼出动作要领及动作表现要领。

（6）教师和幼儿一起按讨论结果随音乐做动作。

2．韵律活动的指导

（1）韵律活动中的空间处理　如何处理空间是幼儿园韵律活动教学中的一个十分重要的问题。教师为幼儿安排的空间状态以及此空间状态下做的特定动作应该可以充分地展开，幼儿之间不会产生互相干扰。教师为幼儿选择的空间调整或动作调整策略应让幼儿能够主动避免干扰，又能保证自己和同伴能够有充分的自由。

年龄较小的幼儿最初倾向于挤在一起，或挤在教师周围。一开始教师往往会提醒幼儿"找个空一点的地方"，但随着年龄的增长，教师还是应该逐步鼓励幼儿去尝试一下独立的滋味，并逐步学习在更高的水平上尝试进行富于创造性的空间建设。

（2）韵律活动中标记的运用　在教学实践过程中，我们发现孩子很难按照教师的要求进行保持一定距离的站位，所以可以从小班就开始在韵律活动教学中在地上贴一些标记，或是小动物头像，或是三角形、方块，让孩子找到一个点就行，长期下来，孩子们就能慢慢形成一种距离意识。

三、幼儿园打击乐演奏活动的设计与指导

打击乐活动过程设计与指导

1．幼儿倾听音乐

欣赏音乐是打击乐活动的重要环节，可以引起幼儿对打击乐曲的兴趣，使其熟悉音乐，感受音乐的性质、力度、速度等。

2．学习身体谱

为了便于幼儿充分感受音乐的节奏感，教师可以给每种乐器编上相应的身体动作，如拍手、拍腿、拍肩、拍膝盖、碰手指、跺脚等。这种身体动作是一种特殊形式的律动，通过练习身体动作，可以充分感受音乐的节奏。但应注意这一环节不宜过长。

3．把身体谱转化为乐器演奏

（1）讨论配器方案　对于有一定基础的班级，教师可以引导幼儿自己为乐曲设计打击乐器的演奏方案。编配演奏方案时要考虑幼儿的年龄特点：为小班编配的方案乐应简单，以齐奏为主，节奏型变化不大；为中、大班编配的方案可以稍微复杂一点，可以用不同乐器轮流演奏，不同乐器的节奏型也可以不同。

（2）徒手练习　在正式操作打击乐器之前，教师也可以先进行分声部徒手练习。即用双手食指轻轻相碰表示模仿敲碰铃的动作，用拍手的动作模仿敲击铃鼓的动作，而右手五指并拢轻敲左手手心为圆舞板的演奏动作等。练习时重点要求互相倾听、相互配合，共同创造出心目中已初步建立的整体音响效果。

在这一步骤中应开始学习看教师如何指挥。教师指挥时所做的动作，最初应与幼儿所做的动作一致；熟练以后，教师可改用击拍法，但仍要把节奏型打出来。徒手练习的时间不宜过长，以免打击幼儿操作乐器的积极性。

（3）正式演奏　使用乐器练习时，演奏的速度可稍慢，由教师指挥并进行语言指导，指挥的动作要清楚、利落。除手的动作之外，眼神和面部表情也帮助一同指挥。

持相同乐器的幼儿应集中坐在一起，高音乐器一般排在前面，中音、低音乐器依次向后。

4．试奏和调整

（1）教师和幼儿总结刚才演奏中存在的问题和改进的方案。

（2）请幼儿尝试担任小指挥。

（3）根据需要将特色乐器、加强乐器逐步加到演奏中去，或者改变原先的配器方案。

四、幼儿园音乐欣赏活动的设计与指导

欣赏音乐是一个由浅入深、由表及里、由感性到理性的认识过程。音乐欣赏教育采用的方法是多通道参与法。幼儿音乐欣赏活动的全过程一般可分为三个阶段。

（1）初步欣赏作品，完整地听一至两遍。

（2）根据音乐本身的特点，教师选取合适的通道引导幼儿多维感知音乐。

（3）再次完整地欣赏音乐。

各种参与方法，在实际使用中是千变万化的，在围绕一个音乐材料设计的欣赏活动中，可综合地使用多种不同参与方法。在实际的音乐欣赏教育活动中，选择何种参与方法，也应当考虑作品本身的因素以及欣赏的要求。当然，无论使用何种参与方法，引导儿童倾听音乐是最重要的。

音乐活动设计范例：

中班歌曲表演活动《粉刷匠》

一、设计意图

《指南》中有关艺术领域的教学目标与指导要点指出，幼儿艺术领域学习的关键在于充分创造条件和机会，在大自然和社会文化生活中萌发幼儿对美德感受和体验，丰富其想象力和创造力，引导幼儿学会用心灵去感受和发现美，用自己的方式去表现和创造美。《粉刷匠》歌曲以活泼、风趣的曲调和轻松、幽默的歌词相结合，描绘了小小粉刷匠愉快劳动的情景，韵律清晰明快，歌词浅显易懂，适合中班孩子的年龄和心理特征。

二、活动目标

1．理解歌词内容，初步学会演唱歌曲。

2．能根据歌词内容大胆地进行动作表演。

3．体验与同伴一起表演的乐趣。

三、活动重难点

重点：理解歌词内容，初步学会演唱歌曲。

难点：能根据歌词内容大胆地进行动作表演。

四、活动准备

用废报纸折的帽子、刷子若干把；歌曲图谱；钢琴。

五、活动过程

（一）开始部分

1．听音乐做动作进入活动室。

2．跟随老师一起练声。

（二）基本部分

1．教师播放课件，引导幼儿观察图片

（1）提问：你喜欢哪个房子？为什么？怎么样让第一个房子和第二个房子一样漂亮？

（2）介绍歌曲名字。

（3）教师出示歌曲图谱，根据歌曲节奏朗诵歌词一遍。

2．理解歌曲内容，感受歌曲欢快的情绪

（1）教师表演唱歌曲一遍。

（2）你觉得粉刷匠在唱歌时的心情是怎样的？

（3）为什么他的小鼻子变了样？

（4）学习并记忆歌词。

3．学唱歌曲

（1）教师弹琴教唱歌曲两遍，幼儿看图谱跟唱。

（2）教师重点引导幼儿在唱到"哎呀"时，用夸张的表情进行表现。

（3）播放音乐，幼儿跟唱歌曲。

4．音乐表现

教师带领幼儿边唱边表演。

做游戏"大家都来刷刷刷"。

六、活动延伸

1．教师小结本次活动。

2．引导幼儿热爱劳动，尊重身边的劳动者，珍惜他们的劳动成果。

3．学唱歌曲

（1）教师弹琴教唱歌曲两遍，幼儿看图谱跟唱。

（2）教师重点引导幼儿在唱到"哎呀"时，用夸张的表情进行表现。

第二十九章　幼儿园美术教育

第一节　幼儿园美术教育活动的目标

一、幼儿园美术教育概念

幼儿园美术教育是指教师根据幼儿身心发展特点和规律有组织、有目的、有计划地借助美术手段，根据美术规则对幼儿美术活动进行适时适宜的干预和指导，培养其审美和创作能力。使幼儿在愉悦的氛围中学会感受美，表现美，创造美，建立和遵守美的规则，发展美感，开启心智和创造意识的系统教育活动。

二、幼儿园美术教育的目标

《幼儿园教育指导纲要（试行）》中关于幼儿艺术教育的目标：
（1）能初步感受并喜爱环境、生活和艺术中的美。
（2）喜欢参加艺术活动，并能大胆地表现自己的情感和体验。
（3）能用自己喜欢的方式进行艺术表现活动。

第二节　幼儿园美术教育活动的内容及方法

一、幼儿园美术教育活动的内容

幼儿园常见的美术教育活动内容有：绘画、手工制作、美术欣赏。

二、幼儿园美术教育活动的方法

1．观察欣赏法

观察欣赏法是在教师的引导下，幼儿有意识、有目的地感知、欣赏周围生活、美术作品和大自然中的美的人、物、事，并用头脑进行思考和比较的方法。利用观察欣赏法引导幼儿观察欣赏物象的形状、颜色、结构等主要特征以及该事物与相关事物之间的关系，了解对称、均衡美，感受其形式美和内容美，从而丰富幼儿的审美经验，培养幼儿的审美情感和评价能力。

2．图式预知法

图式预知法是通过各种方法和手段，帮助幼儿在头脑里获得对物象的鲜明的、深刻的图式，以便引导幼儿在创作中形成对图式的分化能力、联想能力，以及对图式的组合能力，为幼儿的创作积累原材料。

3．讲解示范法

讲解示范法是实际示范操作与语言解释有机结合，把操作的过程和方法展示出来。如对工具材料的理解和运用、对外界信息的掌握以及对形状、颜色和空间的认识与使用、手眼的协调能力与手的控制能力等必要的技能是通过教师的讲解示范而习得的。

4．范例教学法

幼儿美术活动中的范例是指为了便于幼儿掌握某项美术活动的技能或方法而专门提供的相关样式，这种样式是多样化的，只要能够反映表现对象的形状、颜色、结构，都可以作为幼儿美术活动的范例。所谓范例教学法，就是要运用范例进行美术教学，使幼儿能够依靠这些范例，掌握一般的美术技能和方法。

5．游戏练习法

游戏练习法是指通过游戏的形式，让幼儿在愉快、积极地状态下习得美术技能，在自然、轻松、愉快中饶有兴致地反复学习和操作，提高手眼协调能力，培养幼儿对美术活动兴趣的方法。

6．启发探索法

启发探索法是教师在活动中依靠幼儿已有的知识经验，启发他们去探索并获得新的知识和操作经验。这是幼儿在教师指导下进行创造性美术活动的重要方法。启发探索法最大的优点是激发幼儿操作的主动性，独立探索并获得成功体验。

7．丰富联想法

丰富联想法是教师在幼儿的美术活动中引导他们以感知事物为基础，根据自己的所见、所闻、所想，围绕着活动主题回忆、联想与之有关的人、事、物，不断丰富自己的作品内容的方法，这种方法对丰富幼儿操作的构思以及内容的想象具有重要作用。鼓励幼儿大胆联想，以联想目标激励幼儿创新，启发幼儿改组、迁移、综合运用美术的工具材料和知识技能，架设通向联想目标的桥梁。

第三节　幼儿园美术教育活动的设计与指导 ▶

一、美术活动过程中的程序调整

在幼儿美术活动过程中，有观察欣赏、讲解（示范）、探索、讨论、操作、评价等几个方面的程序，在活动程序的安排策略上，教师可以根据表现对象的难易和幼儿的特点，将这些活动程序加以调整，使活动程序更加多样化，更能引起幼儿审美兴趣和审美表现。

1．观察欣赏→谈论→操作→欣赏→评价。

2．探索→观察欣赏→讲解（示范）→操作→欣赏→评价。

3．操作→讲解（示范）→操作→评价→欣赏。

4．讲解（示范）→操作→评价→欣赏。

5．讨论→观察欣赏→操作→评价→欣赏。

6．讨论→操作→评价→欣赏。

7．讨论→探索→再讨论→操作→展示→欣赏。

8．操作→展示→欣赏。

二、美术活动的延伸

美术活动的延伸是指围绕着集体美术活动的主题、目标，在集体美术教育活动后进行相关内容、形式的扩展或向其他领域的渗透。

1．给予幼儿一定的继续操作时间

对没有按时完成作业的幼儿，不能强行终止他们的操作，要视具体情况给予他们继续操作的时间，以保护幼儿表现和创作的积极性。

2．创设美术活动区

根据美术活动年龄目标和分类目标设置绘画区、手工区、制作区等，吸引幼儿参加区域活动，激发幼儿美术兴趣。

3．与其他领域及环境创设的渗透

在各领域活动中，有机渗透美术活动。引导幼儿参与班级环境布置、节日装饰等，提高美术综合能力。

4．与亲子活动有机结合

及时向家长展示幼儿美术作品，开展亲子绘画和制作活动，展示亲子美术作品，吸引家长对幼儿美术活动的关注和支持。

5．记录分析幼儿活动的行为表现及作品

教师根据幼儿美术活动的行为表现、作品资料等，作总结分析，然后与预定目标进行对照，以确定和修整下一个美术活动主题的具体目标。

美术活动设计范例：

小班美术活动《多变的手指》

一、活动目标

1．了解利用手指印进行添画的绘画技能。

2．通过欣赏、观察范画作品，能够在手指印上进行添画。

3．乐意参加绘画活动，体验活动乐趣。

二、活动准备

1．勾线笔、各种颜料、抹布。

2．红色笔、白纸、黑色记号笔。

三、活动过程

1．引导幼儿欣赏已有画，观察手印画。

欣赏手印画，说说图上有什么？有哪些有趣的小动物？这些画与我们原来的图画一样吗？你知道它是用什么画的吗？

2．教师出示手指罗纹，教师示范手印画，让幼儿初步了解手印画的基本画法。

（1）先用手指蘸上你喜欢的颜料，然后，在纸上印几个手指印，还可以换一个手指和一种颜色再印几个手指印。提醒幼儿手指印不要印得太密，以免影响添画，使画面过于拥挤。

（2）去洗漱池洗手，并将手擦干净。

（3）用勾线笔在手指印上进行添画，创造出一个新的形象。

（4）教师在范例上添画，变出一只可爱的兔子。

3．幼儿自由创作，教师指导幼儿注意画面的整洁。

四、活动延伸

展示幼儿作品，幼儿互相欣赏、讨论。

第三十章　整合教育活动模式

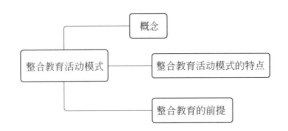

一、概念

"整合"是指在一个系统内各要素整体协调，互相渗透，并使系统各要素发挥最大效益。在幼儿学习过程中，提供"整合"的课程，就是将知识、技能、能力、情感多方面内容有机地组合在一起，相互联系，相互渗透，互通互补，以产生最大的学习效益。

20世纪80年代以来，国际幼教界逐步认识到"整合"对幼儿学习的重要意义，给幼儿提供"整合"的课程成了国际国内幼教工作者的共识。我国《幼儿园教育指导纲要（试行）》提出了幼儿园教育内容的"全面性""启蒙性"和各方面教育内容"相互渗透"，反映了新的幼儿教育课程整体观念的导向。

二、整合教育活动模式的特点

1．教育目标的整合

纲要中把教育目标划分为健康、语言、社会、科学及艺术五个方面。整合教育活动把五领域的教育目标进行了多领域、有机的、整体的规划，并将五领域目标与幼儿的八种智能发展对应起来，从总体教育目标到现实的活动目标是一个"整合—分解—整合"的过程。

2．教育内容的整合

教育内容的整合是幼儿教育整合的主要表现，也是一种最基本的整合。幼儿教育的整合最终要体现在内容的整合上。教育活动内容的整合是以目标的整合为前提的。

3．教育资源的整合

教育资源的整合是与教育内容紧密相关的，教育资源中蕴涵了多种教育内容，对教育资源的整合，有利于教育内容的整合，有利于拓展幼儿教育的空间，丰富幼儿教育的方法、形式和手段。整合教育活动将幼儿园、家庭及社区丰富的教育资源充分地加以运用，并进行有机的整合，使它们真正协调一致地对幼儿的成长产生积极的、有效的影响。

4．教育方法、形式及手段的整合

方法、形式及手段的整合体现在整合教育活动的设计过程中。

5．实现幼儿发展的整合

幼儿发展的整合是幼儿教育整合中核心的整合，是其他各项整合的出发点和归宿，只有实现了发展的整合，才能促进幼儿整体的发展。整合教育活动的初衷就是要在考虑幼儿学习特点的基础上，去关注幼儿发展的各个领域，并提供适应他们需要的经验内容。

三、整合教育的前提

领域整合研究的前提是要对各领域的基本教育规律有所掌握。要很好地实现这个教育整合的理想，必须大大提高幼儿教师的教育理论水平和教育技能。

课后思考

一、单项选择题

1. 在歌唱活动中，为了帮助儿童获得清晰准确的表现内容并掌握富于感染力的表达情感的方法，教师应该（　　）。

　　A．让幼儿倾听录音范唱　　　　　　　B．让幼儿倾听同伴的演唱

　　C．让幼儿倾听教师精湛的弹奏　　　　D．树立正确的歌唱榜样

2. 幼儿园的（　　）对培养锻炼幼儿的独白语言具有独特价值。

　　A．谈话活动　　　　　　　　　　　　B．听说游戏活动

　　C．讲述活动　　　　　　　　　　　　D．文学活动

3. 学前儿童科学教育评价的一般步骤为（　　）。

　　A．设计评价方案→确定评价目的→实施评价方案→处理评价结果

　　B．确定评价目的→设计评价方案→实施评价方案→处理评价结果

　　C．设计评价方案→实施评价方案→处理评价结果

　　D．确定评价目的→设计评价方案→实施评价方案

4. 幼儿园数学教育内容的选择原则不包括（　　）。

　　A．启蒙性　　　　B．科学性　　　　C．生活性　　　　D．系统性

5. 下列不符合幼儿园社会教育原则的是（　　）。

　　A．幼儿园社会教育的内容安排应以比较简单容易的开始，逐步提高难度和要求。

　　B．幼儿园社会教育的内容，首先应从幼儿生活周围的知识开始，逐步向四周延伸和扩展。

　　C．选择和组织的教育内容要做到具有时代感，即使是民族传统化方面的内容，也要使之符合现代先进的价值观。

　　D．幼儿园社会教育内容应把幼儿学习起来较为困难的一些内容安排在前面。

二、活动设计题

请你以食物为教学材料，设计一个大班的健康教学活动，写出活动名称、设计意图、活动目标、活动准备，并设计活动过程。要求如下。

从日常生活中和幼儿的经验引发教学内容，运用游戏化、生活化的教学方式，突出幼儿学习的自主性和积极性，在帮助幼儿习得经验、知识的同时，重视幼儿情绪、态度、能力的培养。

【参考答案】

一、单项选择题

1．D　2．C　3．B　4．B　5．D

二、活动设计题

大班健康活动《生活中的食物》

一、设计意图根据大班幼儿的身心发育特点，该年龄段幼儿已具备对各类食物功能的初步了解，帮助幼儿养成良好的饮食习惯，并学习了简单的消化过程，故设计此活动。

二、活动目标

1. 有养成良好的生活、饮食习惯的意识和竞争意识，有了解人体奥妙的兴趣。

2. 能用语言及身体动作表现食物在人体内消化吸收的过程，能用较完整的语言讲述保护消化器官的方法。

3. 了解人体各消化器官的名称、主要功能以及食物在人体内消化吸收的过程。

三、活动准备

1. 幼儿于活动前以自己的方式了解人体消化器官的名称及保护方法；了解粗粮的分类及作用。

2．《食物旅行》多媒体课件及 mp3 音乐；食物图片、消化器官图片和相应字卡、健康知识答题卡、记分牌、裁判挂牌、黑板、布。

四、活动过程

1．引入：设疑提问，相互交流。

（1）提问：今天，你们都吃了些什么食物？这些食物吃到嘴里后，还会到身体里的哪些地方去？

（2）幼儿相互交流各自的想法，教师适时梳理小结。

2．引导幼儿观看课件《食物旅行》，了解人体各消化器官的主要功能和食物在人体内消化吸收的过程。

（1）师幼完整欣赏课件《食物旅行》。

（2）一边提问，一边按顺序播放相应的动画，一边出示相应的图片和字卡，帮助幼儿了解各消化器官的名称、主要功能和食物消化吸收的过程。

第一段动画（食物进入口腔）：食物旅行第一站到了哪里？（了解口腔及主要功能）

第二段动画（食物从口腔到食管）：第二站来到了什么地方？（了解食管及主要功能）

第三段动画（食物从食管到胃）：接下来是第几站？这是什么地方呢？（初步了解胃及其主要功能）

第四段动画（食物从胃到小肠）：然后是第几站？这个地方叫什么名字？（了解小肠及其主要功能）

第五段动画（食物从小肠到大肠）：食物旅行最后一站到了哪里？（了解大肠及其主要功能）

3．游戏《食物旅行》，帮助幼儿进一步巩固了解消化器官的名称、主要功能及食物消化过程。

（1）交代游戏名称，讲解游戏玩法：每人想象一样自己喜欢吃的食物，让食物在自己的身体里旅行。

（2）引导幼儿用语言及身体动作表现食物在人体内消化吸收的过程。

4．引导幼儿探讨各消化器官的保护方法，帮助幼儿逐步养成良好的生活、饮食习惯。

（1）提问：我们要怎样保护好我们的消化器官呢？

（2）幼儿相互交流，教师视情况梳理小结并出示相关图片与字卡。

5．开展健康知识有奖抢答赛，巩固、加深幼儿对消化器官的认识，强化幼儿的竞争意识和养成良好生活、饮食习惯的意识。

幼儿分成三队坐好。教师当裁判，出示若干健康知识答题卡，当裁判提问完毕，幼儿根据提问迅速举手回答，答对者所在队可在记分牌上加分。最后，得分最多的队为胜。

五、活动延伸

监督幼儿将所学内容运用于进餐活动中，正确饮食。

模块七 教育评价

命题聚焦

　　本模块历年考题较少，知识点不多。考生在复习时要吃透知识，进而能达到灵活运用的程度。

考纲透视

　　1．了解幼儿园教育评价的目的与方法，能对保育教育工作进行评价与反思。

　　2．能够利用评价手段发现教育活动中出现的问题，提出改进建议。

第三十一章　幼儿园教育评价概述

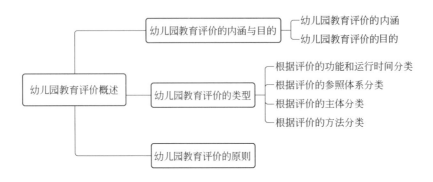

第一节　幼儿园教育评价的内涵与目的

一、幼儿园教育评价的内涵

幼儿园教育评价是依据一定的标准与程序，有目的、有计划、有组织地对幼儿园各个方面的工作进行科学调查，搜集、整理、处理相关信息，并作出价值判断的过程。幼儿园教育评价的目的在于获得改进管理和保教质量的依据，促进教育改革，提高保教质量。

二、幼儿园教育评价的目的

1．促进每个幼儿的发展
旨在发现每个幼儿的智力潜力和特点，培养他们区别于他人的智能和兴趣，帮助他们实现富有个性特色的发展。
2．促进教师的自我成长。
评价的过程就是教师运用专业知识审视教育实践，发现、分析、研究、解决问题的过程。

第二节　幼儿园教育评价的类型

一、根据评价的功能和运行时间分类

1．诊断性评价——教育活动开展前或学期初
诊断性评价是预测性评价或"事实评价"，目的在于了解幼儿的基础情况，包括对幼儿的智力、技能、行为、能力、个性、情感、态度等进行诊断，作出判断，为有效制订教育活动计划或解决某些实际问题提供依据。一般在教育活动开展前或在学期初进行这类评价。
2．形成性评价——教育过程中
形成性评价的目的在于及时地作出反馈性调节，从而调整、修改、补充活动的计划、内容和方法，使教育活动更合理、更完善地开展，促进幼儿的发展。这类评价在教育过程中进行。
3．终结性评价——教育活动后
终结性评价的目的在于全面了解该阶段教育的结果，对达成目标的程度作出终结性评价，为以后制订教育活动的计划、设计方案提供客观依据。

二、根据评价的参照体系分类

1. 个体内差异评价

个体内差异评价是指把某类评价对象中的每一个个体的过去和现在相比较，或者将同一评价对象的若干侧面互相比较。如把某个幼儿学期初与学期末的动作发展测试成绩相比较，评价进步的程度。

2. 相对评价

相对评价是在某一类评价对象中选取一个或若干个作为基准，将该类对象逐一与基准相比较，判断其是否达到基准所具备的特征及其程度。

3. 绝对评价

绝对评价是以某种既定的目标为参照，目的在于判断个体是否达到这些目标，而不受被评团体的影响与约束，忽略个体状况在团体中所处的位置。绝对评价中应重视稳定的绝对标准的合理性。幼儿园实际工作中经常出现绝对评价。

三、根据评价的主体分类

1. 内部评价

内部评价也称自我评价。是指被评者通过自我认识和分析，对照某种标准，对自己组织的活动作出判断。由于被评者又是评价的主动参与者，所以可使评价进程成为自我认识与提高的途径，有利于改进工作，并接受评价结论。

2. 外部评价

外部评价也称他人评价。是由有关方面人士组成评价小组，或由专门人员实施评价，对被评者某方面的实态进行评价。

四、根据评价的方法分类

1. 定性评价

定性评价是用比较切合实际的语言、文字来描述被评对象的性质。

2. 定量评价

定量评价是评价体系中包含的相应的计量体系，以数量来显示对象的性质或功能，或反映其中的数量关系。

定量评价是定性评价的基础，定性评价是定量评价的出发点和结果。只有两者有机结合，才能作出公正合理的评价。

第三节　幼儿园教育评价的原则

1. 方向性原则

方向性原则是在进行幼儿园教育评价时，一定要坚持正确的教育方向，要在正确的教育思想指导下进行评价。

一方面，坚持社会主义的办学方向，坚决贯彻党的教育方针。在评价中注意我国社会主义幼儿园教育的特点，不能完全照搬资本主义国家中的做法，努力建设我国的幼儿园教育评价体制，探索具有我国特色的幼儿园教育评价机制与办法；另一方面，坚持用素质教育思想指导教育评价，坚持正确的教育价值观。

2. 客观性原则

客观性原则是教育评价必须采取客观、实事求是的态度，不能主观臆断和掺杂个人情感。这是关系到评价结果可信度和公正性的大问题，也是做好教育评价的基本保证。

首先，在收集资料时就要客观、全面，实事求是，而不能以偏概全，偏听偏信；其次，对资料的分析方法要客观、全面，不能以自己的喜好加以取舍，或者简单推理；最后，在进行价值判断时要以事实和数据为基础，不能带有成见，或者加进个人的价值选择。

3．科学性原则

科学性原则是指教育评价的态度与方法必须是科学的。要运用科学的方法与技术去分析评价客观事实，从而得到科学的评价结论。

第一，要建立一个科学合理的评价指标体系。这是最主要的，标准不正确，其过程与结论就没有任何价值了。第二，要使定量评价与定性评价相结合，互相补充，相互印证。第三，教育评价要请教育专家主持。第四，教育评价方案要经过科学的论证和试验，才能正式运用。

4．及时性原则

及时性原则是指教育评价具有时间性，需要把握时机。事物都是不断发展变化的，教育评价更是随着人的变化而改变，只有在恰当的时机，才能取得科学的评价结果。例如，评价幼儿的发展水平，不同时间里的评价，其水平是不同的，时间过于滞后，评价结果往往就缺乏代表性。

5．教育性原则

教育性原则是指教育评价要对被评价者具有积极的教育与促进作用，而不能损害被评价者的任何合法权益。

贯彻这一原则，首先，要充分尊重和信任被评价者，将评价建立在自评的基础上，不十分明确的，要充分了解情况，充分沟通被评价者的动机与想法。其次，要慎重下评价结论，不易作过多的否定。最后，要树立正确的评价目的，端正评价态度。不论是幼儿发展评价、教师发展评价，还是幼儿园教学质量评价，都要坚持淡化甄别，促进发展的理念，以发现问题，促进工作为根本目的。

6．可行性原则

幼儿园教育评价具有很强的实践性，实施评价要切实可行，符合幼儿园教育的实际、可以操作。如果没有可行性，幼儿园教育评价就只是一句空话。

坚持可行性评价原则，要努力做到三点：一是评价指标体系要简便易测，要有一致性和普遍性；二是不能过分要求精确的评价结果；三是评价方法力求简易。

第三十二章　幼儿园教育评价方法

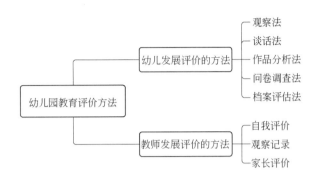

第一节　幼儿发展评价的方法

幼儿发展评价的方法是指收集评价信息的方法。幼儿教师所运用的方法，应符合幼儿园教育工作的特点，符合幼儿身心发展的特点，并易于为教师学习、掌握和运用。常用的有以下几种方法。

一、观察法

观察法按照观察的时空条件、目的、角度等的不同，可以分为以下几种。

1. 自然观察法

自然观察法指在日常生活的自然状态下，有目的、有计划地对幼儿的行为进行直接的观察、记录，从而获得幼儿发展信息的方法。

（1）轶事记录　观察者在日常生活情况下，将幼儿自然表露的行为进行原始的、真实的记录，以此来了解幼儿的发展情况，有的放矢地进行教育。

（2）事件抽样　选择某种或某类事件作为观察的目标，在观察中等待该事件的发生并仔细观察记录事件全过程的方法。在记录方法上，教师可以采用行为分类记录方法，记录幼儿的行为是否已经发生，而且可以加入描述性记录。

（3）行为检核表　教师在对幼儿发展进行评价时，可以将所选择的评价指标体系分解为若干个行为检核表，一个阶段对全体幼儿进行检查，对检查结果进行统计分析，了解幼儿个体或群体的发展状况。

2. 情境观察法

情境观察法是在教育的实际情景下，按照研究目的控制和改变某些条件，将幼儿置于与现实生活场景类似的情景中，由评价者观察在该特定情境中幼儿的行为的方法。

二、谈话法

谈话法是与幼儿面对面的交谈收集评价信息的方法。能较快捷的了解幼儿发展中某些难以用行为表现出来的认识方面的问题。常用于收集有关幼儿动机、态度、自我认识等方面的信息。

三、作品分析法

教师和幼儿合作收集幼儿学年中不同时期具有代表性的各类作品、成果，如绘画、录影带等，把作品和教师的文字记录放在一起，可以帮助教师看出幼儿的发展趋势，确认幼儿进步的情形。

四、问卷调查法

问卷调查法是由评价者根据评价目的，向被调查对象发放问卷调查表，广泛收集幼儿发展信息的一种方法。主要是向家长了解幼儿在家庭环境中的行为表现。

五、档案评估法

档案评估法是综合性的，兼容多种具体评价方法，如观察法、谈话法、作品分析法等。幼儿发展档案里的大部分内容都是幼儿活动的实际成品，它代表了每个幼儿努力的程度与有形的成就，呈现的是一段学习的历史。

第二节　教师发展评价的方法

幼儿园教育评价实行以教师自评为主，园长以及有关管理人员、其他教师和家长采纳与评价的制度。因此，对教师发展评价可采用以下方法。

一、自我评价

自我评价是幼儿园教师发展评价的主要方法，重在帮助教师学会反省，成长为反思型的教师。

二、观察记录

管理者将平时与教师共同研讨、听课活动、沟通交流等环节中的所看、所听进行详细记录，了解教师发展情况，提供支持与服务，帮助教师不断发展。

三、家长评价

家长评价也是对教师发展评价的一种手段。通过家长问卷、家长座谈等形式可以了解家长对教师工作的看法以及对教师专业能力的评价等。

第三十三章　幼儿园教育评价的反思与建议

一、幼儿园教育评价的反思

1．评价取向的多元化

促进幼儿的发展是一切教育活动的出发点和归宿点。《纲要》明确指出，要"从不同的角度促进幼儿情感、态度、能力、知识、技能等方面的发展。"因此，在教育活动中，教师的评价不再把幼儿对知识技能的掌握作为重点取向，更多的是关注幼儿各方面的发展。

2．评价主体的多元化

《纲要》明确提出："管理人员、教师、幼儿及家长均是幼儿园教育评价工作的参与者，评价过程是各方共同参与、相互支持与合作的过程"。

《纲要》运用全新的教育观念和思维方式，建立了全新的多主体教育评价体系，彻底改变了传统的教师对幼儿单向评价的评价体系。使整个教育评价置身于大众的视野，呈现出更为广阔、开放的新格局。

3．评价情境的自然化

《纲要》明确指出，评价要"在日常活动与教育教学过程中采用自然的方法进行。"即评价情境要自然化，要在幼儿真实的生活和学习情境中对幼儿实施评价。对幼儿来说，生活即学习，游戏即学习，活动即学习。如果把幼儿从生活、游戏、活动中抽离出来进行评价，无疑会打断幼儿的学习过程，不容易得到真实的评价结果。

4．评价类型的多样化

幼儿园教育活动具有广泛和复杂的内容，因此，要根据实际情况与需要，灵活选择、运用适宜的评价方法。

按评价的功能划分而成的诊断性评价、形成性评价、终结性评价三者分别贯穿于课程的不同阶段，具有较强的针对性和操作性，是教师获取信息、调整教育策略的重要参考和主要来源之一，亦是幼儿发展评价的重要组成部分。

二、幼儿园教育评价的建议

（1）教育评价是幼儿园教育工作的重要组成部分，是了解教育的适宜性、有效性，调整和改进工作，促进每一个幼儿发展，提高教育质量的必要手段。

（2）管理人员、教师、幼儿及其家长均是幼儿园教育评价工作的参与者。评价过程是各方共同参与、相互支持与合作的过程。

（3）评价的过程，是教师运用专业知识审视教育实践，发现、分析、研究、解决问题的过程，也是其自我成长的重要途径。

（4）幼儿园教育工作评价实行以教师自评为主，园长以及有关管理人员、其他教师和家长等参与评价的制度。

（5）评价应自然地伴随着整个教育过程进行。综合采用观察、谈话、作品分析等多种方法。

（6）幼儿的行为表现和发展变化具有重要的评价意义，教师应视之为重要的评价信息和改进工作的依据。

（7）教育工作评价宜重点考察以下方面。

①教育计划和教育活动的目标是否建立在了解本班幼儿现状的基础上。

②教育的内容、方式、策略、环境条件是否能调动幼儿学习的积极性。

③教育过程是否能为幼儿提供有益的学习经验，并符合其发展需要。

④教育内容、要求能否兼顾群体需要和个体差异，使每个幼儿都能得到发展，都有成功感。

⑤教师的指导是否有利于幼儿主动、有效地学习。

（8）对幼儿发展状况的评估的注意事项

①明确评价的目的是了解幼儿的发展需要，以便提供更加适宜的帮助和指导。

②全面了解幼儿的发展状况，防止片面性，尤其要避免只重知识和技能，忽略情感、社会性和实际能力的倾向。

③在日常活动与教育教学过程中采用自然的方法进行。平时观察所获得的具有典型意义的幼儿行为表现和所积累的各种作品等，是评价的重要依据。

④承认和关注幼儿的个体差异，避免用划一的标准评价不同的幼儿，在幼儿面前慎用横向的比较。

⑤以发展的眼光看待幼儿，既要了解现有水平，更要关注其发展的速度、特点和倾向等。

课后思考

单项选择题

1. 幼儿园教育评价的主体是（   ）。

　　A. 教师　　　　　　　B. 幼儿　　　　　　　C. 园长　　　　　　　D. 以上都正确

2. 幼儿发展评价是否科学、恰当，主要取决于（   ）。

　　A. 幼儿教师是否重视

　　B. 幼儿是否积极配合

　　C. 幼儿园领导是否大力支持

　　D. 幼儿发展评价方案是否科学

3. 幼儿园教育评价根据评价参照体系的不同可以分为（   ）。

　　A. 诊断性评价、形成性评价、总结性评价

　　B. 相对评价、绝对评价、个体内差异评价

　　C. 自我评价、他人评价

　　D. 以上都不正确

4. 在评价对象的集合之外，确定一个标准，评价时将评价对象与这个客观标准进行比较，评价其达到的程度，从而作出价值判断，这种教育评价是（   ）。

　　A. 绝对评价　　　　　　　　　　　B. 相对评价

　　C. 诊断性评价　　　　　　　　　　D. 总结性评价

5. 关于形成性评价，表述正确的是（   ）。

　　A. 它是在教育活动中进行的评价

　　B. 它的目的是及时获取反馈信息，缩小工作过程与目标之间的差距

　　C. 它是一种在计划实施过程中不断进行的动态评价

　　D. 以上都正确

【参考答案】

单项选择题

1. D　　　2. D　　　3. B　　　4. A　　　5. D

参 考 文 献

[1] 黄人颂.学前教育学[M].第 3 版.北京:人民教育出版社,2015.

[2] 虞永平.学前教育学[M].南京:江苏教育出版社,1996.

[3] 曹中平.儿童游戏论[M].银川:宁夏人民出版社,1999.

[4] 李淑贤,姚伟.幼儿游戏理论与指导[M].长春:东北师范大学出版社,2000.

[5] 丁海东.学前游戏论[M].济南:山东人民出版社,2001.

[6] 郑名.学前游戏论[M].兰州:甘肃人民出版社,2006.

[7] 李淑贤.婴幼儿游戏的发展[J].学前教育研究,1996.

[8] 王海英.试论儿童游戏中的象征资本[J].学前教育研究,2006.

[9] 刘焱.幼儿园游戏教学论[M].北京:中国社会科学出版社,1999.

[10] 福禄贝尔.人的教育[M].孙祖复,译.北京:人民教育出版社,1991.

[11] 马卡连柯,马卡连柯全集[M].北京:人民教育出版社,1957.

[12] 边霞.论儿童艺术的发生[J].学前教育研究,2002(5).

[13] 鲁洁,赵志毅.幼儿教育现代化的关键:观念现代化[J].学前教育研究,1995（5）.

[14] 丁海东,韩云龙.论游戏与教学的整合[J].学前教育研究,2007.

[15] 王志明.学前儿童科学教育[M].南京:南京师范大学出版社,2001.

[16] 冯晓霞.幼儿园课程[M].北京:北京师范大学出版社,2002.

[17] 朱家雄.幼儿园课程[M].上海:华东师范大学出版社,2003.

[18] 王振宇.学前儿童发展心理学[M].北京:人民教育出版社,2004.

[19] 王振宇.儿童心理发展理论[M].上海:华东师范大学出版社,2000.

[20] 梁旭东.学前儿童语言教育[M].北京:中央广播电视大学出版社,2008.

[21] 霍力岩.学前教育评价[M].北京:北京师范大学出版社,2000.

教师资格考试《保教知识与能力（幼儿园）》真题及模拟试卷

教师资格考试《保教知识与能力（幼儿园）》真题及模拟试卷

目　录

真题试卷

模拟试卷

2018年上半年教师资格考试《保教知识与能力（幼儿园）》真题试卷

一、单项选择题（每题3分）

1. 关于学前教育任务最准确的表述是（　　）。
   A. 促进幼儿智力发展
   B. 促进幼儿身心的快速发展
   C. 促进幼儿社会性发展
   D. 促进幼儿身心全面和谐发展

2. 教师在组织中班幼儿歌唱活动时，合理的做法是（　　）。
   A. 要求幼儿用胸腹式联合呼吸法唱歌
   B. 鼓励幼儿用最响亮的声音唱歌
   C. 鼓励幼儿唱八度以上音域的歌曲
   D. 要求幼儿用自然声音唱歌

3. 下列哪一个选项不是婴儿期出现的基本情绪体验？（　　）
   A. 羞愧　　　B. 伤心　　　C. 害怕　　　D. 生气

4. 在角色游戏中，教师观察幼儿能否主动协商处理玩伴关系，主要考查的是（　　）。
   A. 幼儿的情绪表达能力
   B. 幼儿的社会交往能力
   C. 幼儿的规则意识
   D. 幼儿的思维发展水平

5. 根据埃里克森的心理社会发展理论，1～3岁儿童形成的人格品质是（　　）。
   A. 信任感　　　B. 主动性　　　C. 自主性　　　D. 自我同一性

6. 教师在区角中投放了多种发声玩具，小班幼儿在摆弄这些玩具时（　　）。
   A. 能概括不同声音产生的条件
   B. 对声音产生兴趣
   C. 能描述出玩具是怎么发声的
   D. 能描述出不同玩具发声的特点

7. 在引导幼儿感知和理解事物"量"的特征时，恰当的做法是（　　）。
   A. 引导幼儿感知常见事物的大小、高矮、粗细等
   B. 引导幼儿识别常见事物的形状
   C. 和幼儿一起手口一致地点数物体、说出总数
   D. 为幼儿提供"按数取物"的机会

8. 幼儿园艺术教育的主要目标是（　　）。
   A. 发展幼儿的艺术技能
   B. 培养幼儿的艺术感受和表达能力
   C. 丰富幼儿的艺术知识
   D. 拓展幼儿的逻辑思维能力

9. 陶行知创立的培养幼教师资的方法是（　　）。
   A. 讲授制　　　B. 五指活动　　　C. 感官教育　　　D. 艺友制

10. 皮亚杰的"三山实验"考查的是（　　）。
   A. 儿童的深度知觉
   B. 儿童的计数能力
   C. 儿童的自我中心性
   D. 儿童的守恒能力

二、简答题（每题15分）

11. 幼儿调节负面情绪的主要策略有哪些？（15分）

12. 简述幼儿园教师的工作职责。（15分）

三、论述题（本大题1小题，共20分）

13. 为什么要让幼儿通过直观感知、实际操作和亲身体验的方式进行学习？请结合实例分别说明。

四、材料分析题（本大题共2小题，每小题20分，共40分）

14. 材料：
   李老师第一次带中班，她发现中班幼儿比小班幼儿更喜欢告状。教研活动时，大班教师告诉她说中班幼儿确实更喜欢告状，但到了大班，告状行为就会明显减少。
   问题：
   （1）请分析中班幼儿喜欢告状的可能原因。（10分）

（2）请分析大班幼儿告状行为减少的可能原因。（10分）

15．材料：

主题活动中，中班幼儿对画汽车产生了兴趣，为了提升幼儿的绘画能力，郭老师提供了"面包车"的绘画步骤图，鼓励每个幼儿根据步骤图画出汽车。

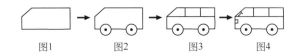

问题：
（1）郭老师是否应该投放"绘画步骤图"？（2分）为什么？（8分）

（2）如果你是郭老师，你会怎么做？（10分）

五、活动设计题（本大题1小题，共30分）

16．请围绕"春天"，为大班幼儿设计主题活动，应包括三个子活动。
  要求：
  （1）写出主题活动的总目标。（8分）
  （2）采用诗歌"春风"（见下面所附诗歌）设计一个具体的语言活动方案，包括活动的名称、目标、准备和主要环节。（14分）
  （3）写出另外两个子活动的概要，包括名称。（每个活动4分，共8分）
  附：诗歌

春风

春风一吹，芽儿萌发。

吹绿了柳树，吹红了山茶，

吹来了燕子，吹醒了青蛙。

吹得小雨轻轻地下。

2018年下半年教师资格考试《保教知识与能力（幼儿园）》真题试卷

一、单项选择题（每题3分）

1. 小班同一个"娃娃家"游戏中，常常出现许多"妈妈"在烧饭，每位幼儿都感到很满足。这反映小班幼儿游戏行为特点是（ ）。

A. 喜欢模仿　　　B. 喜欢合作　　　C. 协调能力差　　　D. 角色意识弱

2. 下列针对幼儿个体差异教育观点，哪种不妥？（ ）

A. 应关注和尊重幼儿不同学习方式和认知风格

B. 应支持幼儿富有个性和创造性学习与探索

C. 应确保每位幼儿在同一时间达成同样目标

D. 应对有特殊需要幼儿给予特别关注

3. 为保护幼儿脊柱，成人应该（ ）。

A. 推荐幼儿用双肩背包　　　B. 鼓励幼儿睡硬床

C. 组织幼儿从高处往水泥地上跳　　　D. 要求幼儿长时间抬头挺胸站立

4. 幼儿园教师应该是（ ）。

A. 幼儿学习的引导者、决策者和管理者　　　B. 幼儿学习的支持者、合作者和引导者

C. 幼儿学习的引导者、传授者和控制者　　　D. 幼儿学习的管理者、决策者和传授者

5. 婴儿出生大约6～10周后，人脸可以引发其微笑。这种微笑称为（ ）。

A. 生理性微笑　　　B. 自然微笑　　　C. 社会性微笑　　　D. 本能微笑

6. 教师在重阳节组织幼儿到敬老院探访老人，这反映幼儿园教育内容选择的什么原则？（ ）

A. 兴趣性　　　B. 时代性　　　C. 生活性　　　D. 发展性

7. 下列说法中属于蒙台梭利教育观点的是（ ）。

A. 注重感官教育　　　B. 注重集体教学作用

C. 重视实物使用　　　D. 通过游戏使自由与纪律相协调

8. 教育过程中，教师评价幼儿的适宜做法是（ ）。

A. 用统一的标准评价幼儿　　　B. 根据一次测评结果评价幼儿

C. 用标准化工具测评评价幼儿　　　D. 根据日常观察所获信息评价幼儿

9. 下列表述中，与大班幼儿实物概念发展水平最接近的是（ ）。

A. 理解本质特征　　　B. 理解功能性特征　　　C. 理解表面特征　　　D. 理解熟悉特征

10. 小班幼儿观察植物时，下列哪条目标最符合他们的发展水平？（ ）

A. 能感知到周围植物的多种多样　　　B. 会观察记录植物生长变化过程

C. 能察觉到植物外形特征与生存环境的关系　　　D. 能发现不同种类植物之间差异

二、简答题（每题15分）

11. 请依据皮亚杰的理论，简述2～4岁儿童思维的特点。（15分）

12. 简述幼儿园美育的意义。（15分）

三、论述题（每题20分）

13. 什么是幼儿园一日生活常规？（2分）试述培养幼儿一日生活常规的意义和方法。（18分）

四、材料分析题（本大题共2小题，每题20分，共40分）

14. 材料：

4岁的石头在班上朋友不多，一次，他看见林琳一个人在玩，就冲上去紧紧地抱住林琳。林琳感到不舒服，一把推开石头。石头踩脚大喊："我是想和你做朋友的啊!"

问题：

（1）请根据上述材料，分析石头在班里朋友不多的原因。（10分）

（2）教师应如何帮助石头改善朋友不多的现状？（10分）

15．材料：

教师在户外投放一些"拱桥"（见图 1），希望幼儿通过走"拱桥"提高平衡能力。但是,有幼儿却将他们翻过来,玩起了"运病人"游戏（见图 2）他们有的拖、有的推、有的抢……玩得不亦乐乎。对此,两位教师反应不同。A 教师认为应立即劝阻,并引导幼儿走"拱桥"；B 教师认为不应阻止,应支持幼儿新玩法。

图1

图2

问题：

（1）你更赞同哪位老师的想法？（2分）为什么？（8分）

（2）你认为"运病人"游戏有什么价值？（10分）

五、活动设计题（本大题 1 小题，共 30 分）

16．大班下学期,李老师发现幼儿普遍对小学的学习生活不够了解,一些幼儿对上小学有些担心。于是,教师准备开展"我要上小学"主题活动,希望通过多种形式的活动,增进幼儿对小学生活的了解,帮助幼儿进一步做好入小学的心理准备。

请根据李老师班级情况,设计"我要上小学"的主题活动。

要求：

（1）写出主题活动总目标。（8分）

（2）围绕主题设计三个子活动,写出其中一个子活动的具体活动方案,包括活动名称、目标、准备和主要环节。（14分）

（3）写出另外两个子活动的名称、目标。（每个活动 4 分,共 8 分）

扫码看答案及参考解析

2019年上半年教师资格考试《保教知识与能力（幼儿园）》真题试卷

一、单项选择题（每题3分）

1. 幼儿园的双重任务是（　　）。

A. 保教幼儿和服务家长　　　　　　B. 看护幼儿和服务家长

C. 培养习惯和传递知识　　　　　　D. 保育和教育幼儿

2. 幼儿认真完整地听完教师讲的故事，这一现象反映了幼儿注意的什么特征？（　　）

A. 注意的选择性　　　　　　　　　B. 注意的广度

C. 注意的稳定性　　　　　　　　　D. 注意的分配

3. 小红知道9颗花生吃掉5颗还剩4颗，却算不出"9-5=？"这说明小红的思维具有（　　）。

A. 具体形象性　　B. 抽象逻辑性　　C. 直观动作性　　D. 不可逆性

4. 按照布卢姆等人的教育目标分类的观点，"了解青蛙的生长发育过程"属于（　　）。

A. 情感目标　　　　　　　　　　　B. 认知目标

C. 动作技能目标　　　　　　　　　D. 行为目标

5. 阳阳一边用积木搭火车，一边小声地说："我要快点搭，小动物们马上就来坐火车了。"这说明幼儿自言自语具有的作用是（　　）。

A. 情感表达　　　B. 自我反思　　　C. 自我调节　　　D. 交流信息

6. 人体各大系统中，发育最早的是（　　）。

A. 淋巴系统　　　B. 生殖系统　　　C. 神经系统　　　D. 消化系统

7. 教师通常在班级中设置许多活动区，提供多层次的活动材料，让幼儿自选，这遵循的心理发展原则是（　　）。

A. 阶段性原则　　B. 社会性原则　　C. 操作性原则　　D. 差异性原则

8. 幼儿园教师要能接住幼儿抛来的"球"，并用恰当的方式把"球"抛回给幼儿，让活动能持续下去，这里所体现的教师角色是（　　）。

A. 幼儿学习活动的指导者　　　　　B. 幼儿学习活动的管理者

C. 幼儿学习活动的设计者　　　　　D. 幼儿学习活动的合作者

9. 下列有关幼儿美术教育的做法中，不正确的是（　　）。

A. 支持幼儿表达自己对美术作品的独特感受　　B. 出示范画让幼儿模仿

C. 鼓励幼儿用自己的方式表现美　　　　　　　D. 为幼儿的美术创作提供丰富的材料

10. 芳芳在数积木，花花问她有几块三角形的，芳芳点数："1，2，3，4，5，6，6个三角形"，花花又给了她4块，问她现在有多少块三角形积木，芳芳边点数边说："1，2，3，4，5，6，7，8，9，10，我有10块啦！"就数学领域而言，下列哪一条最贴近芳芳的最近发展区（　　）。

A. 认识和命名更多的几何图形

B. 默数，接着数等计数能力

C. 以一一对应的方式数10个以内的物体，并说出点数

D. 通过实物操作进行10以内加、减法的运算能力

二、简答题（每题15分）

11. 列出幼儿园课程生活化的实施要求并分别举例说明。（15分）

12. 教师可以从哪些方面观察幼儿的注意是否集中？（15分）

三、论述题（本大题1小题，共20分）

13. 幼儿园集体教学活动和游戏的含义分别是什么？（4分）试述两者的区别与联系？（16分）

四、材料分析题（本大题共2小题，每小题20分，共40分）

14. 材料：

教师出示饼干盒，问亮亮里面有什么，亮亮说："饼干"。教师打开饼干盒，亮亮发现里面装的是蜡笔，教师盖上盖子后再问："欣欣没看过这个饼干盒，等一会儿我要问欣欣里面装的是什么，你猜她会怎么回答？"亮亮很快就说："蜡笔。"

问：（1）亮亮更可能是哪个年龄班的幼儿？（6分）

（2）你判断的依据是什么？（14分）

15．材料：

在开展"烧烤店"游戏前，大一班的李老师加班加点为幼儿准备了烧烤架、烧烤夹。以及各种逼真的"鱼丸""香肠""土豆片"等食材；大二班王老师没有直接投放材料，而是与幼儿商量，支持他们自己去寻找、搜集所需材料。幼儿游戏情景分别见图1（大一班）和图2（大二班）。

图1   图2

问题：

（1）哪位教师的做法更恰当？（4分）

（2）请分别对两位教师的做法进行评析。（16分）

五、活动设计题（本大题1小题，共30分）

16．最近，大三班许多小朋友用大大小小的纸盒制作小汽车等物品，马老师发现：制作的汽车装饰不太一样，但结构差不多，往往只有车厢、车轮、车灯等，马老师认为可以根据这种情况生成一个"汽车"主题活动，引发幼儿深度学习。请帮助马老师设计"汽车"主题活动。

扫码看答案及参考解析

2019年下半年教师资格考试《保教知识与能力（幼儿园）》真题试卷

一、单项选择题（本大题共10小题，每小题3分，共30分）

1. 菲儿把一颗小石头放进小鱼缸里，小石头很快就沉到了缸底，菲儿说："小石头不想游泳了，想休息了。"从这里可以看出，菲儿思维的特点是（　　）。
   A. 直觉性　　　　B. 自我中心　　　　C. 表面性　　　　D. 泛灵论

2. 下列不宜作为幼儿科学领域学习方式的是（　　）。
   A. 直接感知　　　B. 实际操作　　　　C. 亲身体验　　　D. 概念解释

3. 下列幼儿行为表现中数概念发展最低的是（　　）。
   A. 按数取物　　　B. 按物说数　　　　C. 唱数　　　　　D. 默数

4. 有时一名幼儿哭，会惹的周围的幼儿跟着一起哭，这表明幼儿的情绪具有（　　）。
   A. 冲动性　　　　B. 易感染性　　　　C. 外露型　　　　D. 不稳定性

5. 人的个性心理特征中，出现最早、变化最缓慢的是（　　）。
   A. 性格　　　　　B. 气质　　　　　　C. 能力　　　　　D. 兴趣

6. 在学前教育中进行行动研究的主要目的是（　　）。
   A. 发现学前教育规律　　　　　　　　B. 解决学前教育实践问题
   C. 解释学前教育现象　　　　　　　　D. 构建学前教育理论

7. 养儿防老，光宗耀祖，传宗接代等所体现的观念属于（　　）。
   A. 工具主义儿童观　　　　　　　　　B. 科学主义儿童观
   C. 自然主义儿童观　　　　　　　　　D. 人文主义儿童观

8. 在教学过程中，王老师随时观察和评价幼儿的行为表现，并以此为依据调整指导策略，该老师采用的评价方式是（　　）。
   A. 诊断性评价　　B. 标准化评价　　　C. 终结性评价　　D. 形成性评价

9. 缺锌会导致婴幼儿（　　）。
   A. 食欲减退　　　B. 夜盲症　　　　　C. 佝偻病　　　　D. 肌无力

10. 梅梅和芳芳在玩"娃娃家"，俊俊走过来说我想吃点东西，芳芳说我们正忙呢，俊俊说，我来当爸爸炒点菜吧，芳芳看了看梅梅，说好吧，你来吧。从俊俊的社会性发展来看下列哪一选项最贴近他的最近发展区？（　　）
    A. 能够找到一个自己喜欢的玩伴
    B. 开始使用一定的策略成功加入游戏小组
    C. 在4～5名幼儿的角色游戏中进行合作性互动
    D. 能够在角色游戏中讨论装扮的角色行为

二、简答题（本大题共2小题，每小题15分，共30分）

11. 简述经济发展和学前教育发展的关系。

12. 简述幼儿口语表达能力的发展趋势。

三、论述题（本大题共1小题，共20分）

13. 试述科学安排幼儿园一日生活的原则。

四、材料分析题（本大题共2小题，每小题20分，共40分）

14. 材料：

小班张老师观察发现，小明和甘甘上楼时都没有借助扶手，而是双脚交替上楼梯；下楼时小明扶着扶手双脚交替下楼梯，甘甘则没有借助扶手，每级台阶都是一只脚先下，另一只脚跟上慢慢下。

（1）请从幼儿身心发展角度，分析小班幼儿上下楼梯的动作发展特点。（10分）

（2）分析两名幼儿表现的差异及可能原因。（10分）

15．材料：

几个幼儿正在玩游戏，他们把竹片连接起来，想让乒乓球从一头开始沿竹槽滚动，然后落在一定距离外的竹筒里。游戏过程中，他们遇到了很多困难，如球从竹片间掉落（见图1）；竹片连成的"桥"太陡，球怎么也落不到竹筒里（见图2）……他们通过不断努力，终于让球滚到了竹筒里。

幼儿可以从上述活动中获得哪些经验？（12分）请结合材料分析说明。（8分）

图1

图2

五、活动设计题（本大题共1小题，共30分）

16．中班下学期，陈老师发现，班上仍有一些幼儿会抢别人的玩具，他们的理由是："我喜欢这玩具，我要玩"。请设计一个教育活动，解决上述问题，要求写出活动名称、活动目标、活动准备及活动过程。

2020 年下半年教师资格考试《保教知识与能力（幼儿园）》真题试卷

一、单项选择题（本大题共 10 小题，每小题 3 分，共 30 分）

1. 幼儿赛跑、下棋一般属于（　）。
　　A．表演游戏　　　　　B．建构游戏　　　　　C．角色游戏　　　　　D．规则游戏

2. 与幼儿园保育和教育目标表述不符的是（　）。
　　A．培养正确运用感官和运用语言交往的基本能力
　　B．培养幼儿初步感受美和表现美的情趣和能力
　　C．训练幼儿的体育运动技能
　　D．促进幼儿身体正常发育和机能的协调发展

3. 大班幼儿认知发展的主要特点是（　）。
　　A．直觉行动性　　　　B．具体形象性　　　　C．抽象逻辑性　　　　D．抽象概括性

4. "我跑得快""我是个能干的孩子""我会讲故事""我是个男孩"，这样的语言描述主要反映了幼儿哪方面的发展？（　）
　　A．自我概念　　　　　B．形象思维　　　　　C．性别认同　　　　　D．道德判断

5. 欧文创办的幼儿学校是世界上最早（　）。
　　A．使用恩物开展教学的学前教育机构
　　B．为工人子弟开办的学前教育机构
　　C．为贵族子弟开办的学前教育机构
　　D．为儿童提供"有准备的环境"的学前教育机构

6. 她总是跑来跑去，在班级里也非常活跃，她的行为主要反映了其气质是什么特征？（　）
　　A．趋避性低　　　　　B．反应阈限高　　　　C．节律性好　　　　D．活动水平高

7. 田田因为想妈妈哭了起来，冰冰见状也哭了。过了一会儿，冰冰边擦眼泪边对田田说："不哭不哭，妈妈会来接我们的。"冰冰的表现属于什么行为？（　）
　　A．依恋　　　　　　　B．移情　　　　　　　C．自律　　　　　　　D．他律

8. 有些婴幼儿既寻求与母亲接触，又拒绝母亲的爱抚，其依恋类型属于（　）。
　　A．焦虑—回避型　　　B．安全型　　　　　　C．焦虑—反抗型　　　D．紊乱型

9. 萌萌怕猫，当她看到青青和猫一起玩很开心时，她对小猫的恐惧也降低了，从社会学习理论的视角看，这主要是哪种形式的学习？（　）
　　A．替代强化　　　　　B．自我强化　　　　　C．操作性条件反射　　D．经典性条件反射

10. 3～6 岁幼儿运动时，正常脉率高峰期间应是（　）。
　　A．90～110 次／分　　B．110～130 次／分　　C．130～150 次／分　　D．150～170 次／分

二、简答题（本大题共 2 小题，每小题 15 分，共 30 分）

11. 简述社区在幼儿园教育中的作用。

12. 简述幼儿工具性攻击和敌意性攻击的异同。

三、论述题（本大题共 1 小题，每小题 20 分，共 20 分）

13. 试述幼儿园班级管理工作的主要内容。

四、材料分析题（本大题共 2 小题，每小题 20 分，共 40 分）

14. 材料：

小雪看了标签之后，能按照要求将"水果"放在对应的箱内，并把每个箱子都放得满满的。莉莉看了标签之后，一边用手指着点数物体，一边口里面念着数字，并将对应种类和数量的"水果"放在箱里。明明看了标签后，就将对应品种数量的"水果"放置到箱内，又看了一眼，然后自言自语地说："嗯，就是这样。"

（1）请根据上述材料分析，三位幼儿数学能力水平的发展情况。（10 分）

（2）材料对教育有什么启示。（10分）

15．材料：

中班角色游戏中，有幼儿提出要玩"打仗"游戏。他们在材料柜里翻出好久不玩的玩具吹风机当"手枪"，仿真型灯箱当"大炮"，"哒哒哒"地打起来，玩得不亦乐乎。李老师看见此情境非常着急，连忙阻止："这是理发店的玩具，不能这么玩。"

（1）李老师阻止行为是否合适（2分）？请说明理由。（10分）

（2）如果你是李老师，你会怎么做？（8分）

五、活动设计题（本大题1小题，共30分）

16．为了帮助小班新入园的幼儿尽快适应集体生活，余老师准备开展"高高兴兴上幼儿园"系列主题活动。请围绕该主题为余老师设计三个子活动。

要求：

（1）写出主题活动总目标。（8分）

（2）写出其中一个子活动的活动方案，包括活动的名称、目标、准备和主要环节。（14分）

（3）写出另外两个子活动的名称、目标。（每个活动4分，共8分）

教师资格考试《保教知识与能力（幼儿园）》模拟试卷（一）

一、单项选择题（本大题共 10 小题，每小题 3 分，共 30 分）

1．许多幼儿在医院看到穿白大褂的医生就开始哭了。幼儿对白大褂医生的记忆类型属于（　）。

  A．形象记忆与情绪记忆　　　　　　　　B．形象记忆与运动记忆

  C．情绪记忆与逻辑记忆　　　　　　　　D．运动记忆和情绪记忆

2．预防幼儿"脚气病"的膳食配置方法是（　）。

  A．干稀搭配，少吃调料和油炸食品

  B．荤素搭配，经常吃适量的鱼、禽、蛋、瘦肉

  C．蔬菜水果搭配，多吃新鲜蔬菜、水果

  D．粗细粮搭配，每天吃豆类及其制品

3．儿童最早发展的是身体中部的动作，然后是双臂和腿部动作，最后是腕、手及手指动作。这表明儿童动作发展遵循了（　）。

  A．首尾律及近远律

  B．近远律及大小律

  C．近远律及从无意识到有意识的规律

  D．首尾律及从无意识到有意识的规律

4．在一次户外活动中，周老师教幼儿双手向上抛球。之后周老师发现然然能够熟练地双手向上抛球。根据然然的动作发展水平，下列哪一项最贴近他的最近发展区？（　）

  A．能左右手交替地拍球

  B．能接到自己抛出的球

  C．能单手连续地拍球

  D．能单手将球向前投掷 2 米

5．能证明某种机能生理成熟前学习训练效果不大的经典实验是（　）。

  A．"双生子爬梯实验"　　　　　　　　B．"三山实验"

  C．"恒河猴实验"　　　　　　　　　　D．"视崖实验"

6．有的幼儿表现出对跳舞的兴趣，而有的幼儿表现出对音乐的兴趣。这体现的是幼儿个性结构中（　）的差异。

  A．个性倾向性系统　　　　　　　　　　B．自我意识系统

  C．个性心理系统　　　　　　　　　　　D．自我评价系统

7．关于幼儿身体发育的主要规律，下列说法不正确的是（　）。

  A．生长发育是有阶段性和程序性的连续过程

  B．生长发育的速度是呈波浪式的

  C．生长发育具有个体差异性

  D．各系统的生长发育是均衡的

8．"愿意用图画和符号表达自己的愿望和想法"是几岁幼儿在"具有书面表达的愿望和初步技能"方面的典型性行为表现？（　）

  A．3～4 岁　　　　　B．4～5 岁　　　　　C．5～6 岁　　　　　D．3～6 岁

9．在美术活动"快乐的元宵节"中，适合作为评价用语的是（　）。

  A．"你的画用了这么多红颜色，感觉就像过年一样喜庆。"

  B．"如果你照着书上的方式来画就好了。"

  C．"你应该给元宵涂上白色的，而不是五颜六色的。"

  D．"你的画面有很多脏脏的手印，下次要保持干净。"

10．幼儿园的设备、橱柜无尖锐棱角，器材下有泡沫板。这体现了幼儿园环境创设的（　）原则。

  A．生活性　　　　　　B．参与性　　　　　　C．可变性　　　　　　D．安全性

二、简答题（本大题共 2 小题，每小题 15 分，共 30 分）

11．简述幼儿同伴交往的意义。

12．简述《幼儿园工作规程》提出的幼儿园教育应当贯彻的原则和要求。

三、论述题（本大题 1 小题，20 分）

13．小班幼儿入园后出现哭闹行为并拒绝入园，请分析原因并提出解决策略。

四、材料分析题（本大题共 2 小题，每小题 20 分，共 40 分）

14．材料：

花花老师带着幼儿到园区观察果树。幼儿瞧瞧这棵，看看那棵，摸摸这棵。花花将幼儿集中在一起，让幼儿描述一下刚才观察到的事物，可他们却说不出树木的特征，但是能够知道天上的小鸟在飞，水里的鱼儿在欢快地游动，果树上的蝴蝶在翩翩起舞，操场上的小朋友在玩"老鹰捉小鸡"。花花老师对这种状况感到很困惑，不知道是什么原因。

问题：请分析材料所反映的幼儿注意发展的特点，并结合材料提出合理的教学建议。

15．材料：

中班角色游戏开始了，乐乐想做便利店的服务员，但是嘟嘟和甜甜却说："你来晚了。"乐乐一边哭一边找教师说："我想当服务员，他们不让我当服务员……"

问题：请根据中班幼儿的游戏特点，分析上述事例产生的原因（8 分），并说说教师该如何介入？（12 分）

五、活动设计题（本大题 1 小题，30 分）

16．升入大班，小美老师发现，经过一个假期，班里许多小朋友的饮食习惯有些退步，比如有些原本吃饭干净迅速的小朋友撒落饭菜、有些原本不挑食的小朋友有时会挑食、偏食。为此，小美老师准备设计与"吃饭"相关的主题活动。

要求：

（1）写出主题活动的总目标。（8 分）

（2）围绕主题设计三个子活动。写出其中一个子活动的完整方案，要求名称为大班健康教育活动《有营养的食物》，具体包括活动目标、活动准备、活动重难点、活动过程以及活动反思。（14 分）

（3）写出另外两个子活动的名称、目标。（每个活动 4 分，共 8 分）

扫码看答案及参考解析

教师资格考试《保教知识与能力（幼儿园）》模拟试卷（二）

一、单项选择题（本大题共 10 小题，每小题 3 分，共 30 分）

1. 幼儿意识到自己和他人一样都有感情、有动机、有想法。这反映幼儿（　　）。
A．个性的发展
B．感情的发展
C．社会认知的发展
D．感觉的发展

2. 3 岁的小明虽然不识字但看到家长在键盘上敲击，屏幕上就有变化，所以忍不住在键盘上东摸摸西摸摸，小明爸爸看他喜欢玩，就把家里的旧电脑给他玩。这反映出小明爸爸从（　　）方面激发小明的学习兴趣。
A．兴趣
B．好奇心
C．正诱因
D．负诱因

3.（　　）在教育界最著名的观点是"儿童中心理论"和"做中学"。他认为教育的本质和作用是促进儿童与生俱来的能力生长，而不是强迫儿童去吸收外界的东西。
A．杜威
B．蒙台梭利
C．瑞吉欧
D．福禄贝尔

4. 某 4 岁儿童画的兔子比人高大，兔子的耳朵占了兔子身体大部分，这表明此时儿童画的特点是（　　）。
A．想象的夸张性
B．未掌握画面布局比例
C．表象符号的形成
D．绘画技能稚嫩

5. 以下关于儿童语言发展的表述，正确的是（　　）。
A．儿童要到 3 岁左右才能掌握本民族语言的全部语音
B．儿童要掌握语音，必须先听懂语音，然后才能说出语音
C．维果斯基将儿童的语言划分为自我中心言语和社会化言语两大类
D．幼儿的内部言语包括对话言语和独白言语

6. 儿童的游戏世界丰富多彩，而对游戏种类的划分方法也是多种多样，将游戏划分为机能游戏、想象游戏、接受游戏、制作游戏的标准是（　　）。
A．以儿童的社会学发展为依据
B．以游戏的教育作用为依据
C．以认知发展为依据
D．以游戏活动中占优势的心理成分为依据

7. 小明模仿当医生的爸爸，手拿"听诊器"为"病人看病"。小明玩的游戏是（　　）。
A．角色游戏
B．建构游戏
C．表演游戏
D．语言游戏

8. 该疾病最初的症状和患感冒差不多，有发烧、咳嗽、流鼻涕、眼怕光、流泪等现象，从两侧臼齿旁的黏膜上，可以看到周围有红晕、中心发白的小斑点，这可能是（　　）疾病。
A．水痘
B．手足口病
C．猩红热
D．麻疹

9. 学前儿童体内缺少（　　）会出现生长发育迟缓、体重过轻、贫血、精神疲乏等症状，甚至造成智力发育障碍、营养不良性水肿等。
A．脂肪
B．碳水化合物
C．蛋白质
D．维生素

10. 在《幼儿园教育指导纲要（试行）》所提出的领域目标中，乐意与人交谈，讲话礼貌属于（　　）教育目标范畴。
A．健康
B．语言
C．社会
D．科学

二、简答题（本大题共 2 小题，每小题 15 分，共 30 分）

11. 简述情绪在学前儿童心理发展中的作用。

12. 如何理解幼儿园环境创设的参与性原则？

三、论述题（本大题 1 小题，20 分）

13. 什么是角色游戏？（5 分）请结合中班幼儿特色谈谈教师在指导中班幼儿角色游戏时的注意事项。（15 分）

四、材料分析题（本大题共 2 小题，每小题 20 分，共 40 分）

14. 材料：
我们经常在阅读区看到这样的场面：有的幼儿看书时翻翻这本，翻翻那本；有的幼儿看书时，一下子翻到中间，一下子翻到前面；还有的手里拿着书却大声与其他小朋友说笑。
请结合教育实际，分析问题的主要原因（5 分），并提出培养幼儿良好阅读习惯的措施（15 分）。

15. 材料：

区域活动中，中班的孩子们在玩"十字路口"的游戏。其中小星星和大虎只对玩具车感兴趣，一点儿都不管其他小朋友怎么玩。他们拿着"车"一会儿开进路边的"商店"，一会儿撞倒"行人"。其他小朋友看到了，也拿着"车"撞来撞去，整个活动区闹翻了天。一直在一旁观察的李老师看到后，赶紧以"交警"的身份介入游戏，说道："你们这是在干什么，交通秩序都被破坏了。"小朋友都纷纷指着小星星和大虎说："都怪他们俩'开车'乱撞。"在"交警"的指导下，大家把破坏的"商店""马路"整理好。大家的"车"都只在马路上行驶，游戏又正常进行起来……

问题：

（1）李老师是通过什么方式介入游戏对幼儿进行指导的？李老师介入的时机是否恰当？（8分）

（2）教师应如何判断介入游戏的时机？（12分）

五、活动设计题（本大题1小题，30分）

16. 请围绕"我的身体"为大班幼儿设计主题活动，应包括三个子活动。

要求：

（1）写出主题活动的总目标。（8分）

（2）设计一个子活动的具体活动方案，包括活动的名称、目标、准备和主要环节。（14分）

（3）写出另外两个子活动的概要，包括名称、目标。（每个活动4分，共8分）

答案及解析
扫码看参考

教师资格考试《保教知识与能力（幼儿园）》模拟试卷（三）

一、单项选择题（本大题共 10 小题，每小题 3 分，共 30 分）

1. 小睿小朋友在回答自己为什么是个好孩子时说："我不撒谎，我认真参加游戏，并把玩具让给别人。"这是（　　）。
　　A. 依从性评价
　　B. 对自己外部行为的评价
　　C. 对自己的内在品质评价
　　D. 对自己个别方面的评价

2. 在母亲离开时无特别紧张或者忧虑的表现，在母亲回来时，欢迎母亲的到来，但这只是短暂的。这种孩子可能属于（　　）依恋。
　　A. 安全型　　　B. 迟钝型　　　C. 回避型　　　D. 依恋型

3. 即使小明今天穿了裙子，小红也知道他是男孩儿。这说明小红具有（　　）。
　　A. 性别意识　　　B. 性别稳定性　　　C. 性别认同　　　D. 性别恒常性

4. 许多幼儿都想玩开餐厅的游戏，可是目前餐厅经理及服务员只设了三个岗位。幼儿教师最好的处理方法是（　　）。
　　A. 帮他们分配，决定谁留下来
　　B. 用表扬谦让的幼儿或劝说、诱导的方法使一部分幼儿离开
　　C. 让幼儿自行商议如何解决
　　D. 增加餐厅的服务项目，容纳更多的幼儿

5. 教师向幼儿出示两块一模一样的球形橡皮泥，等幼儿确认它们是一样重之后，把其中一块搓成细长条形。这时，大多数幼儿都认为球形的橡皮泥和细长条形的橡皮泥不一样重了。这是因为幼儿的思维具有（　　）。
　　A. 片面性
　　B. 可逆性
　　C. 自我中心性
　　D. 经验性

6. 桌子在成人看来，是吃饭、看书、写字的地方，但幼儿会认为它是藏猫猫的地方。这表明（　　）。
　　A. 幼儿的创造性就是善于组织自己的材料
　　B. 幼儿丰富的想象力较少受已有知识的制约、影响
　　C. 幼儿的创造性体现在游戏活动中
　　D. 幼儿创造性的前提是了解、接触事物

7. 幼儿以"故事"为线索开展的，具有一定结构和框架的游戏活动被称为（　　）。
　　A. 角色游戏
　　B. 表演游戏
　　C. 结构游戏
　　D. 有规则游戏

8. 幼儿园大（1）班和大（2）班在进行踢足球比赛，这属于社会性游戏分类中的（　　）。
　　A. 合作游戏
　　B. 联合游戏
　　C. 平行游戏
　　D. 独自游戏

9. 幼儿食欲减退，生长发育迟缓，可能是缺乏微量元素（　　）。
　　A. 铁　　　B. 铜　　　C. 锌　　　D. 碘

10. 以下关于玩具选择的注意事项，表述不正确的是（　　）。
　　A. 形象化玩具随着幼儿年龄的增长而递减，低结构材料的玩具随着幼儿年龄的增长而递增
　　B. 形象化玩具随着幼儿年龄的增长而递增，低结构材料的玩具随着幼儿年龄的增长而递减
　　C. 玩具选择要有规划，要选择活动性的、低结构的、结实耐用的
　　D. 玩具选择不仅要符合幼儿年龄特点，还要注意安全卫生，并考虑经济实惠

二、简答题（本大题共 2 小题，每小题 15 分，共 30 分）

11. 如何帮助幼儿在班级中找到归属感？

12. 简述遵循活动性原则的注意事项。

三、论述题（本大题 1 小题，20 分）

13. 为什么教师要充分尊重和保护幼儿的好奇心？

四、材料分析题（本大题共 2 小题，每小题 20 分，共 40 分）

14. 材料：
　　萌萌今年 3 岁，她特别喜欢吃冰激凌。有一次因为天气冷，妈妈没有给她买，她就伤心地哭了起来，这时爸爸给她一块巧克力，她就笑了。还有一次，她看见邻居家小朋友哭了，她也跟着哭了起来。
　　问题：根据材料分析学前儿童情绪的发展趋势，并谈谈培养儿童良好情绪的基本策略有哪些。（20 分）

（3）写出另外两个子活动的名称、目标。（每个活动 4 分，共 8 分）

15．材料：

最近班上正在开展主题活动"我爱我家"。建构区中，小贝说："我想搭个房子。"乐乐说："我想搭个滑梯。"杨老师说："那你们就搭个幼儿园吧！"孩子们迟疑了一下说："好吧。"于是，他们为搭建"幼儿园"而忙碌起来。不一会儿大家就用大积木搭出了高高的"幼儿园"墙体，就在屋顶将要盖成的时候，由于孩子们的身高不够，屋顶的积木没放好滑了下来，整个墙体都垮塌了。孩子们反复尝试几次后还是没有成功，非常沮丧。正当他想放弃时，杨老师走上前说："你们想想班上有什么东西可以让我们迅速'长高'呢？"乐乐左看看、右看看，突然惊喜地说："我们可以搬凳子垫脚。"于是，他们迅速搬来了两个凳子，搭好墙体后，站上凳子准备搭屋顶。这时，杨老师微笑着走过来帮忙扶稳凳子，孩子们终于成功了。

问题：

（1）请结合上述案例，分析教师在幼儿游戏时三次介入的时机是否适宜并说明原因。（10 分）

（2）结合日常实践论述教师介入幼儿游戏的适宜策略。（10 分）

五、活动设计题（本大题 1 小题，30 分）

16．大班幼儿对动物充满着浓厚的兴趣和强烈的好奇心，尤其是对与动物有关的有趣的自然现象充满着探究的欲望，如蜘蛛织网捕食、蚂蚁搬运食物等。对路上爬行的毛毛虫，幼儿都会盯着看很久。张老师认为可以根据幼儿的兴趣，生成一个与动物有关的主题活动，帮助幼儿打开了解动物世界的大门。

请帮助张老师设计"动物朋友"的主题活动。

要求：

（1）写出主题活动的总目标。（8 分）

（2）围绕主题设计三个子活动。写出其中一个子活动的具体活动方案，包括活动名称、目标、准备和主

教师资格考试《保教知识与能力（幼儿园）》模拟试卷（四）

一、单项选择题（本大题共 10 小题，每小题 3 分，共 30 分）

1. 3 岁的乐乐看事物只会看到表面。例如看见花朵，她就只能简单地描述花的颜色和形状，至于花是如何生长，不同的花之间有何区别，这个阶段的乐乐并不知道。这表明幼儿的思维特征之一是（　　）。
   A. 思维的具体形象性　　　　　　　B. 思维的抽象逻辑性开始萌芽
   C. 言语在幼儿思维发展中的作用日益增强　　D. 思维具有个体差异性

2. 在幼儿的交谈中常听到一个幼儿说了"鸡蛋是蛋"，另一个幼儿马上说"鸭蛋也是蛋"。这是经常发生在幼儿初期的（　　）。
   A. 即时的、完全的模仿　　　　　　B. 延迟模仿
   C. 创造性模仿　　　　　　　　　　D. 即时的不完全模仿

3. 处于句法结构发展（　　）阶段的儿童常用"球球"表示"这是一个球""我要球球"等。
   A. 单词句　　　B. 电报句　　　C. 完整句　　　D. 复合句

4. 萌萌每天都有很多问题要问，有时还胡乱拆卸物品。妈妈很是烦恼，称他为"问题大王"和"破坏分子"。其实萌萌的行为是儿童好奇心、探究欲望的正常表现，是其（　　）发展的体现。成人应科学评价，正面引导，积极对待。
   A. 道德感　　　B. 理智感　　　C. 美感　　　D. 正义感

5. 3～6 岁儿童使用的主要句型是（　　）。
   A. 单词句　　　B. 多词句　　　C. 简单句　　　D. 复合句

6. 在"托马斯西餐厅"里，幼儿玩了几天就对教师最初投放的材料失去了兴趣。于是教师投放了一些半成品材料，如橡皮泥和彩色颜料等。幼儿就用橡皮泥加工各种点心，用彩色颜料制作不同口味的饮料。这体现了区角活动材料投放的（　　）原则。
   A. 自然性　　　B. 情感性　　　C. 层次性　　　D. 探索性

7. 小班幼儿玩橡皮泥时，往往没有计划性。橡皮泥搓成团就说是包子，搓成条就说是油条，长条橡皮泥卷起来就说是麻花。这反映了小班幼儿（　　）。
   A. 具体形象思维的特点　　　　　　B. 直观行动思维的特点
   C. 象征性思维的特点　　　　　　　D. 抽象逻辑思维的特点

8. 幼儿园教育活动的设计和实施主要体现（　　）。
   A. 趣味性、综合性和生活化　　　　B. 趣味性、新颖性和生活化
   C. 新颖性、综合性和儿童化　　　　D. 新颖性、游戏性和儿童化

9. 儿童分别扮演白蝴蝶、红蝴蝶、黄蝴蝶，一起进行"三只蝴蝶"的游戏。该游戏属于（　　）。
   A. 智力游戏　　　　　　　　　　　B. 体育游戏
   C. 角色游戏　　　　　　　　　　　D. 表演游戏

10. 下列选项中不是由缺乏 B 族维生素所引起的是（　　）。
    A. 夜盲症　　　　　　　　　　　　B. 脚气病
    C. 口角炎　　　　　　　　　　　　D. 皮炎

二、简答题（本大题共 2 小题，每小题 15 分，共 30 分）

11. 幼儿在活动中注意力不集中的原因有哪些？

12. 幼儿园班级管理中教师常用的方法有哪些？

三、论述题（本大题 1 小题，20 分）

13. 试述游戏中教师观察的主要内容和方法。

四、材料分析题（本大题共 2 小题，每小题 20 分，共 40 分）

14. 材料：

小米老师来到阳光宝宝幼儿园 5 年了，她对每个幼儿的身心特点都非常了解，孩子们都很喜欢她。小米老师在每次活动前都准备好教具。有一次，小米老师给小朋友们讲小动物的故事，讲到"小兔子高高兴兴地出门拔萝卜"时，她拿出手工制作的兔耳朵戴在头上，然后轻轻跳几下，小朋友们纷纷伸出手放在头顶上跟着老师跳起来。讲到小狗时，为了帮助幼儿认识小狗，小米老师拿出自己制作的毛绒玩具小狗，让每个小朋友都看一看、摸一摸。在讲到小狗如何叫时，小米老师一张一合小狗的嘴巴并发出"汪、汪、汪"的声音。小朋友们看到后都跟着老师开心地做起来。

问题：

（1）上述案例体现了儿童思维发展的什么特点？（5 分）

（2）结合案例，分析小米老师是如何进行有针对性的教学的。（12 分）

（3）除案例中小米老师的教学方法外，幼儿园教育教学的常用方法还有哪些？请写出三种。（3 分）

15. 材料：

小班教师为幼儿创设了一个"开超市"的主题游戏区，可是幼儿的反应非常冷淡。偶尔有一两个幼儿走进来拿起一个自己喜欢的物品就走，"超市"里完全没有老师期望的情形出现。

问题:试分析这种现象产生的原因（10 分），并说明教师应如何指导小班幼儿的角色游戏？（10 分）

五、活动设计题（本大题 1 小题，30 分）

16. 大班幼儿的自我意识和各种能力有所发展。在日常生活中，他们会谈论自己的变化；在集体活动中，他们更愿意展示自己。由此，李老师设计了"我"主题活动，帮助幼儿从多方面了解自己、认识自己，感受自己的成长与变化，增强自尊与自信。

请帮助李老师设计"我"主题活动。

要求：

（1）写出主题活动的总目标。（8 分）

（2）围绕主题设计三个子活动。写出其中一个子活动的具体活动方案，包括活动名称、目标、准备和主要环节。（14 分）

（3）写出另外两个子活动的名称、目标。（每个活动 4 分，共 8 分）

答案及参考解析扫码看

教师资拟试卷（五）

一、单项选择题（本大题共 10 小题，每小题 3 分，共 　　　　　B．学习态度
　　　　　D．责任感

　　1．幼儿对同伴说："我看到一条像牛那样大的狗。

　　A．夸耀式的说谎　　　　　　　　　　　15 分，共 30 分）

　　C．掩盖式的说谎　　　　　　　　　　因素有哪些？

　　2．教师要求幼儿专心吃饭，不许随便说话，以保

　　A．注意的范围小　　　　　　　　　　

　　C．注意容易转移

　　3．为避免儿童因模仿影视作品的反面人物而形成

做法是（　　）。

　　A．对有模仿行为的儿童进行适当惩罚

　　B．对有模仿行为的儿童进行说服教育

　　C．尽量选择反面人物少的影视作品

　　D．选择有正面榜样作用的影视作品

　　4．下列关于儿童情绪的表述，不正确的是（　　）

　　A．游戏带来的欢乐对儿童心理发展是有益的，　　持者、合作者和引导者？

　　B．身体和心理的分离是引起婴幼儿痛苦的重要原

　　C．婴幼儿的情绪非常不稳定，容易变化，常常硬

　　D．6 岁左右幼儿情感的稳定性逐渐增强，基本可

　　5．《幼儿园教师专业标准（试行）》指出，教师应

成良好的行为习惯"。

　　A．教育教学　　　　　　B．行为规范

　　6．某幼儿突然出现高热、腹痛、腹泻等症状，一

液及脓血。该幼儿可能患了（　　）。

　　A．急性胃炎　　　　　　B．细菌性痢疾

　　7．在阅读区中，果果正在看一本贴纸书。书中有

果果伸出食指开始点数，嘴里数着"1，2"，手上却只点

问果果有几块饼干，果果说："3 块。"从果果的数概念　　可保证和提高户外体育活动的质量。

（　　）。

　　A．在点数后能正确说出总数

　　C．能够用默数的方式进行计数

　　8．表演区里，教师和幼儿共同制作和收集了各种

这体现了材料投放的（　　）。

　　A．丰富性　　　　　　　B．层次性

　　9．教师将同样大小的 A、B 两个杯子装满水后，

A 杯的水和 C 杯的水是否一样多，孩子的回答是不一

　　A．感知运算阶段

　　C．具体运算阶段

　　10．在幼小衔接工作中，教师向大班幼儿提出一

的任务。这主要是为了培养幼儿的（　　）。

四、材料分析题（本大题共 2 小题，每小题 20 分，共 40 分）

14. 材料：

中班的明明从不主动和小伙伴一起玩，也不拒绝别人的邀请。在老师眼里，明明是个不惹麻烦的孩子，他喜欢独处，很少主动发言，常常被老师和同学们遗忘。

问题：

（1）写出明明的同伴关系的类型。（5 分）

（2）结合材料分析该类型同伴关系的可能成因并提出教育建议。（15 分）

15. 材料：

两个幼儿正在积木区玩小车，一辆接着一辆排了很长。老师发现幼儿的排列没有规律，就立即让幼儿按照车的颜色和大小摆成一个停车场，想让幼儿练习分类。实际上幼儿正在布置马路上的堵车情景，被老师干预后只好根据老师的要求进行排列。刚排了几辆，随着老师的离开，幼儿也离开了。

问题：

（1）请分析一下材料中教师的行为。（10 分）

（2）谈一谈幼儿游戏时教师应如何实现有效的指导。（10 分）

ISBN 978-7-122-39309-8

9 787122 393098 >

定价: **59.00**元